듣기 · 문법 · 어휘 · 독해 4가지 영역을 한번에 끝낸다!
TEPS
Road MAP
김영욱 · 문진철 · 송병민 공저

실전모의고사 2

Korea LanguagePLUS
www.langpl.com

TEpS Road MAP

초판 인쇄 First Printing	2009년 9월 12일
초판 발행 First Published	2009년 9월 17일
지은이 Author	김영욱, 문진철, 송병민 공저
영문감수 Proofreader	Susannah Turner
발행인 Publisher	엄태상 Korea **Language PLUS**®
표지 디자인 Cover Design	신영미
본문 디자인 Text Design	이건화
영어편집장 Editor in Chief	이성
책임편집 Editor	이정화
등록일자 Registration Day	2000년 8월 17일
등록번호 Registration Number	제 1-2718호
주소 Address	서울시 종로구 종로2가 71-6 보원빌딩 7층
TEL Call to Editorial Dept.	편집부 02)744-0509
Call to Marketing Dept.	도서주문 문의 02)3671-0582, FAX 02)3671-0500
E-mail	info@langpl.com
Homepage	www.langpl.com

ISBN 978-89-5518-809-7 18740

듣기 · 문법 · 어휘 · 독해 4가지 영역을 한번에 끝낸다!

TEPS
Road MAP
실전모의고사 2

영어를 배운다는 것은 새로운 세상으로 다리를 놓는 것과 같습니다. 그러나 언제부터인가 뛰어난 영어실력은 명문 대학, 좋은 회사로 가는 필수적인 하나의 의식이 되어버렸습니다. 많은 사람들이 언어로서의 영어가 아닌 학문으로서 영어를 접근한다는 사실이 참으로 안타깝습니다. 그런 면에서, TEPS는 기존의 영어공부 방법의 단점들을 보완하여 실용적인 공부방법을 위한 지침을 마련하였다고 볼 수 있습니다. 무조건 많은 단어를 외우고, 문법 공식을 외우고, 답 고르는 방식 위주로 공부를 한다면 모래위에 성을 쌓는 것과 같습니다. 언어는 문맥 속에서 공부해야 하고, 다양한 분야의 자료를 접해보아야 합니다. 교과서 속의 영어에서 벗어나려면 다양한 분야의 관심이 필요합니다. 그러므로 세상에 대한 호기심을 가져야 합니다. 그리고 그 관심분야에 관한 다양한 자료를 영어로 접해 보는 기회를 가져야 합니다. 많은 책을 읽고, 기사를 보고, 시트콤 및 영화, 음악에 두루 관심을 가지고 의사소통으로서의 영어를 공부하는 것이 변화하는 시대에 맞는 공부 방법이 될 것입니다.

현재 TEPS 시험은 서울대를 비롯한 각종 명문 대학과 대학원 입시, 법대, 의대, 치대, 한의학 전문대학원, 각종 전문 자격증 시험 및 공무원 시험에서 반영하고 있습니다. 그럼에도 기본적으로 토익(Test of English for International Communication) 시험에 비해서 난이도가 더 높기 때문에 취업시장에서는 토익을 준비하는 취업 준비생이 대다수를 차지하고 있습니다. 그러나 토익 시험이 국제적인 의사소통 능력을 측정하는 것임에도 불구하고, 대부분의 고득점자들이 의사소통을 제대로 할 수 없는 경우가 많다는 이유로 시험 결과에 대한 신뢰성이 많이 떨어져있는 상태입니다. 그런 까닭에 대부분의 학교와 기업에서는 영어 숙달 능력을 테스트하는 텝스(Test of English Proficiency developed by Seoul National University) 시험을 더 신뢰하고 있습니다.

이 책이 여러분들이 세상에 자신감 있게 나설 수 있는 소중한 기회를 제공할 것이라고 확신합니다. 각 Part별 선생님들이 현장 경험을 통하여 최대한 좋은 문제를 엄선하여 만들었습니다. 현장에서 강의하면서 알게 된 수험생들의 약한 부분을 보완할 수 있도록 보충설명을 덧붙였습니다. 또한 전략적 사고를 훈련할 수 있도록, 되도록 문제를 논리적으로 구성하였습니다. 이 책을 통하여 여러분들의 약한 부분이 더 강해지기를... 그리하여 여러분들이 더 큰 자신감을 얻고 영어에 대한 더 많은 지식이 쌓이기를 기원합니다. 수업이 끝난 늦은 밤 사무실에서 고생하는 우리 집필진과 이렇게 책을 쓸 기회를 주신 Language Plus 회장님 이하 이사님, 본부장님, 부장님께 감사의 마음을 전합니다.

Contents 차례

| TEPS란? |

TEPS란 "Test of English Proficiency developed by Seoul National University"의 약자로, 서울대학교 언어교육원에서 개발하고 TEPS 관리위원회에서 주관하는 국내 개발 영어인증 시험입니다. 실제 활용하는 영어 능력을 가장 효과적이고 변별성 있게 평가함으로써, 기업체 및 공기업의 신입사원 영어 능력 평가뿐만 아니라, 고시 및 대학 입시 등 각종 자격요건 평가 시험으로 널리 사용되고 있습니다.

| TEPS의 특징 |

□ 청해, 문법, 어휘, 독해 영역에 걸쳐 총 200문항, 990만점의 시험입니다.
□ 각 영역별 세분화된 평가를 통해 보다 정확한 영어 실력 판단 가능합니다.
□ 짧은 시간 안에 빠른 속도로 진행되는 문제를 풀 수 있는 내재된 영어 실력 측정이 가능합니다.
□ 각 문항의 난이도에 따른 반응 패턴을 근거로 평가하는 "문항 반응 이론(Item Response Theory)"을 도입하였습니다.

영역	파트	내용	문항 수	시간	배점
청해	Part 1	질의 응답	15	55분	400점
	Part 2	짧은 대화	15		
	Part 3	긴 대화	15		
	Part 4	담화문	15		
문법	Part 1	구어체	20	25분	100점
	Part 2	문어체	20		
	Part 3	대화문	5		
	Part 4	담화문	5		
어휘	Part 1	구어체	25	15분	100점
	Part 2	문어체	25		
독해	Part 1	빈 칸 채우기	16	45분	400점
	Part 2	내용 이해	21		
	Part 3	흐름 찾기	3		
	13파트		200문항	140분	990점

| 시험 응시 안내 |

1. 원서접수

- 인터넷 접수 : www.teps.or.kr에서 접수 가능. 응시료 (33,000원, 추가 접수 시 36,000원)
- 방문 접수 : www.teps.or.kr의 시험 접수
  접수처 안내에서 가까운 접수처를 확인하여 방문 접수 가능, 3X4사진 1매 필요

2. 응시

- 응시일 : 매달 첫째 주 일요일 (또는 토요일)
- 입실시간 : 09시 30분 (단, 토요일은 15시00분)
  (일요일 09시 50분, 토요일 15시 20분 이후 입실 절대 불가)
- 준비물 : 규정에 맞는 신분증 (주민등록증, 운전면허증, 유효한 여권, 공무원증 등, 중 · 고등학생의 경우 TEPS관리위원
  회가 인정하는 학생증), 수험표, 컴퓨터용 사인펜(연필불가)
- 성적확인 : 시험 후 2주 이내 발표, 휴대폰 문자 및 인터넷 확인

| TEPS 응시관련 요령 |

- 답안을 따로 마킹 할 시간이 주어지지 않으므로 문제를 풀면서 마킹한다.
- 연필이나 볼펜으로 먼저 마킹한 후에 사인펜으로 마킹하게 되면 OMR카드에 오류가 날 수 있으니 주의한다.
- 정해진 영역을 푸는 시간에 다른 영역의 문제를 풀면, 부정 행위로 간주되므로 주의한다.
- 대부분의 영역이 앞에는 쉬운 문제가, 뒤에는 어려운 문제가 나오므로 앞부분을 최대한 빠르게 풀도록 하여 시간을 확보한다.
- 청해 시험 시에는 문제지의 공백에 필기하는 것은 무방하다.
- "문항 반응 이론"의 특성 상, 낮은 난이도를 틀린 수험자가 높은 난이도를 맞힐 경우 우연하게 맞춘 것으로 판단하여, 감점
  처리되는 경우가 있게 때문에 어려운 문제에 너무 많은 시간을 할애하여 쉬운 문제를 틀리지 않도록 한다.

김영욱

뉴욕 주립대 B.A in Economics
보스턴 대학 Ph.D.track in Economics
전. 호야 외국어 학원 강사
전. 에세이라인 강사

전. 대치 TES Academy 원장
전. 대치 링구아 어학원 원장 및 총괄이사
현. 삼보 Bestian 어학원 대표강사 및 원장

"영어 문법에서 살아있는 영어를 배워보자!"

현재 삼보 베스티안 어학원에서 "문법" 수업을 담당하고 있는 Calvin (김영욱)강사는 고등학교 졸업 후부터 시작한 미국 유학 생활을 통해 영어를 스스로 공부하며 터득했답니다. 한국인으로서, 미국 아이들과 동일한 수업을 받기 위해 밤잠을 설쳐가며 홀로 영어와 싸워가며 10년 가까이를 공부한 까닭에 무엇보다 학생들이 어려워하는 부분들을 잘 알게 되었답니다. 유학생으로 다양한 시험들을 준비한 경험들을 고스란히 수업시간에 "Calvin's Tip"으로 공개하면서 많은 수강생들을 TEPS 고득점으로 연결시켜준 장본이기도 합니다.
그럼, 이제 Calvin이 제공하는 Grammar Tip을 직접 책 속에서 확인하세요!

문진철

고려대학교 영문학과 졸업
전국 대학생 English Speech Contest
최우수상 수상
전국 대학생 영어경시 대회특별상 수상

전국 고등학교 영어 경시대회 교육부장관상 수상
전. 대치 링구아 어학원 부원장
전. 서울학원 고등부 외고반 / 경시반 전임강사
현. 삼보 Bestian 어학원 대표강사 및 원장

"제주 소년! 영어의 달인 되다!"

현재 삼보 베스티안 어학원에서 "독해" 수업을 담당하고 있는 David (문진철)강사는 중학교 3학년 때 처음으로 어학원이라는 곳을 가게 됩니다. 동네에 사는 예쁜 후배가 다닌다는 첩보를 듣고 가게 되었답니다. 하지만 영어라고는 한 번도 말해 본 적도 없었기에, '넌 3학년인데 그 정도밖에 못하니' 라는 그녀의 표정에 상처를 받고 난 후, 영어에 대한 집착이 시작되었다고 하네요. 외국인 선생님을 매일 쫓아다니며 귀찮게 하고, 매일 영어를 말하고, CNN 앵커가 된 흉내를 내보기도 하면서 영어에 미쳐 살았답니다. 고등학교 때 영어 덕에 시골소년이 서울에 와서 "전국영어경시대회"에 참가하였고 뜻하지도 않은 교육부장관상을 받았습니다. 고려대학교 영어영문학과에 진학한 후에도 고려대학교 영어영문학과 영어 말하기 학회인 S.E.S.(Study of English Speech)에 가입하여 영어사용을 생활화하던 중, "전국대학생영어말하기대회"에 참가, 최우수상을 수상하였고, "전국대학생영어경시대회"에서는 특별상을 수상하여 부상으로 뉴욕으로 1년 무료 연수 기회도 갖게 되었다네 요. 대학 신입생 때부터 아르바이트로 영어를 가르치는 일을 시작한 것이 이젠 가장 자신 있는 일이 되었다는 David! 이제 그의 비법을 책 속에서 만나보세요!

송병민

고려대학교 불문학과 졸업
전. 서울 교진학원 영어 전임강사
전. 한국 English Training Center
    Director (마닐라)

전. IGL Tour Group Operator
    Apoview Hotel Manager
현. 삼보 Bestian 어학원 대표강사 및 교수부장

"어휘는 이제 Minary와 함께!"

현재 삼보 베스티안 어학원에서 "어휘" 수업을 담당하고 있는 Minary (송병민) 강사는 고려대학교 불문과에 진학하기 전부터 다양한 언어와 문학에 관심이 많았답니다. 대학 재학 시절에는 영어 캠프에서 학생들을 지도 하였고, 졸업 이후 화상영어 센터를 직접 운영하는 등 다양한 방면으로 언어에 대한 관심을 영어 교육으로 전 환하였답니다. 대학을 졸업한 후에는 골프 여행사에 몸을 담고선 필리핀에서 가이드 자격증을 취득하였고, 골 프장 계약 및 여행지 개척, 호텔 매니저 업무를 담당하기도 하였답니다. 그 후, 한때는 사회 생활에 염증을 느 끼고, 적도 근처의 작은 섬에서 원주민들과 함께 고기를 잡으며, 삶의 터전을 일구기도 하였다네요. 여전히 원 주민들 사회에서는 Minary 의 복귀를 간절히 바라고 있으나, 현재는 대전에 있는 삼보 Bestian 어학원의 독해 전문 강사 David 문의 절친한 친구이자, 교수부장으로서, TEPS반 전담 어휘 강사로서 조촐하게 강의를 하고 있습니다.

자신의 영어실력에 따라, 개성에 따라 최적의 공부 방법은 다양합니다. 그리고 문제에 대한 접근 방법을 논하 기 전에 기본 실력을 갖추는 것이 훨씬 더 중요합니다. 문법과 어휘 영역은 TEPS에서 배점으로 보아서는 별로 큰 비중을 차지하는 것은 아니지만 청해와 독해에서 고득점을 할 수 있는 기반을 마련해 주기에 반드시 시간과 노력을 들여 공부해야 합니다.

TEPS에서 고득점을 받기 위해서는 반드시 실제 시간에 맞추어 시험을 자주 보아야 합니다. 우리 책도 일단 청해, 문법, 어휘, 독해를 정확한 시간에 모의고사 보듯이 한 번 풀고 나서 해설을 보며 공부하시길 간곡히 부탁 드립니다. 2시간 20여분 동안 쉬는 시간 없이 4개 영역을 실제 시험 보듯이 푸는 연습을 꾸준히 해야 실전 시험에서도 좋은 성적을 얻을 수 있습니다. 평소에 느긋하게 풀다가 실전 가서는 더욱 집중해서 풀 수 있다는 생각은 버려주십시오. 언제나 연습을 실전같이 긴장해서 보고, 실전은 연습같이 여유 있게 접하시길 바랍니다.

TEPS Road Map 저자 일동

텝스를 독학으로 해보겠다는 무모한 도전으로 서점을 뒤지다 발견한 이 책 한 권이 큰 자신감이 되었습니다. 풀어내는 건 둘째 치고 시간이 부족해 매번 단거리를 질주하듯 풀다 보니 아는 문제도 틀려 정말 답답했습니다. 이 책 중 제일 도움이 되었던 부분도 문제마다 붙어 있는 출제 포인트와 만점해설을 통해서 문제에 접근하는 방법을 터득하게 되어 푸는 속도가 빨라졌다는 점이었죠. 필수어휘만 따로 묶은 단어장이 부록으로 있었으면 하는 아쉬움도 있었지만 저에게는 정석과도 같은 책이랍니다.

직장 생활을 하면서 독학으로 영어 공부를 해보기로 마음먹고, 교재를 먼저 정하게 되었는데 "TEPS Road Map" 교재는 혼자서도 공부할 수 있게 직접 옆에서 설명해주시는 것처럼 Tip을 보면 이해가 쉬웠답니다. 직장생활로 따로 학원에 다니기 힘들었던 저로써는 정말 좋은 교재를 선택해서 시간도 아끼고 실력도 늘고 정말 후회 없는 선택을 한 것 같습니다.

성적이 쑥쑥 올라요^^
서점의 많고 많은 책들 중에 어떤 것을 선택 해야 할 지 고민하다가 선택한 "TEPS Road Map" 문제를 풀어보고 그래! 이거야 하며 무릎을 쳤습니다. 눈에 쏙쏙 들어오는 명쾌한 Tip과 해설, 그 동안 궁금했던 고민이 싹 풀렸어요!
다른 책 안보고 이 책만 반복해서 봤는데 신기하게도 시험장에서 어! 이거! 이거! 하며 생각이 나더라구요. 완벽한 실전대비 교재입니다. 정말 성적이 쑥쑥 올라요~

직장에서 영어를 쓰는 일이 잦아 지다 보니, 자연스럽게 영어 공인 점수가 필요하게 되었어요. 그래서 영어 실력도 쌓을 겸 점수도 얻을 겸 필요한 시험을 찾다 보니, 주변에서 다들 텝스를 추천하더라구요. 그래서, 시중에 나와있는 기본서들과 실전서들을 모두 구입하여 독학으로 공부해 왔습니다. 그러던 중에, 모의고사 문제 있었으면 정말 좋겠다라는 생각을 하던 중에, 이 책을 만나게되었어요. 정말 시험 전에 반드시 풀어보고 가야 할 핵심들이 가득 담겨 있습니다.

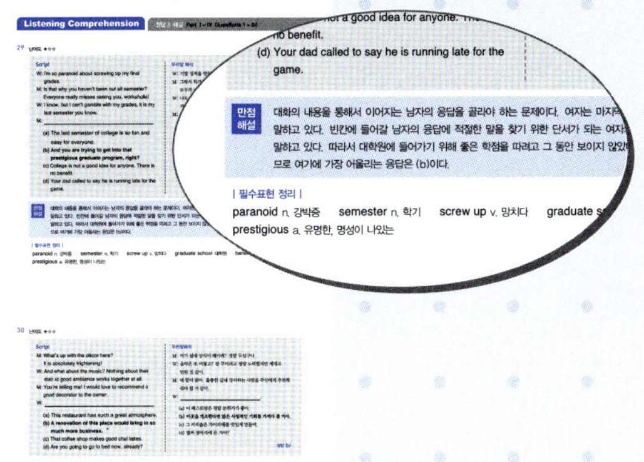

듣기! 만점해설!

TEPS 듣기는 총 400점 만점으로 전체 시험에서의 비중이 높은 편이다. 따라서 출제의 원리를 파악하고 자주 출제되는 문형과 표현들을 미리 암기해 두지 않고서는 고득점으로 연결되기가 힘들다. 본 책에서 각 영역별로 출제의 원리와 고득점 전략을 만점해설을 통해 만나보자.

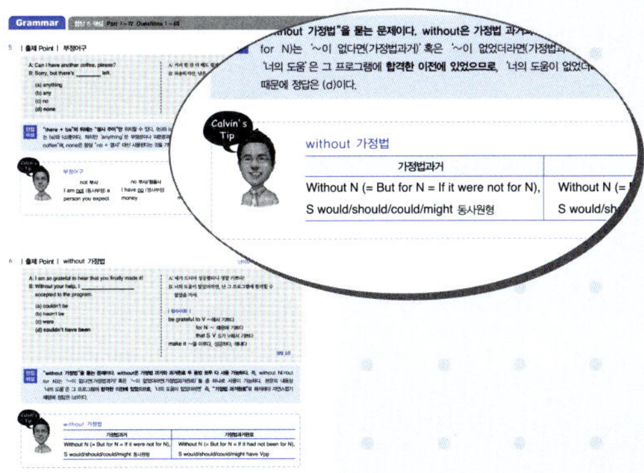

문법! Calvin's Tip!

TEPS 문법에 자주 출제되는 포인트만을 모아서 "Calvin's Tip" 안에 정리하였다. 시험장 가기 직전에 다시 한번 이것들만 모아서 읽어보고 간다면 이제 문법 문제가 두렵지 않을 것이다.

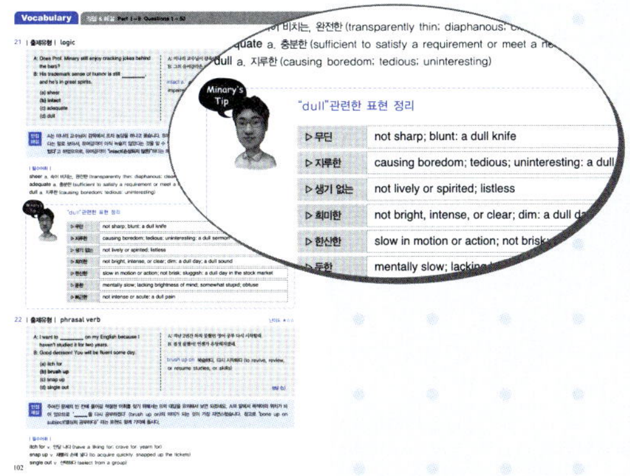

어휘! Minary's Tip!

TEPS 어휘는 다양한 영역에서 출제되며 난이도가 높아서 수험자들이 어려워하는 영역중의 하나이다. 이제 "Minary's Tip"을 통해 어원을 이해하고, 빈출 어휘들을 먼저 정리하여 고득점에 도전해 보자.

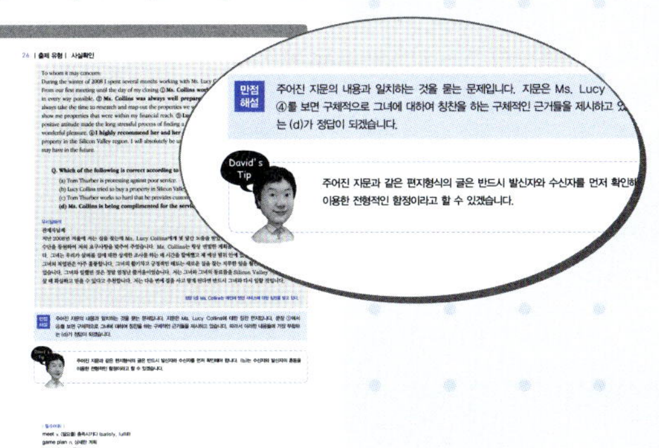

독해! David's Tip!

TEPS 독해는 무엇보다 논리적 사고를 통해 지문을 읽어낼 수 있어야 한다. 지문 속에서 정답이 되는 근거를 찾아주는 "만점해설"과 오답을 피해가는 근거를 다시 한번 짚어주는 "David's Tip"으로 이제 "TEPS 독해의 산"을 정복해 보자.

듣기 각 파트 별 전략!

Part I

● ● 일상 생활 인사에서부터 다양한 상황에서 일어날 수 있는 질문들을 미리 암기하자! 적절한 응답에 대한 고민을 하는 순간 정답과 멀어진다. 질문을 듣는 동시에 예상되는 응답을 예측하며 듣도록 하자!

Part II

● ● 짧은 대화문 위주의 특정한 상황의 대화가 주어지며, 대부분이 대화 상황에 이해가 요구되는 문제이다. 자주 출제되는 오답유형 (발음이 비슷한 단어 사용, 대화에서 언급된 어휘 또는 표현 사용, 비슷한 응답으로 시작)들을 미리 숙지하여, 정답을 골라내는 연습을 하자!

Part III

● ● Part II에 비해 다소 길어진 문장의 패턴이 주어진다. 출제되는 문제의 유형은 "중심내용, 세부정보, 추론문제"이다. 따라서 문제 유형을 미리 숙지하고 지문을 들으면, 보다 정확하게 정답에 접근할 수 있다. 문제 유형별로 각기 다른 듣기 전략이 요구되므로 평소에 이에 대한 연습이 필요하다.

Part IV

● ● 경제에서 정치, 역사, 과학, 시사 뉴스에 이르기까지 학문의 전 영역에 걸쳐 다양한 영역의 내용이 출제되고 있는 추세입니다. 문제의 형식은 "주제 찾기, 세부적인 내용을 토대로 추론하기, 사실 확인 문제" 등이다. 그러나 이 Part에서는 지문을 제대로 이해하는지 묻는 문제들이 대부분이므로, 정확하게 내용을 파악하며 듣는 것이 요구된다. 각 분야에서 자주 쓰이는 어휘 및 표현들이 있으므로, 주제별 어휘를 미리 숙지해 두도록 하자!

TEPS 문법 영역의 가장 큰 특징은 구어체와 문어체가 각각 25문제씩 동시에 출제된다는 것이다. 기존의 다른 공인 시험의 문법 문제들이 문어체 중심의 문제들인 것과는 달리, TEPS는 대화형식의 구어체 문제가 전체문항의 50%를 차지한다. 따라서 기존의 문법책만으로 공부한다면 고득점으로 연결되는 것이 어려울 수 있을 것이다. 따라서 문법책에 의존해서 장시간 동안 문법을 정리하는 것 보다 많은 문제를 접하면서 각각의 문제들이 가지고 있는 문법 내용들을 정리해가는 것이 고득점을 위한 가장 효과적인 방법이다.

Part I (1번~20번)

●● 대화형식의 구어체 유형의 문제이다. 두 개의 영역, 관용적인 표현을 물어보는 문제와 상세한 문법 내용을 묻는 문제로 구분할 수 있다. 관용적 표현의 문제들은 듣기 영역의 Part I과 매우 흡사하다. 이러한 문제들은 기본적인 암기를 요하는 문제들이긴 하지만, 기본적인 문법의 테두리를 벗어나는 문제들은 많지 않다. 다른 영역과 마찬가지로, 문법 영역 또한 시간 싸움이다. 따라서 문제를 풀기 전에 항상 보기들을 먼저 읽는 습관을 들이도록 하자.

Part II (21번~40번)

●● 이 부분은 주로 형식적인 문어체를 묻는 문제가 출제된다. 아주 상세한 문법까지 물어보고 있으므로, 많은 문제를 풀어보는 것이 고득점을 위한 가장 좋은 방법이다. 특히 TEPS에서 다루는 문법내용들은 약 50개 정도로 요약될 수 있으므로, 문제 풀이를 통해서 50개의 필수 문법내용을 정리해두면 시험장에서 당황하지 않을 것이라 확신한다. Part I과 마찬가지로 보기를 먼저 확인하여 질문에서 묻고 있는 문법 사항을 파악하는 연습을 해두도록 하자.

Part III (41번~50번)

●● 이 부분은 "Error Identification"의 형식으로 출제되는 부분이다. 주어진 지문을 읽어가며, 문장 중에서 문법적으로 어색한 부분을 찾아내야 한다. 이 영역이 어려운 이유는 시간이 부족한 경우가 많으며, 특히 Part IV에서는 쉽지 않은 어휘들이 등장하기 때문이다. 하지만 이들 part 역시 항상 나오는 유형의 문제가 등장하므로 Part II의 필수 문법이 정리되어 있고, 그것을 주어진 장문의 문장 안에서 빠르게 적용시키는 연습이 충분히 되어있다면 고득점으로 연결 될 수 있다.

 어휘 각 파트 별로 다르게 공부해야 고득점이 된다! 

TEPS에서 어휘 영역은 투자한 노력에 비해서 고득점을 얻기도 힘든 부분이다. 그러나 특별히 영어공부를 많이 하지 않았음에도 불구하고, 올바른 방법으로 영어공부를 한 사람들은 쉽게 점수를 얻는 경우가 종종 있기도 하다. 특히, 영어를 언어학으로서 아닌 의사 소통을 위한 방법으로 공부를 한 경우가 그렇다라고 할 수 있다. Part1과 Part2의 두 개의 영역으로 나뉘어서 출제되는데, 각 영역별로 다른 공부방법을 사용하여 시험에 대비한다면 빠르게 고득점으로 연결될 수 있을 것이라 확신한다.

Part I (1번~25번)

●● 이 영역은 대부분의 문제가 "Plain English"와 "Colloquial expression"으로 구성되어 있다. 먼저 "Plain English"는 일반 대중이 생활 속에서 흔하게 쓰는 표현을 말한다. 그러나, 이것을 사용하는 화자는 외국인이 아닌, "native speaker" 즉, 원어 민이기 때문에 일상 생활영어에 평소에 노출이 많이 되어있지 않다면 고득점으로 연결되는 것이 쉽지 않다. 따라서 평소에 미국드라마와 영화들을 통해서 다양한 "slang, idioms, colloquial expression"을 많이 접하는 것이 도움이 될 것이다.

Part II (26번~50번)

●● 이 영역은 Part I과는 달리 문어체 (written English) 적인 표현들이 많이 출제되는 영역이다. 시사적인 내용을 포함하고 있는 뉴스에서부터 소설책에서 볼 수 있는 문학적인 은유 표현, 과학잡지나 경제학 책에서 볼 수 있는 전문적인 용어까지 다양한 영역에 걸쳐서 출제된다. 또한, 단어가 가지는 다의적 의미를 묻는 문제도 많이 출제되기 때문에, 평소에 깊이 있는 어휘공부를 해두는 것이 도움이 된다. 하지만, 방대한 양의 어휘 공부를 스스로 한다는 것은 많은 노력을 요하는 부분이다. 따라서 우선, 시험에 자주 출제되는 어휘부터 하나씩 정리해 나간다면 고득점으로 가는 시간을 단축할 수 있을 것이라 확신한다.

독해 정답으로 가기 위한 오답 피하기의 비법 전수!

독해 영역은 듣기 영역과 함께 TEPS 시험에서 가장 큰 비중을 차지하는 영역이다. 특히 영어를 의사소통의 도구로 접했던 많은 수험생들에게 가장 어려운 영역이다. 공지, 편지, 광고, 신문기사 등 실용적인 글은 물론이거니와 인문, 사회, 자연과학 등 다양한 글에서 문제가 출제가 되므로, 심도 있게 고민하며 공부하지 않으면 고득점을 받을 수 없다. 무엇보다 TEPS의 독해 영역은 기존의 다른 공인 인증 시험보다 '논리적인 글읽기'를 통해서만 정답을 골라낼 수 있도록 문제가 출제되기 때문에, 평소에 다양한 지문을 꼼꼼하게 읽는 연습이 요구된다 하겠다.

Part I (1번~16번 : 빈 칸 완성하기)

●●● 먼저, 빈 칸 완성문제는 빈 칸에 들어가야 하는 대상의 성격을 지문을 통해 파악하는 것이 중요하다. 즉, 빈 칸에 필요한 것이 전체 글을 요약하는 것인지, 아니면 글의 흐름에 따라 결론을 도출해 내는 것인지, 또는 알맞은 접속어(15, 16번)를 고르는 것인지 먼저 파악하고 글을 읽어가야 한다. 특히, 접속어 문제는 사전에 다양한 접속어의 의미를 알아두고, 주어진 지문의 흐름을 정확하게 파악하며 글을 읽으면, 오답을 피하는 핵심이 될 것이다.

Part II (17번~37번 : 주제 찾기, 사실적 정보 찾기, 추론하기)

●●● 이 영역에서는 주로 "주제 찾기, 사실적 정보 찾기, 추론하기"로 나뉘어서 출제 된다. 먼저 독해 영역에서 고득점을 얻으려면, 영어로 쓰여진 글의 구성을 이해하는 것이 선행되어야 한다. 특히, 항상 주제문의 위치를 염두 해 두면서 글을 읽는 습관을 갖는 것이 도움이 된다. 주제 문을 찾고 난 후에는 다른 문장들은 부연설명을 하는지, 반론을 제시하는지, 예시가 되고 있는지 등으로 글 전체의 구성과 각 문장들 간의 관계에 대해 분석해 보는 것이 좋은 연습방법중의 하나이다. 다음, 사실확인 문제와 추론 문제의 경우 근거 문장을 찾는 습관이 필요하다. 지문에서 정확한 답이 되는 근거 문장을 찾고 확인하는 연습을 평소에 많이 해두어야 한다. 또한 근거 문장을 바꾸어 쓴 것(Paraphrase)이 정답인 경우가 많기 때문에 평소에 다양한 문장들을 "Paraphrase" 하는 연습을 추천한다.

Part III (38번~40번 : 글의 일관성 파악하기)

●●● 이 영역은 주어진 지문에서 일관적인 흐름에 벗어난 문장을 고르는 문제가 출제된다. 이 유형에서 정답을 빠르게 찾기 위해서는 지문의 첫 번째 문장을 통해서 글의 방향을 먼저 이해하고, 나머지 문장들을 읽어 내려가야 한다. 여기서 글의 방향이란 글의 소재와 주제라고 보면 된다. 즉, 주어진 지문 안에서 글의 주제와 소재가 다른 이야기하는 문장을 찾아내는 연습이 필요하다. 또한 Part II의 주제 찾는 문제와 마찬가지로 글의 구성을 파악하여 각 문장간에 흐름이 자연스러운지를 파악하는 연습을 다양한 지문을 통해서 미리 해두도록 하자.

듣기 · 문법 · 어휘 · 독해 4가지 영역을 한번에 끝낸다!

TEPS
Road MAP
실전모의고사 2

Listening Comprehension

정답 & 해설

1 | 출제 유형 | 일반의문문
 난이도 ★☆☆

Script

M: Are you able to attend the Parent-Teacher Association meeting tonight?

W: ___________________________________

 (a) Harry is going to meet us there.
 (b) We are going to meet the new teacher.
 (c) Of course, I am a committee chairperson.
 (d) It is an obligatory meeting for students.

우리말 해석

M: 오늘 밤 학부모–교사 연합 모임에 참석하실 수 있으신가요?

W: ___________________________________

 (a) Harry는 거기서 우리를 만날 거예요.
 (b) 우린 새로 온 선생님을 만날 거예요.
 (c) 물론이죠. 제가 위원회 의장인걸요.
 (d) 학생들은 의무적으로 참석해야 하는 모임이에요.

정답 (c)

만점 해설 주어진 문제는 일반의문문으로, 오늘밤에 있는 모임에 참석 가능한지 여부를 묻고 있는 내용이다. 따라서 "committee chairperson"(의장)이기 때문에 참석할 것이라고 말하는 (c)가 가장 적절한 응답이다. 나머지 보기, (a),(b),(d)는 "meet"이 모두 반복되어 혼동을 유발하지만, 남자의 질문에 적절하지 않은 대답이므로 이를 고르지 않도록 주의하자.

| 필수표현 정리 |

association n. 연합, 단체 committee chairperson 위원장 obligatory a. 의무적인, 필수의

2 | 출제 Point | 부가의문문
 난이도 ★☆☆

Script

M: The forecast predicted rain today, didn't it?

W: ___________________________________

 (a) That can get complicated.
 (b) No one can predict the weather.
 (c) The forecast is so unreasonable.
 (d) The weather is so unpredictable.

우리말 해석

M: 일기예보에서 오늘 비 온다고 하지 않았나요?

W: ___________________________________

 (a) 그건 좀 복잡해질 수 있겠어요.
 (b) 아무도 날씨를 예측할 수 없어요.
 (c) 그 일기예보는 너무 변덕스럽군요.
 (d) 날씨가 정말 예측 불가능하네요.

정답 (d)

만점 해설 주어진 문제는 상대방에게 자신이 말한 사실을 확인하거나 동의를 구할 때 주로 사용되는 부가의문문이다. 여기서 남자는 일기 예보로 들은 사실을 여자에게 확인하고 있다. 남자의 말, "The forecast predicted rain today~"는 오늘 비가 오기로 되어 있었는데, 그렇지 않았다는 의미이므로 이에 가장 적절한 응답은 '날씨가 예측 불가능하다' 는 (d)이다. 참고로 (c)의 일기예보가 변덕스럽다는 것은 논리적으로 맞지 않는 내용이므로 답이 될 수 없다.

| 필수표현 정리 |

forecast n. (날씨의) 예보 predict v. 예언하다, 예보하다 complicated a. 복잡한, 풀기 어려운
unreasonable a. 변덕스러운, 이성적이 아닌 unpredictable a. 예측할 수 없는

3 | 출제 유형 | Be동사 의문문

난이도 ★☆☆

Script

M: Is that large amount of work feasible in only one week?

W: ___________________________________

(a) It has to be, I have no other choice.
(b) We are basically finished here.
(c) You have to book a flight by Wednesday.
(d) There is no better time than now.

우리말 해석

M: 그 많은 일을 일주일 만에 할 수 있겠어요?

W: ___________________________________

(a) 그렇게 해야만 해요. 제게는 다른 방법이 없어요.
(b) 원래대로라면 우린 이걸로 다 끝낸 거예요.
(c) 당신은 수요일까지 비행기를 예약해야 해요.
(d) 지금이 가장 좋은 시간이에요.

정답 (a)

 **만점 해설** 주어진 문제는 be동사 의문문으로, 남자는 여자에게 '많은 양의 일을 일주일 안에 할 수 있는지' 여부를 묻고 있다. 따라서, 이에 가장 적절한 응답은 '다른 방법이 없으므로 해야만 한다' 는 내용의 (a)이다. (b)는 "finished"라고 하여 '이미 끝났다' 라는 의미이고, (d)는 시간과 관련한 대답을 하여 혼동을 주는 오답이므로 주의하자.

| 필수표현 정리 |
feasible a. 실행할 수 있는, 가능한   basically adv. 근본적으로   book v. 예약하다, 기록하다

4 | 출제 유형 | 긍정평서문

난이도 ★★☆

Script

M: That is the man that committed that heinous crime. I think he should be executed.

W: ___________________________________

(a) I think the punishment is death.
(b) Well, I guess the convict will plead his case.
(c) Actually, I'm against the death penalty.
(d) Yeah, right. Fear of the unknown is inevitable.

우리말 해석

M: 저기 저 사람이 그 흉악한 범죄를 저지른 사람이야. 저 사람은 사형해야 한다고 생각해.

W: ___________________________________

(a) 내 생각에 처벌은 사형인 것 같아.
(b) 글쎄, 범죄자는 그 사건을 항소할 것 같아.
(c) 사실, 난 사형선고에 반대하는 입장이야.
(d) 맞아. 익명의 공포는 피할 수 없는 것이지.

정답 (c)

 **만점 해설** 주어진 문제는 "death penalty"(사형선고)에 대하여 찬성하는 남자의 말에 적절한 여자의 응답을 골라야 한다. 따라서 '사형' 에 대하여 '반대한다' 고 자신의 의견을 말하는 (c)가 가장 적절한 응답이다. 나머지 선택지들은 남자의 말에서 언급되었던 어휘들을 반복 언급하여 구성한 오답지들로서 남자의 말에 대한 응답으로 적절하지 않다.

| 필수표현 정리 |
commit v. (죄,과실 등을)범하다, 저지르다   heinous a. 극악한, 가증스러운   execute v. 실행하다, 사형에 처하다
convict n. 죄인, 죄수   plead v. 항소하다, 변호하다   death penalty 사형   inevitable a. 피할 수 없는, 필수불가결한

5 | 출제 유형 | 일반의문문　　　　　　난이도 ★★☆

Script

W: George will most likely be exonerated of his crimes, right?

M: ___________________________________

　(a) Yeah, he does have a brilliant legal team.
　(b) I heard he has been compromised.
　(c) In fact, he did no harm to anyone.
　(d) Unfortunately, many crimes go unpunished.

우리말 해석

W: George는 거의 무죄를 선고받을 것으로 보이네요. 그렇죠?

M: ___________________________________

　(a) 맞아요, 그에게는 매우 똑똑한 법무팀이 있으니까요.
　(b) 그가 합의했다고 들었어요.
　(c) 사실, 그는 아무에게도 피해를 주지 않았어요.
　(d) 불행하게도, 많은 범죄들이 처벌되지 않고 지나가요.

정답 (a)

 주어진 문제에서 여자의 말은 평서문이지만, "right?" 이라고 물음으로써 자신의 말에 대하여 남자에게 동의를 구하고 있다. 여자의 말을 보면 'George가 무죄 선고를 받을 것' 이라고 하였고, 이에 대하여 '그가 똑똑한 법무팀을 데리고 있다' 고 말하는 (a)가 가장 적절한 응답이다.

| 필수표현 정리 |

exonerate v. 무죄가 되게 하다, 무죄임을 밝히다　　brilliant a. 영리한　　compromise n. 타협, 화해
unpunished a. 처벌받지 않은, 처벌을 모면한

6 | 출제 유형 | 일반의문문　　　　　　난이도 ★☆☆

Script

W: Your family is full of politicians.
　Are you going into that field?

M: ___________________________________

　(a) A career path is really important.
　(b) I am not interested in a career in politics.
　(c) I do not have a clear goal in mind.
　(d) Political science is a good major.

우리말 해석

W: 당신 집안에는 정치인이 정말 많군요.
　당신도 정치계로 입문할 건가요?

M: ___________________________________

　(a) 경력은 정말 중요해요.
　(b) 전 정치계 쪽 일에 관심이 없어요.
　(c) 전 명확히 마음에 둔 목표가 없어요.
　(d) 정치학은 정말 좋은 전공이에요.

정답 (b)

 주어진 문제에서 여자가 남자에게 '남자의 집안에 정치인이 많다' 고 말한 후에, '당신도 정치로 입문할 것이냐' 고 be동사를 사용하여 '예정된 계획' 을 묻고 있다. 따라서, '그렇지 않다' 는 의미의 "I'm not interested~"로 응답하는 (b)가 가장 어울리는 응답이다.

| 필수표현 정리 |

politician n. 정치가　　field n. 분야, 범위　　politics n. 정치, 정치학　　political science 정치학

난이도 ★☆☆

Script

M: I am calling to confirm my reservation for two at the Marriot.

W: ___________________________________

  (a) We cannot make a reservation.
  (b) We are overbooked.
  (c) Let me just check.
  (d) We are eating at nine o'clock.

우리말 해석

M: Marriot에 두 사람의 예약을 확인하려고 전화했어요.

W: ___________________________________

  (a) 저흰 예약을 받지 않습니다.
  (b) 예약이 꽉 찼습니다.
  (c) 확인해 보겠습니다.
  (d) 우리는 9시에 먹을 거예요.

정답 (c)

 주어진 문제는 평서문으로 '예약을 확인한다'는 내용의 남자의 말에 대하여 '확인해 보겠다'는 (c)가 가장 적절하다. (b)는 '이미 예약이 다 찼다'는 의미로 예약을 확인한다는 남자의 말에 대한 응답으로는 적절하지 않다.

| 필수표현 정리 |

confirm v. 확인하다, 굳게하다   reservation n. 예약   overbook v. 예약을 너무 많이 받다

난이도 ★☆☆

Script

W: Who do you think is most likely to win the candidacy, Obama or Clinton?

M: ___________________________________

  (a) Obama is a surefire winner.
  (b) Clinton won.
  (c) The election will be over.
  (d) No one is voting.

우리말 해석

W: 선거에서 누가 승리할 것 같아요, Obama 아니면 Clinton?

M: ___________________________________

  (a) Obama가 확실히 승리할 거예요.
  (b) Clinton이 이겼어요.
  (c) 선거는 끝날 거예요.
  (d) 아무도 투표하지 않고 있어요.

정답 (a)

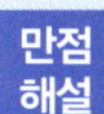 주어진 문제는 형태는 의문사로 시작하는 의문문이지만, 여자의 말의 내용을 보면 Clinton과 Obama 둘 중에서 누구인지를 묻는 선택의문문이다. 따라서 Obama가 확실하게 승리할 것이라고 말하는 (a)가 가장 적절한 응답이다. (c)는 질문의 내용과 관련이 있는 답변이긴 하지만, 여자의 질문에 대한 적절한 응답이 될 수 없으므로 이를 답으로 고르지 않도록 주의하자.

| 필수표현 정리 |

candidacy n. 입후보, 입후보 자격   election n. 선거   surefire a. 틀림없는, 틀림없이 성공할

9 ｜출제 유형｜ 일반의문문

난이도 ★★☆

Script

W: Will the anthropologists be able to extricate the remains from the tomb?

M: _______________________________

(a) Some many issues remain to be solved.
(b) The remains have yet to be identified.
(c) The government will set a new precedent.
(d) They are still waiting for the state's permission.

우리말 해석

W: 인류학자들이 그 무덤에서 잔해를 발굴할 수 있을까요?

M: _______________________________

(a) 몇몇 많은 문제들이 미결 상태로 남아있어요.
(b) 그 잔해들은 아직 확인되지 않았어요.
(c) 정부가 새로운 관례를 만들 것입니다.
(d) 그들은 여전히 주의 허가를 기다리고 있어요.

정답 **(d)**

 주어진 문제에서 여자는 인류학자들이 무덤의 잔해를 발굴하는 것이 가능한지를 묻고 있다. 따라서 인류학자들(they)이 아직도 주의 허가를 기다리고 있다는 내용의 (d)가 내용상 가장 적절한 응답이다. (b)는 여자의 말에서 언급되었던 "the remains"(잔해들)이 반복적으로 언급된 대표적인 오답 유형이다.

｜필수표현 정리｜

anthropologist n. 인류학자　　extricate v. 발굴하다, 구해내다　　remains n. 잔해, 잔재　　identify v. 확인하다, 증명하다
precedent n. 관례, 전례　　permission n. 허가, 허락

10 ｜출제 유형｜ Be동사 의문문

난이도 ★★☆

Script

M: I can transfer these files to you.
　Is your computer compatible to mine?

W: _______________________________

(a) Definitely. You can find it at the library.
(b) No, I will need to download special software.
(c) Engineers should be able to answer that question.
(d) Yes, I will take it in today and have a look at it.

우리말 해석

M: 제가 이 자료들을 당신에게 보내줄 수 있습니다. 당신 컴퓨터가 제 것과 호환 가능한가요?

W: _______________________________

(a) 물론이죠. 도서관에 가 보시면 찾을 수 있을 거예요.
(b) 아니요. 아마도 특별한 소프트웨어를 다운로드해야 할 거예요.
(c) 기술자들은 그 질문에 대답할 수 있어야 해요.
(d) 네, 오늘 그걸 가져가서 한번 검토해 볼게요.

정답 **(b)**

 주어진 문제에서 남자의 말은 컴퓨터의 '호환 가능성'을 묻고 있는 'be 동사' 의문문이다. 남자의 질문에 앞서, 파일들을 보내 줄 수 있다는 내용이 언급되었다. 따라서 '호환이 되지 않기 때문에 특별한 소프트웨어를 깔아야 한다'는 내용의 (b)가 가장 자연스럽다.

｜필수표현 정리｜

transfer v. 전하다, 옮기다　　compatible a. 양립할 수 있는, 모순이 없는　　have a look at ～을 한번 슬쩍 보다

난이도 ★☆☆

Script

W: When are you going to make me dinner like you promised?

M: ____________________________

(a) **Whenever we are both available.**
(b) I have plans for the evening.
(c) Aren't you on a rigorous diet plan?
(d) We cannot eat out anymore.

우리말 해석

W: 전에 약속했던 저녁을 언제 제게 대접해줄 거예요?

M: ____________________________

(a) **우리 둘 다 시간이 괜찮다면 언제든지요.**
(b) 저는 저녁에 계획이 있어요.
(c) 당신은 엄격한 다이어트 중 아닌가요?
(d) 이제 우린 더 이상 외식을 할 수 없어요.

정답 (a)

 **만점 해설** 주어진 문제는 의문사 "when"을 사용하여, 여자가 남자에게 언제 저녁을 만들어 줄 것인지 묻고 있다. 따라서 '언제' 인지에 대한 응답이 오는 것이 자연스럽기 때문에 두 사람 모두 가능할 때라고 말하는 내용의 (a)가 가장 적절한 응답이다.

| 필수표현 정리 |

available a. 시간이 있는, 유효한   rigorous a. 엄한, 엄격한   eat out 외식하다

난이도 ★★☆

Script

M: You seem very tense. Work must be stressful for you during the holiday season.

W: ____________________________

(a) The season ended last week.
(b) I'm on vacation from school.
(c) **I have been working 10-hour days.**
(d) I want to go holiday shopping.

우리말 해석

M: 매우 긴장한 것 같아 보여요. 휴가철에 일하는 것이 스트레스임에 틀림없군요.

W: ____________________________

(a) 휴일은 지난 주에 끝났어요.
(b) 저는 학교 휴일을 보내는 중이에요.
(c) **전 하루에 10시간씩 일하고 있어요.**
(d) 전 휴일 쇼핑을 가고 싶어요.

정답 (c)

 **만점 해설** 주어진 문제는 평서문으로, '휴가철에 일하는 것이 스트레스임에 틀림이 없다' 라는 남자의 말로 보아 여자가 지금 일을 하는 중임을 짐작할 수 있다. 따라서 '하루에 10시간씩 일하고 있는 중이다' 라고 답하는 (c)가 가장 적절한 응답이다.

| 필수표현 정리 |

tense a. 긴장한, 팽팽한   holiday season 휴가철

13 | 출제 유형 | 긍정평서문　　　　　　　　　　　　　　　　　난이도 ★★★

Script

M: I saw your ad in the newspaper. If the furniture is still for sale, I would like to check it out.

W: ____________________________________

(a) You are not allowed to view the furniture before sale.
(b) We are out of for sale stickers to put on the furniture.
(c) Selling furniture online is a better bet.
(d) It is still on the market. We can set up a time for you to stop by.

우리말 해석

M: 당신의 광고를 신문에서 봤어요. 만약 그 가구가 아직 판매 중이라면, 한번 보고 싶은데요.

W: ____________________________________

(a) 판매되기 전에는 그 가구를 보실 수 없습니다.
(b) 가구에 붙일 판매 스티커가 다 떨어졌어요.
(c) 온라인상에서 가구를 파는 게 더 좋은 전략입니다.
(d) 아직 매장에 있어요. 한번 들르실 수 있도록 시간을 알아봐 드릴 수 있습니다.

정답 (d)

 주어진 문제는 평서문이지만, '가구가 아직 판매 중이라면 볼 수 있는지'를 묻고 있다. 따라서 이에 대한 가장 적절한 응답으로 "It is still on the market." (아직 매장에 있다)는 말로 시작하는 (d)가 되겠다. 보기 (a)는 남자의 말을 반복적으로 사용하여 언급한 대표적인 오답 유형이다.

| 필수표현 정리 |

allow v. ~을 허락하다　　be out of ~이 떨어지다　　bet n. 방책　　set up 시간을 정하다　　stop by 잠시 들르다

14 | 출제 유형 | 부정평서문　　　　　　　　　　　　　　　　　난이도 ★★★

Script

M: Doesn't Dan's loquacious behavior drive you crazy? I can never get a word in edge-wise with him.

W: ____________________________________

(a) He makes me crazy when he doesn't ask permission.
(b) I agree he is very talkative, but it doesn't bother me.
(c) We can never get anywhere on time.
(d) You have to remind me.

우리말 해석

M: Dan의 수다스러운 태도가 당신을 화나게 하지 않나요? 그에겐 결코 말로 참견할 수가 없어요.

W: ____________________________________

(a) 그가 허락을 구하지 않을 때 전 화가 나요.
(b) 그가 매우 수다스럽다는 것에 동의하지만, 그리 신경 쓰이진 않아요.
(c) 우린 그 어디에도 제시간에 갈 수 없어요.
(d) 저에게 상기시켜 주셔야 해요.

정답 (b)

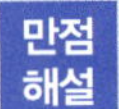 주어진 문제에서 남자는 '부정의문문'으로 시작하여 여자에게 Dan의 수다스러운 태도에 대한 불평을 여자에게 말하고 있다. 따라서 이러한 남자의 감정에 대하여 동의하는 내용의 (b)가 가장 적절한 응답이다. 보기 (a)에서 'He makes me crazy~' (그가 나를 화나게 만든다)라는 부분은 어울리는 응답인 것 같지만 뒤에 이어지는 내용이 남자의 말과는 관련이 없는 내용이므로 적절한 응답이 될 수 없다.

| 필수표현 정리 |

loquacious a. 수다스러운, 떠들썩한　　get a word in edge-wise 말 참견을 하다　　talkative a. 수다스러운
bother v. 괴롭히다, 성가시게 하다

Script

M: You shouldn't infringe upon Mary's vulnerability; otherwise, you risk losing her trust.

W: ______________________________

(a) I lost her trust a long time ago.
(b) She is such a sweet girl.
(c) We can never fight like you do.
(d) She always tells me to take it easy.

우리말 해석

M: Mary의 약점을 공격하지 마세요. 그렇지 않으면 그녀의 신뢰를 잃을 위험이 있어요.

W: ______________________________

(a) 전 이미 오래 전에 그녀의 신뢰를 잃었어요.
(b) 그녀는 참으로 다정한 여자예요.
(c) 우린 절대 당신처럼 싸울 수 없어요.
(d) 그녀는 항상 내게 침착 하라고 해요.

정답 (a)

 만점 해설 주어진 문제는 남자가 여자에게 Mary의 약점을 공격하지 말라고 '충고'하고 있다. 그것에 대한 이유로 그녀에게 '신뢰를 잃을 수 있다'는 내용이 이어진다. 이것에 대한 적절한 응답으로 '이미 그녀에게서 신뢰를 잃었다'는 내용의 (a)가 가장 적절하다.

| 필수표현 정리 |

infringe upon 침해하다, 유린하다　　vulnerability n. 약점　　risk v. ~을 위험에 맡기다, ~을 각오하고 해보다
take it easy 서두르지 않다, 느긋하게 하다

Script

M: Jean, are we still going to the movies Thursday night?
W: A promise is a promise.
M: Yes it is! So you can't back out now!
W: ______________________________

(a) Where is the performance?
(b) I am going out of town instead.
(c) What are we going to see?
(d) You have to go see the movie, too.

우리말 해석

M: Jean, 우리 목요일 밤에 영화 보는 거 맞지?
W: 약속은 약속이잖아.
M: 그래. 그러니깐 너 이제 취소할 수 없어.
W: ______________________________

(a) 공연은 어디서 하는 거야?
(b) 대신에 난 교외로 나갈 거야.
(c) 우리 어떤 거 볼 거야?
(d) 너도 그 영화 보러 가야 해.

정답 (c)

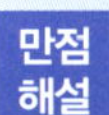 만점 해설 주어진 대화는 남자가 '목요일에 영화 보는 것'에 대하여 여자에게 확인하는 내용으로 시작하고 있다. 이에 여자가 'A promise is a promise'라고 말한 것으로 보아 두 사람은 '영화를 함께 보러 갈 것'임을 짐작할 수 있다. 따라서 남자의 두 번째 말에 대한 응답으로 '어떤 영화를 보러 갈까'라고 묻는 (c)가 가장 적절하다.

| 필수표현 정리 |

back out 취소하다, 철회하다　　performance n. 공연　　instead adv. 대신에

17 | 출제 유형 | 긍정평서문

난이도 ★★☆

Script

W: Are you looking for something in particular today?

M: Yes, something special for my wife, it's our 30th anniversary Friday.

W: Congratulations! Well, the traditional gift for 30 years is pearl. A pearl necklace would be perfect.

M: ______________________________

(a) Actually, I'm looking for something non-traditional.

(b) Congratulations to you and your husband.

(c) Right. The traditional gift is diamond.

(d) We are going to Jamaica for a holiday.

우리말 해석

W: 오늘 특별히 찾으시는 게 있으신가요?

M: 네, 제 아내를 위해 뭔가 특별한 걸 찾고 있어요. 금요일이 결혼 30주년이거든요.

W: 축하드립니다! 결혼 30주년에 전통적인 선물은 진주랍니다. 진주 목걸이가 안성맞춤일 것 같네요.

M: ______________________________

(a) 사실, 전 좀 전통적이지 않은 걸로 찾고 있어요.

(b) 당신과 부군 모두 축하드립니다.

(c) 맞아요. 전통적인 선물은 다이아몬드이죠.

(d) 휴일에 우리는 자메이카로 갈 거예요.

정답 **(a)**

 **만점 해설** 주어진 대화에서 남자는 결혼 기념일에 부인에게 줄 선물을 찾고 있는 상황이다. 남자가 결혼 30주년 기념 선물로 전통적인 진주 목걸이를 추천하고 있는 여자의 말에 동의하거나 다른 의견을 언급할 수 있다. 따라서 여자가 추천한 것과는 다르게 "nontraditional"한 것을 찾고 있다는 (a)가 가장 적절한 응답이다.

| 필수표현 정리 |

particular a. 특별한, 특정한   anniversary n. 기념일

18 | 출제 유형 | 일반의문문

난이도 ★★☆

Script

M: Georgina has impeccable taste! Just look at this place.

W: I know! Wait until you see the bedrooms upstairs. They are to die for.

M: They must have paid a fortune for her services. Or do you think she gave them a discount?

W: ______________________________

(a) We are not using her for our renovations.

(b) We have to go check out her new apartment.

(c) I suppose they are not friends anymore.

(d) Surely she gave them the friend discount.

우리말 해석

M: Georgina는 정말 더할 나위 없는 안목을 가졌군! 이곳을 좀 봐.

W: 맞아요! 위층에 있는 침실을 한번 보세요. 정말 멋있어요.

M: 그들은 그녀한테 이걸 맡기는데 엄청난 돈을 지불했을 거야. 아니면, 그녀가 그들에게 할인을 해 줬을 거라고 생각해?

W: ______________________________

(a) 우리의 보수 작업에 그녀를 고용하지 않을 거예요.

(b) 우리 그녀의 새로운 아파트를 보러 가야 해요.

(c) 내 생각에 그들은 더 이상 친구가 아닌 것 같아요.

(d) 당연히 그녀가 그들에게 친구로써 할인을 해 주었죠.

정답 **(d)**

 **만점 해설** 주어진 대화에서 남녀는 Georgina가 뛰어난 안목으로 집을 멋지게 "renovation"한 것에 대하여 이야기하고 있다. 두 번째 남자의 말에 '그녀'(Georgina)가 할인을 해주었을까' 라고 여자에게 묻고 있으므로 'the friend discount', 즉 '친구로써 할인을 해 주었다'라는 내용의 (d)가 가장 어울리는 응답이다.

| 필수표현 정리 |

impeccable a. 결점 없는, 나무랄 데 없는   to die for 아주 매력적인, 몹시 갖고 싶은   renovation n. 수리, 갱신

Script

W: I feel so invigorated by that workout!

M: Me too! I think Lacey always gives such a great class.

W: Does she teach any other classes besides yoga?

M: _________________________________

(a) No, she does not work here any more.

(b) Right. She was such a good teacher.

(c) Yes, she teaches a jazz class.

(d) I don't think she is a dancer.

우리말 해석

W: 나 정말 그 운동으로 활력을 찾은 거 같아!

M: 나도 그래! Lacey는 항상 멋진 수업을 하는 것 같아.

W: 그녀가 요가 말고 다른 가르치는 거 있어?

M: _________________________________

ⓐ 아니, 그녀는 더 이상 여기에서 일하지 않아.

ⓑ 맞아. 그녀는 매우 좋은 선생님이셨어.

ⓒ 응, 그녀는 재즈 수업을 가르쳐.

ⓓ 내 생각에 그녀는 댄서가 아니야.

정답 (c)

 **만점 해설** 주어진 대화에서 남녀는 운동으로 인한 효과를 이야기하면서 Lacey가 요가 이외에 다른 수업을 하는지 여자가 남자에게 묻고 있다. 따라서 '그렇다' 또는 '그렇지 않다'고 답해야 하므로 가장 어울리는 응답은 (c)이다.

| 필수표현 정리 |

invigorate v. 기운 나게 하다, 활기 띠게 하다　　　workout n. 운동, 연습경기　　　besides adv. 그 밖에, 게다가

Script

M: Whatever happened with Henry's case?

W: It never went to trial because of mitigating circumstances.

M: What happened?

W: _________________________________

(a) Someone tampered with the evidence.

(b) I never knew what went wrong with him.

(c) He went to jail for manslaughter.

(d) The trial was aired on the news.

우리말 해석

M: Henry 사건에 무슨 일이라도 생긴 거야?

W: 주변 정황이 진정국면으로 접어들어서 재판까지 가지 않았어.

M: 무슨 일이 있었던 거야?

W: _________________________________

ⓐ 누가 증거를 가지고 끼어들었어.

ⓑ 난 그에게 무슨 문제가 생겼는지 전혀 알 수 없어.

ⓒ 그는 살해 혐의로 감옥에 갔어.

ⓓ 그 사건은 뉴스에 방송되었어.

정답 (a)

 **만점 해설** 주어진 문제는 첫 부분의 대화에 주의를 기울여서 들어야 정답을 골라낼 수 있다. 특히, 여자의 첫 번째 말 "~because of mitigating~"에서 그 다음에 이어질 수 있는 대화를 유추해야 한다. 즉, '주변 정황이 진정국면으로 접어들어서' 재판으로 이어지지 못했다고 여자가 이야기하자, '무슨 일이 있었는지' 남자가 묻고 있으므로 그것에 대한 세부적인 상황에 대하여 언급하는 (a)가 가장 적절하다.

| 필수표현 정리 |

mitigate v. 완화하다, 진정시키다　　　tamper v. 간섭하다, 매수하다　　　manslaughter n. 살인, [법] 과실치사

air v. ~을 방송하다

21 | 출제 유형 | 긍정평서문
난이도 ★★☆

Script

M: How was the ballet performance last night?
W: It was so exquisite!
M: I wish I could have gone.
　It's a shame some of us have work to do.
W: _______________________________

(a) Some people have two jobs.
(b) I wish you didn't have a job.
(c) You are a lazy worker.
(d) You should have taken the night off.

우리말 해석

M: 어젯밤 발레 공연은 어땠어요?
W: 매우 훌륭했어요!
M: 저도 갔으면 좋았을 텐데. 우리 중 누군가는 일을 해야 한다는
　게 참 안타깝네요.
W: _______________________________

(a) 어떤 사람들은 두 개의 직업을 가지고 있어요.
(b) 당신에게 직업이 없었으면 좋겠어요.
(c) 당신은 게으른 일꾼이에요.
(d) 당신은 그날 밤에 일을 쉬었어야 했어요.

정답 (d)

 **만점 해설**　주어진 대화에서 남자와 여자는 '발레 공연'에 대하여 이야기하고 있다. 남자의 두 번째 말 "I wish I could have gone" (저도 갔었다면 좋았을 텐데)에서 '공연에 가지 못한 아쉬움'을 알 수 있다. 따라서 '감정 평서문'에 동의하는 응답으로 '그날 밤은 일을 하지 말았어야 했다'는 (d)가 가장 적절하다.

| 필수표현 정리 |
exquisite a. 더없이 훌륭한

22 | 출제 유형 | 긍정평서문
난이도 ★★★

Script

M: I'm sorry you cannot check out this book.
W: Seriously? Is there a problem with my account?
M: No, this book is reserved for Mass Communications
　majors only.
W: _______________________________

(a) Mass Communication majors do not write papers.
(b) Are there any fines on my account?
(c) Is there any way I can get special permission?
(d) I need to return that book by tomorrow.

우리말 해석

M: 죄송합니다만, 당신은 이 책은 대출하실 수 없습니다.
W: 정말이요? 제 계정에 무슨 문제라도 있나요?
M: 아니요. 이 책은 대중매체를 전공하는 학생들만 열람이 가능한
　책입니다.
W: _______________________________

(a) 대중매체 전공생들은 리포트를 쓰지 않아요.
(b) 제 계정에 벌금이 부과되어 있나요?
(c) 제가 특별히 허가를 받을 수 있는 방법이 없을까요?
(d) 저는 그 책을 내일까지 반납해야 해요.

정답 (c)

 **만점 해설**　주어진 대화에서 여자는 책을 빌리려고 하고 있고, 그것에 대하여 남자가 여자가 책을 빌리는 것이 불가능하다는 이유를 말하고 있다. '대중매체'(Mass Communication)를 전공하는 학생들에 한해서만 가능하다고 하는 남자의 두 번째 말에 '특별한 허락'(special permission)을 얻는 방법을 묻는 (c)가 가장 어울리는 응답이다.

| 필수표현 정리 |
check out 대출하다　　account n. 계정, 계좌　　reserved a. 제한된, 예약된　　mass communication 대중매체
fine n. 벌금

Script

M: What time is dinner?
W: Dinner will commence in the main hall at 7 o'clock sharp.
M: There is live entertainment aboard the ship, correct?
W: ________________________________

  (a) Live entertainment is prohibited aboard the ship.
  (b) Yes, the ship's band will play at 9 p.m.
  (c) Yes, comedians are always welcomed on the ship.
  (d) Entertainers like to perform at night.

우리말 해석

M: 저녁식사는 몇 시부터인가요?
W: 저녁식사는 정확히 7시에 메인 홀에서 시작할 겁니다.
M: 배에서 라이브 공연이 있어요, 그렇죠?
W: ________________________________

  (a) 라이브 공연을 배에서 하는 것은 금지되어 있습니다.
  (b) 네, 배의 밴드는 저녁 9시에 공연을 할 겁니다.
  (c) 네, 코미디언들은 항상 배에서 인기가 많습니다.
  (d) 공연하는 사람들은 밤에 공연하는 것을 좋아합니다.

정답 **(b)**

만점 해설 주어진 대화의 남자는 '라이브 공연을 하는 사람들도 배에 탄 것이 맞냐'고 묻고 있다. 따라서 그것에 대한 적절한 응답으로는 '그렇다'고 하면서 '9시에 공연이 시작될 것'이라고 말하는 (b)이다. 남자의 말의 "live entertainment"가 여자의 말에서 "ship's band"로 다르게 표현되었다는 것이 정답을 고르는 단서이다.

| 필수표현 정리 |

commence v. 시작되다　　sharp adv. 정각에, 제시간에　　prohibit v. 금하다, 금지하다　　entertainer n. 연예인, 즐겁게 해주는 사람

Script

M: Excuse me, do you speak English?
W: Yes, do you need some help?
M: I'm looking for Radio City Music Hall.
W: ________________________________

  (a) Sorry to tell you that it closed down last year.
  (b) Lucky for you, it's quite close.
  (c) Really? Why do you want to go there?
  (d) Great. You could look for it on your map.

우리말 해석

M: 실례합니다만, 영어할 줄 아세요?
W: 네, 도움이 필요하신가요?
M: 전 라디오 시티 음악당을 찾고 있어요.
W: ________________________________

  (a) 그곳은 작년에 문을 닫았어요.
  (b) 운이 좋으시네요. 여기서 꽤 가까워요.
  (c) 왜 거길 가고 싶어 하시나요?
  (d) 지도에서 찾으시면 될 거예요.

정답 **(b)**

만점 해설 주어진 대화에서 남자는 "라디오 시티 음악당"을 찾고 있다. 따라서 남자에게 "~it's quite close"라고 말하는 (c)가 길을 알려주는 상황에서 가장 적절한 응답이라 할 수 있다. 보기 (b)와 (d)는 주어진 상황과 관련이 있는 내용이긴 하지만, 길을 묻는 남자의 말에는 어울리지 않는다.

| 필수표현 정리 |

quite adv. 꽤, 완전히, 전적으로　　look for ~을 찾다, 구하다

25 | 출제 유형 | 일반의문문　　난이도 ★★☆

Script

M: Pardon me, are you the recruiter for Circuit Management?
W: Most certainly, are you a viable candidate for a job in public relations?
M: Yes, I am. Here is my resume. May I ask how many positions you are looking to fill?
W: ______________________

　(a) We still have a few open spots.
　(b) We are going into foreclosure.
　(c) We are not in that business.
　(d) Public relations jobs are hard to get.

우리말 해석

M: 실례합니다만, 혹시 Circuit Management의 채용 담당자이신가요?
W: 그렇습니다. 당신은 홍보과 지원자인가요?
M: 네. 여기 제 이력서 입니다. 혹시 몇 명을 충원하실 계획인지 여쭤봐도 될까요?
W: ______________________

　(a) 아직 몇 자리 남아 있어요.
　(b) 우린 가압류를 당할 거예요.
　(c) 그 사업은 우리와 상관이 없어요.
　(d) 홍보부서 일은 구하기 힘들어요.

정답 **(a)**

 **만점 해설**　주어진 대화에서 남자는 홍보부서 지원자이고 여자는 채용담당자라는 것을 알 수 있다. 두 번째 남자의 말이 '몇 명이나 채용할 예정'인지를 묻는 내용으로 끝났으므로 여기에 적절한 응답으로 "~have a few open spots" (몇 자리 남아 있다)가 어울린다. 남자의 말의 "positions"가 여자의 말에서 "spots"로 바뀌어서 언급되었다는 것도 알아두자.

| 필수표현 정리 |

recruiter n. 신병 모집자　　viable a. 가능한　　candidate n. 지원자　　public relations 홍보부서　　spot n. 지위, 직업
foreclosure n. 압류

26 | 출제 유형 | 일반의문문　　난이도 ★★☆

Script

W: How can I help you today, Mr. Cassidy?
M: I want to take a substantial amount from my primary account and open a separate savings account.
W: That will be no problem. Would you also like a portion of your direct deposit to be funneled to this new account?
M: ______________________

　(a) My savings account will be an asset.
　(b) I didn't know I had that choice.
　(c) The house is a financial liability.
　(d) The investment is a wise decision.

우리말 해석

W: 오늘은 무엇을 도와드릴까요, Cassidy씨?
M: 내 기존 계좌의 상당액을 빼서 새로운 계좌를 만들고 싶어요.
W: 문제 없습니다. 직접 예치하시는 금액의 일부분도 새로운 계좌로 들어가도록 해 드릴까요?
M: ______________________

　(a) 내 예금은 큰 자산이 될 거예요.
　(b) 그런 방법이 있는지 몰랐네요.
　(c) 그 집이 담보예요.
　(d) 그 투자는 현명한 결정이죠.

정답 **(b)**

 **만점 해설**　주어진 대화는 새로운 계좌를 만들고 싶어하는 남자에게 여자가 '직접 예치하는 금액의 일부분이 새로운 계좌로 들어가도록 해 주는' 부가적인 방법을 소개하고 있는 내용이다. 따라서 여자의 새로운 추천 방법에 대하여 '그런 방법이 있는지 몰랐다' 라고 말하는 (b)가 가장 자연스럽다.

| 필수표현 정리 |

substantial a. 상당한, 많은　　primary a. 첫째의, 주된　　funnel v. 집중하다, 쏟다　　savings account 저금 계좌
portion n. 일부, 몫, 차지　　liability n. 부채, 채무

Script

W: You must be the new elementary teacher!
   I'm Sally. It's so great to finally meet you.
M: Yeah, I heard about you from the other teachers at
   the welcome party last night. I'm sorry you couldn't
   make it.
W: I'm sorry I had to miss it. My sister was in the
   hospital.
M: _______________________________________

   (a) The party was a disaster.
   (b) The party will be next week.
   (c) She is going to get out next week.
   (d) I heard. I hope she gets well soon.

우리말 해석

W: 당신이 바로 새로 온 초등학교 선생님이군요! 전 Sally예요.
   마침내 만나게 되어 정말 기뻐요.
M: 네, 지난밤 환영파티에서 다른 선생님들로부터 당신에 관해 들
   었어요. 어제 뵙지 못해서 유감이네요.
W: 죄송해요, 빠져야만 할 상황이었어요. 제 여동생이 병원에 입원
   했거든요.
M: _______________________________________

   (a) 그 파티는 최악이었어요.
   (b) 파티는 다음 주에 있을 거예요.
   (c) 그녀는 다음 주에 나갈 거예요.
   (d) 들었어요. 빨리 그녀가 쾌유되기를 바라요.

정답 (d)

 **만점 해설** 주어진 대화의 첫 번째 남녀의 대화에서 두 사람이 지난밤 환영 파티에서 서로 만날 수 없었음을 알 수 있다. 여자가 파티에 참석하지 못한 것에 대한 유감을 표현하며 그 이유로 '여동생이 입원했다' 고 하므로 이에 어울리는 남자의 응답은 '빨리 낫기를 바란다' 는 (d)이다.

| 필수표현 정리 |

make it ~을 하다, (시간에)대다   in hospital 입원하여   disaster n. 끔찍한 일, 재난   get well 회복하다

Script

W: Hey Matt, we are all going down to the Jazz Festival.
   Do you want me to get you a ticket?
M: When is it again? I have to check my schedule first.
W: It's the last two weekends of May.
   You don't want to miss it!
M: _______________________________________

   (a) Do you think I should go there?
   (b) We are going to the beach too.
   (c) What bands are in the line-up?
   (d) I will have to miss it.

우리말 해석

W: 이봐, Matt, 우리 모두 재즈 페스티벌에 갈거야. 네 티켓도 끊어
   줄까?
M: 그게 언제라고 했지? 먼저 내 스케줄을 확인해 봐야 하는데.
W: 5월 마지막 두번 째주의 주말이야. 놓치면 후회할 걸!
M: _______________________________________

   (a) 네 생각에 내가 꼭 가야 할 것 같아?
   (b) 우린 바닷가에도 갈 거야.
   (c) 출연하는 밴드들은 어떤 밴드들이지?
   (d) 난 아마 못 갈 것 같아.

정답 (c)

만점 해설 주어진 대화는 여자가 재즈 페스티벌 날짜를 남자에게 소개하면서 티켓을 원하는지 묻고 있는 상황이다. 여자의 두 번째 말에서 '놓치면 후회한다' 고 하였으므로, 공연에 대한 내용을 묻는 (c)가 가장 자연스러운 응답이다.

| 필수표현 정리 |

go down to ~로 가다   line-up n. 예정표, 구성, 면면

29 | 출제 유형 | 부정의문문　　　　　　　　　　　　　　　　　　　　난이도 ★★☆

Script

M: Alicia! Are you all right in there?
　Do you need anything?
W: I'm fine, but can you ask the sales lady to get me a
　size 6 in this dress.
M: Sure, this one is cute! Aren't you a size 4 though?
W: ______________________________

(a) These cheap clothes run usually small.
(b) I'm never shopping here anymore.
(c) The size 4 is too big for me.
(d) Right. But I like this style though.

우리말 해석

M: Alicia! 거기서 괜찮은 거야? 필요한 거 있어?
W: 난 괜찮아, 그런데 저기 점원에게 지금 옷으로 6 사이즈로 좀 갖
　다 달라고 해 줄래?
M: 알았어. 이 옷 귀엽네! 근데 너 4 사이즈 아니었어?
W: ______________________________

(a) 이런 싼 옷들은 보통 작게 나오거든.
(b) 여기서 다시는 쇼핑을 안 할거야.
(c) 4사이즈는 나한테 너무 커.
(d) 맞아. 그런데 난 이 스타일이 마음에 들어.

정답 **(a)**

 주어진 대화는 옷가게에서 여자가 옷을 입어보는 상황에서 다른 사이즈의 옷을 점원에게 가져다 달라고 남자에게 부탁하는 상황이다. 남자의 두 번째 말에서 남자가 여자에게 4사이즈가 아니냐고 묻고 있고, 그 전의 여자는 남자에게 6사이즈를 갖다 달라고 부탁했기 때문에 여기에 이어지는 여자의 응답으로는 (a)가 가장 적절하다.

| 필수표현 정리 |
though adv. 그러나

30 | 출제 유형 | 의문사 의문문–what　　　　　　　　　　　　　　　　　난이도 ★☆☆

Script

M: Hi. I'm looking for customer service. I left my watch
　here the other day.
W: You're in the right place. This is lost and found. We
　have a few watches here.
M: None of those are mine. Maybe no one has found it
　yet. What should I do?
W: ______________________________

(a) You should go to another department.
(b) Maybe you will find it one day.
(c) We do not handle these kinds of issues.
(d) You will need to fill out a missing item report.

우리말 해석

M: 안녕하세요. 고객 센터를 찾고 있는데요. 며칠 전에 제 시계를
　여기 놔두고 갔거든요.
W: 제대로 찾아 오셨습니다. 이 곳이 바로 분실물 센터입니다. 여기
　몇 개의 시계가 있습니다.
M: 여긴 제 것이 없네요. 아마도 아무도 제 시계를 찾지 못한 것 같
　아요. 어떻게 하면 좋을까요?
W: ______________________________

(a) 다른 부서로 가보셔야 할 듯합니다.
(b) 언젠가는 찾으실 수 있을 겁니다.
(c) 저희는 이런 류의 문제를 취급하지 않습니다.
(d) 분실물 보고서를 작성해 주셔야 할 겁니다.

정답 **(d)**

 주어진 대화에서 남자의 첫 번째 말에서 'customer service' (고객센터)를 찾고 있다고 하였고, 거기에 따른 여자의 응답으로 보아 여자는 분실물 센터에서 일하는 사람임을 알 수 있다. 남자의 두 번째 말에서 '찾고 있는 것이 여기 없다'며, 어떻게 하면 좋으냐'고 물었으므로, 그 다음에 이어지는 여자의 응답으로 가장 적절한 것은 (d)fill out a missing item report (분실물 보고서를 작성하다)가 가장 자연스럽다.

| 필수표현 정리 |
customer service 고객센터　　　lost and found 분실물 센터　　　fill out 기입하다, 작성하다　　　handle v. 다루다, 처리하다

31 | 출제 유형 | 대의 파악

난이도 ★☆☆

Script

M: Excuse me. What time is the next showing of Babel?
W: All the times are located on the display board here.
M: Ok. But, I would like for you to tell me.
   It is your job, right?
W: Sir, I just sell the tickets. It is not a part of my job
   detail to memorize all the movie times.
M: I would like to speak to your manager then, maybe
   he can tell me the movie times.
W: Yes sir, let me get the manager for you, sir.

Q. What is happening in the conversation?

(a) The male customer is irritated at the movie
   attendant.
(b) The male customer is requesting a disabled seat.
(c) The movie theater is closing for repairs.
(d) The manager is mad at the movie attendant.

우리말 해석

M: 실례합니다. 다음 "Babel" 상영시간이 언제인가요?
W: 시간표는 게시판에 다 나와 있어요.
M: 그렇군요. 하지만, 난 당신이 제게 말씀해주시면 좋겠는데요.
   그게 당신 일이잖아요. 그렇죠?
W: 손님, 전 단지 티켓을 팔 뿐입니다. 영화 상영 시간을 상세히 암
   기하는 건 제 일이 아닙니다.
M: 당신 매니저와 이야기해야겠어요. 아마 그는 영화 시간을 말해
   줄 수 있겠죠.
W: 알겠습니다, 손님. 제가 매니저를 불러드리겠습니다.

|질문| 대화에서 일어나고 있는 일은?

(a) 남자 손님은 영화관 직원에게 화가 나있다.
(b) 남자 손님이 장애인 좌석을 요청하고 있다.
(c) 영화관이 수리로 문을 닫는다.
(d) 매니저가 영화관 직원에게 화가 났다.

정답 (a)

 **만점 해설** 주어진 대화의 상황을 묻는 문제이다. 대화의 내용으로 보아 남자는 자신이 보려고 하는 영화의 상영시간을 묻고 있고, 여자는 자신의 업무는 단지 티켓을 파는 것이므로 상영 시간을 모두 다 알고 있지 않다고 하는 상황이다. 마지막 남자와 여자의 대화에서 남자는 여자에게 화가 난 상태이고, 마지막 말에서 매니저에게 가서 이야기하겠다고 하였다. 따라서, 상황을 가장 잘 묘사하고 있는 것은 (a)이다.

| 필수표현 정리 |

display board 게시판　　irritated a. 화가 난, 신경질이 난　　disabled a. 장애가 있는, 무능력해진　　attendant n. 점원, 직원

32 | 출제 유형 | 내용 일치

난이도 ★★☆

Script

M: Blair, I heard you were able to attend the Carnival
   Festival in Brazil!
W: Yes, we got to go to the parades and we went to the
   Carnival museums in Sao Paulo.
M: I read about Carnival in Newsweek, they said the
   festivities get quite rambunctious. I wish I could have
   gone with you guys.
W: You should have seen it! The parade floats
   surpassed anything I have ever witnessed to my life!
M: How about the dancers? The article mentioned them
   as the main attraction, along with the floats.
W: The dancers performed on the floats. The most
   amazing feature was their costumes. They were
   made of the most beautiful material.

Q. Which is correct according to the conversation?

(a) Only Brazilians attend the Carnival.
(b) Dancers at Carnival do not attract attention.
(c) Carnival is a famous festival in Brazil.
(d) Floats are usually pulled by tractors.

우리말 해석

M: Blair! 너 브라질에서 열린 카니발 축제에 갔었다고 들었어.
W: 응. 퍼레이드 행사에도 가고, 상파울루에 있는 카니발 박물관에
   도 갔어.
M: 카니발에 대해서 Newsweek지에서 읽은 적이 있어. 축제가 꽤
   흥분의 도가니였다고 하던데. 나도 너희들과 같이 갔으면 좋았
   을 걸 그랬어.
W: 네가 봤어야 했는데! 그 퍼레이드 차는 내가 지금까지 본 것 중
   에 단연 최고였어!
M: 댄서들은 어땠는데? 기사에서는 퍼레이드 무대 차량 함께 댄서
   들도 주요 볼거리라고 하더라고.
W: 댄서들이 무대 차 위에서 공연했어. 제일 환상적이었던 것은 그
   들의 의상이었지. 그것들은 매우 아름다운 재료들로 만들어졌더
   라고.

|질문| 대화의 내용과 일치하는 것은?

(a) 브라질 사람들만이 카니발에 참가한다.
(b) 카니발의 댄서들은 주의를 끌지 못한다.
(c) 카니발은 브라질에서 유명한 축제이다.
(d) 무대 차는 보통 견인차로 끈다.

정답 (c)

 **만점 해설** 주어진 대화의 내용과 일치하는 것을 묻는 문제이다. 대화의 여자의 말에서 정답의 단서들을 찾을 수 있다. 남자의 첫 번째 말 "I heard you were able to attend the Carnival Festival in Brazil." 을 통해 브라질의 축제에 갔었던 사람은 여자라는 것을 알 수 있다. 그 이후에 이어지는 내용에서 남자가 축제에 관한 기사를 'Newsweek'에서 읽은 적이 있다라고 말하고 있으므로 '카니발은 브라질에서 유명한 축제' 라는 내용이 정답이다.

| 필수표현 정리 |

attend v. 출석하다, 참석하다   festivity n. 축제, 잔치   rambunctious a. 떠들썩한   witness v. 목격하다, 입증하다

attraction n. 볼거리, 인기거리   float n. (퍼레이드 따위의) 장식 수레   feature n. 특징, 특색   costume n. 복장, 옷차림

33 | 출제 유형 | 내용 일치

난이도 ★★☆

Script

M: Ashley, what do you want for your birthday this year?

W: Mike, I just want to have a nice dinner with close friends and family.

M: Ashley! You don't want to throw a big party? It's your 21st!

W: No, definitely not. I just want something small. Seriously, Mike!

M: What? I'm offended! You didn't like your surprise skate party last year?

W: No! I loved my party last year, but I'm just not in the mood for the same kind of thing this year.

Q. Which is NOT correct according to the conversation?

(a) Ashley is turning 21 years old.

(b) This year Ashley wants a big party.

(c) Last year Ashley had a birthday party.

(d) Ashley doesn't feel like having a party.

우리말 해석

M: Ashley, 이번 생일 때 무슨 선물 받고 싶어?

W: Mike, 난 그냥 가족들과 친한 친구들과 근사한 저녁식사나 했으면 좋겠어요.

M: Ashley! 크게 파티를 열고 싶지 않아? 너의 스물 한번 째 생일이잖아!

W: 아니, 전혀 아니야. 난 그냥 작은 걸로 만족해. 정말이야, Mike!

M: 뭐라고? 실망이구나. 작년의 내 스케이트 파티가 마음에 들지 않았던 거야?

W: 아니야! 지난 해의 파티는 정말 마음에 들었어, 하지만 올해에는 그런 류의 파티를 할 기분이 아닐 뿐이야.

|질문| 대화의 내용과 일치하지 않는 것은?

(a) Ashely는 21살이 된다.

(b) 올해 Ashely는 큰 파티를 원한다.

(c) Ashely는 작년에 생일 파티를 했었다.

(d) Ashely는 파티를 하고 싶은 기분이 아니다.

정답 (b)

 **만점 해설** 주어진 대화의 내용과 일치하지 않는 것을 묻는 문제이다. 여자의 21번째 생일을 맞이하여 남자가 파티를 해 주려고 하자 그렇게 하지 않는 것이 좋겠다고 하는 상황이다. 여자의 두 번째 말 "I just want something small." 부분에서 명확하게 언급되었다. 따라서 내용과 일치하지 않는 것은 (b)이다.

| 필수표현 정리 |

close a. 친한, 친밀한   throw a party 파티를 열다   offend v. 성나게 하다, 불쾌하게 하다   be in the mood ~할 기분이다

난이도 ★★★

Script

M: Did you send in your absentee vote for the November election?

W: Oh no! I totally forgot! How do you do it anyway?

M: As long as you are registered already, the most efficient way is to go online and fill out the absentee ballot.

W: Did you just send it in online? Is that secure?

M: No, you have to print out the completed ballot, and then either fax or send it through snail mail.

W: Ok. That sounds easy enough. Thanks for the information.

Q. What are the man and woman mainly discussing?

(a) How to vote in November election
(b) Who the woman is going to vote for
(c) How to register to vote online
(d) How best to vote absentee

우리말 해석

M: 11월 선거 부재자 투표는 했어?

W: 안 돼! 완전히 잊고 있었어! 근데 넌 어떻게 한 거야?

M: 네가 이미 등록되어 있다면, 온라인에서 투표 용지를 작성하는 것이 가장 효과적 일거야.

W: 온라인으로 그냥 보냈어? 그거 안전해?

M: 아니, 완성된 투표 용지를 프린트해서 팩스나 보통 우편으로 보내야 해.

W: 알겠어. 쉬울 것 같네. 알려줘서 고마워.

| 질문 | 남자와 여자는 주로 무엇에 대해 논의하고 있는가?

(a) 11월 선거에서 투표하는 방법
(b) 여자가 누구를 뽑을지
(c) 온라인으로 투표하기 위한 등록방법
(d) 가장 효과적인 부재자 투표법

정답 (d)

만점 해설 주어진 대화의 주제를 묻는 문제이다. '부재자 투표법'에 관한 내용으로 남자는 11월 선거의 부재자 투표를 온라인으로 하는 것이 가장 편리하다고 투표를 하지 않은 여자에게 알려주고 있는 상황이다. 남자의 마지막 말에서 투표 용지를 완성한 후에 프린트하여 우편이나 팩스로 보내라고 자세한 정보를 주고 있으므로 가장 적절한 것은 (d)이다.

| 필수표현 정리 |

absentee vote 부재자 투표   register v. 기재하다, 등록하다   efficient a. 능률적인, 효과가 있는
absentee ballot 투표용지   snail mail 보통우편

난이도 ★★☆

Script

M: Do you think you might have time to help me with my speech today?

W: Now is a good time as any. Do you have a final draft ready?

M: Yes, here it is. I'm pretty much finished writing. What I really need help with is the question portion at the end.

W: Did your teacher provide you with sample questions?

M: No. But I pulled some from the student archives online. Supposedly the examples will be similar to the questions that will be asked.

W: Ok then, let's get started.

Q. What are the speakers talking about?

(a) Practicing for a speech
(b) A class they both took
(c) The final draft of the speech
(d) Sample questions for the speech

우리말 해석

M: 혹시 오늘 제 연설문을 봐 줄 시간 있어요?

W: 지금이 적절한 것 같은데. 최종 연설문은 준비 되었어?

M: 네, 여기 있어요. 내용은 거의 다 완성했는데요. 정말 도움이 필요한 부분은 마지막 질의 응답 부분이에요.

W: 선생님께서 예시 질문을 주셨어?

M: 아니요. 근데 온라인에 학생 자료실에서 좀 뽑았어요. 추측하기로는 그 예시 질문들이 실제로 하는 질문들과 비슷할 것 같아요.

W: 좋아요. 그럼, 바로 시작해 보자.

| 질문 | 두 사람은 무엇에 대해 이야기 하고 있습니까?

(a) 스피치를 위한 연습을 하는 것
(b) 둘 다 들었던 수업에 대해
(c) 스피치의 최종 습작에 대해
(d) 스피치 때의 예시 질문

정답 (a)

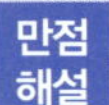 주어진 대화의 주제를 묻는 문제이다. 첫 번째 남자의 말에서 '연설문을 봐 줄 시간이 있냐'라고 물었고 여자가 '지금이 적절한 시간이다'라고 하였다. 이어지는 대화의 내용에서 남자가 연설문에서 어려운 부분들에 대하여 세부적으로 언급하고 있으므로 두 사람이 주로 이야기 하고 있는 것은 (a)가 가장 적절하다.

| 필수표현 정리 |

draft n. 초고, 초안　　supposedly adv. 추측이건대, 아마도

36 | 출제 유형 | 대의 파악

난이도 ★★☆

Script	우리말 해석
M: Have you been watching the new reality series?	M: 새로운 실화 시리즈 보고 있어?
W: No, I detest reality television. I think it's all so absurd.	W: 아니, 나 실화 방송 싫어해. 그거 전부 말이 안 된다고 생각해.
M: Really? I can't get enough of it! I get so wrapped up in the real lives of people.	M: 정말? 난 잘 이해를 못하겠어. 난 사람들의 실제 삶을 보면 정말 열중해서 보게 되던데.
W: But that's just the thing. Just because it has the stamp of "reality" does not mean that it is at all real.	W: 바로 그거야. 단지 "실제"라는 말이 쓰였다고 해서 진짜 실제는 아닌 거야.
M: You think everything is staged?	M: 넌 모든 게 연출된 거라고 생각하는 거야?
W: Yes, it's made only to give people their fifteen minutes of fame. It ultimately diminishes the job market for real actors.	W: 그렇지. 그건 단지 사람들에게 15분의 명성을 주기 위해 만들어진 거야. 결국 그건 실제 배우들의 일거릴 없애는 것뿐이라고.
Q. What is the main topic of the conversation?	|질문| 대화의 주제는 무엇인가?
(a) The lessons learned from reality television	(a) 실화 방송에서 얻는 교훈들
(b) The woman's disapproval of reality television	**(b) 실화 방송에 대한 여자의 반감**
(c) The man's love of reality television	(c) 실화 방송에 대한 남자의 애정
(d) Reality television's fifteen minutes of fame	(d) 실화 방송의 15분간의 명성

정답 (b)

 주어진 대화의 주제를 묻는 문제이다. 남자와 여자는 "reality series"에 대하여 이야기하고 있는데, 여자는 'everything is staged'(모든 것이 연출된 것)라고 하면서 강하게 실화 프로그램에 대한 불신을 드러내고 있다. 특히 여자의 마지막 말에서 "It ultimately diminishes the job market for real actors." (진짜 배우들의 일을 없애는 것이다)라며 강한 반감을 나타내고 있기 때문에 정답으로 가장 적절한 것은 (b)이다.

| 필수표현 정리 |

detest v. 싫어하다　　absurd a. 불합리한, 터무니 없는　　wrapped up in ~에 몰두한　　stamp n. 흔적, 우표
stage v. 연출하다, 꾸미다　　ultimately adv. 긍정적으로, 최종적으로　　diminish v. 줄이다

Script

W: Charlie, can you give me the run down on the current fluctuation in sales numbers?

M: Yes, Mrs. Thompson. The figures at present are boasting a high extreme from last week, but they are still low on the average.

W: And what do you have in the works to counter balance this fail in sales?

M: As of now we are working overnight to keep the company in the fast lane with a live web-chat advertising campaign.

W: Do any of our rival companies have this new element of virtual advertising available to their customers?

M: None that we know of so far, but I have three employees set as watchdogs, constantly monitoring their sites for any changes or advances.

Q. What can be inferred from the conversation?

(a) The company has used the live web-chat advertising campaign.

(b) The figures in sales numbers were going up fast over the average.

(c) None of the rivals has used the up-to-date advertising system yet.

(d) Charlie and Mrs. Thompson have many disagreements.

우리말 해석

W: Charlie, 판매액의 최근 변동 추이를 요약한 것을 보여줄 수 있어요?

M: 네, Thompson 부인. 지난 주부터 높은 수치를 나타내고 있긴 하지만, 아직 여전히 평균에는 못 미칩니다.

W: 그럼, 이런 판매의 악화를 만회하기 위해 어떤 방안을 가지고 있나요?

M: 급변하는 상황을 따라잡기 위해 실시간 웹 채팅 광고 캠페인으로써 현재 저희는 밤을 새며 작업하고 있습니다.

W: 우리 경쟁사들 중에 상호 광고 시스템을 고객들에게 펼치는 곳이 있나요?

M: 현재까지 알기로는 없습니다. 그리고 저희 측에서 3명의 감시자를 두어 경쟁사의 변화와 개선안들을 감시하고 있습니다.

| 질문 | 대화에서 추론할 수 있는 것은?

(a) 이 회사는 웹 채팅 광고 캠페인을 사용해 왔다.

(b) 판매 수치가 빠르게 평균을 뛰어 넘었다.

(c) 경쟁사들 중 아무도 새로운 광고 시스템을 아직 도입하지 않았다.

(d) Charlie와 Thompson부인 사이에는 많은 이견이 있다.

정답 (c)

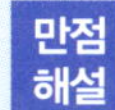 주어진 대화를 통해 추론할 수 있는 사실을 묻는 문제이다. 남자와 여자의 마지막 대화 부분을 통해서 정답을 추론할 수 있다. 남자의 마지막 말 '다른 경쟁사들이 아직 이 새로운 시스템을 도입하지 않았고, 감시자를 두어 변화를 지켜보고 있다'는 부분으로 볼 때 정답은 (c)가 가장 적절하다.

| 필수표현 정리 |

run down 요약   fluctuation n. 변동   boast v. 자랑하다   extreme n. 극단; 극도   counter balance (부족을) 보충하다
fail n. 실패; v. 실패하다   letdown n. 실망   virtual advertising 가상 광고   watchdog n. 감시인
constantly adv. 변함없이, 끊임없이   disagreement n. 이견, 불일치

38 | 출제 유형 | 내용 일치
난이도 ★★☆

Script

M: Celia, is that you? It has been so long, I hardly recognized you.

W: Mike right? It has been a long time. How are you?

M: I'm swell! You are the spitting image of your mother! Does anyone ever tell you that?

W: Actually I get it all the time, even from perfect strangers. Her friends from back in the day stop me in the street to tell me.

M: I'm sure of it. Your mother is a legend. I heard about your graduation, congratulations!

W: Thank you! I'm looking forward to my new job as a flight attendant for United Delta.

Q. What is correct according to the conversation?

(a) Mike and Celia are old friends who lost touch.
(b) Mike is an old friend of Celia's mother.
(c) Celia will work as a pilot.
(d) Celia and Mike met through a friend.

우리말 해석

M: Celia! 너로구나? 정말 오랜만이어서, 잘 못 알아보겠다.

W: Mike 맞아요? 정말 오랜만이에요. 잘 지내시죠?

M: 잘 지내지. 넌 너희 엄마를 꼭 빼 닮았구나! 그런 말 안 들어봤니?

W: 실은 항상 들어요. 심지어 생판 모르는 사람한테도 듣기도 해요. 한번은 오랜 엄마 친구라는 분이 길에서 저를 세워 놓고는 그런 말씀을 하신 적도 있어요.

M: 당연하지. 너희 엄마는 전설적이었어. 너의 졸업 소식은 들었단다. 축하한다.

W: 감사해요! United Delta 항공에서 승무원으로 일해 볼까 하고 있어요.

|질문| 대화의 내용과 일치하는 것은?

(a) Mike와 Celia는 연락이 끊겼던 오랜 친구 사이이다.
(b) Mike는 Celia의 어머니의 오랜 친구이다.
(c) Celia는 비행기 조종사로 일할 것이다.
(d) Celia와 Mike는 한 친구를 통해 만났다.

정답 (b)

 주어진 대화의 내용을 보면, 남자와 여자는 오랜만에 만난 사이라는 것을 알 수 있다. 또한 남자의 두 번째 말 "You are the spitting image of your mother!"에서 여자가 남자의 친구의 딸이라는 것을 추론 할 수 있다. 뒤에 이어지는 여자의 말에서 '지나가던 모르는 사람에게서 들은 적도 있다' 라고 말하고 있으므로 두 사람의 관계를 통해 추론할 수 있는 정답은 (b)이다.

| 필수표현 정리 |

recognize v. 알아보다　　spitting image 판박이

39 | 출제 유형 | 대의 파악
난이도 ★★☆

Script

M: So, what's the latest gossip with the locals?

W: I can't say. I'm turning a new leaf. No more gossiping for me, it is such degradation.

M: What? You were always my source for the juicy details on all the outlandish happenings of our former classmates.

W: I am well aware of that fact. All I did was indulge in hearsay about others' lives, but now I've decided to focus my attention on something more imperative.

M: What could be more fulfilling than talking trash about other people's decrepit lives.

W: Hey, my friend. Gain some perspective, will you? Putting others down is simply bad karma.

Q. What is the main topic of the conversation?

(a) The woman thinks gossiping is not productive.
(b) Gossiping is a good habit that must be broken.
(c) People who gossip are weak individuals.
(d) The woman wants to gossip with the man.

우리말 해석

M: 그나저나 친구들 사이에서의 최근 화젯거리가 뭐야?

W: 난 말 할 수 없어. 나 새 사람이 되려고 해. 더 이상 쓸데없는 이야긴 안 하려고, 그건 정말 수준 낮은 행동이야.

M: 뭐라고? 넌 항상 내게 예전 학교 친구들 사이에서의 색다른 경험들에 관한 흥미로운 이야기들을 해 주었잖아.

W: 그건 잘 알고 있어. 내가 한 일이라고는 남들 이야기하는 데 몰두했던 것뿐이야. 하지만 이젠 좀 더 내게 중요한 일에 관심을 가질 거야.

M: 다른 사람들을 헐뜯는 것만큼 즐거운 게 어디 있어?

W: 이봐 친구야. 정신 좀 차려. 다른 사람들을 헐뜯는 것은 단지 나쁜 습성일 뿐이라고.

|질문| 대화의 주제로 적절한 것은?

(a) 여자는 험담하는 것이 생산적이지 않다고 생각한다.
(b) 험담하는 것은 반드시 없애야 하는 좋은 습관이다.
(c) 험담하는 사람들은 약한 사람들이다.
(d) 여자는 남자와 함께 험담을 하고 싶어한다.

정답 (a)

 주어진 대화의 시작에서 남자는 여자에게 일어난 일들에 대해서 모두 말해보라고 하지만, 여자는 그렇게 하고 싶지 않다고 하면서 "it is such degradation" (수준 낮은 행동)이라고 하고 있다. 뒤에 이어지는 내용에서 남자는 다른 사람들에게 대하여 잡담하는 것에 대하여 여전히 좋아하고 있고 여자의 마지막 말에서 확실하게 자신의 생각을 이야기하였으므로 정답은 (a)이다.

| 필수표현 정리 |

gossip n. 잡담　　turn a new leaf 마음을 고쳐먹다　　degradation n. 수준 낮은 행동　　juicy details 흥미로운 이야기

outlandish a. 색다른, 이국적인　　indulge in ~에 빠지다　　hearsay n. 풍문, 소문　　imperative a. 필수적인, 긴요한

decrepit a. 늙어빠진, 노쇠한　　perspective n. 관점, 시작, 전망　　karma n. 숙명, 특징적인 분위기

---

40 | 출제 유형 | 내용 일치

난이도 ★★☆

Script

M: Hi! You must be Michelle! It's so nice to meet you!

W: Yes, I'm Michelle, and it's nice to meet you too! So this is it?

M: It's not that bad, kind of small, but we could fix it up real nice with posters and other decorations.

W: I heard they are having a poster sale at the Student Union. We should go and pick out some together.

M: Let's totally do that! I am so excited about this space. This building is just built last year so it's so modern and fresh.

W: I agree! I heard our residential advisor is throwing a welcome party downstairs in 15 minutes. Let's go together!

Q. What is correct according to the conversation?

(a) They decorated the area with posters.

(b) They picked out the poster from the Student Union.

(c) Their residential area is brand new.

(d) They are having a welcome party.

우리말 해석

M: 네가 Michelle이구나! 만나서 정말 반가워!

W: 응, 난 Michelle이야. 만나서 반가워. 그나저나, 이게 우리 방이니?

M: 좀 작긴 하지만 나쁘진 않아. 포스터랑 장식 좀 하면 정말 멋있게 만들 수 있어.

W: 학생회관에서 포스터를 판다고 들었어. 같이 가서 좀 가져오자.

M: 당연히 그래야지! 난 이 기숙사가 매우 기대돼! 이 건물은 작년에 지어진 건물이라서 아주 현대적이고 신선해.

W: 나도 그렇게 생각해! 여기 기숙사 사감이 15분 있다가 아래층에서 환영 파티를 연다고 들었어. 같이 가보자!

|질문| 대화의 내용과 일치하는 것은?

(a) 그들은 공간을 포스터들로 장식했다.

(b) 그들은 학생회관에서 포스터를 가져왔다.

(c) 그들의 거주 공간은 새 건물이다.

(d) 그들은 환영 파티를 하고 있다.

정답 (c)

 주어진 대화의 내용과 일치하는 내용을 묻는 문제이다. 대화에서 남자와 여자는 새로 지어진 기숙사 건물의 입주자들이며, 남자의 마지막 말 "This building is just ~and fresh."에서 이 건물이 건축된 지 얼마되지 않았다는 것을 알 수 있다. 다른 내용은 지문에서 언급되지 않았으며, 여자의 마지막 말에서 '15분 후에 파티를 한다'는 내용이 나오므로 (d)는 일치하지 않는다.

| 필수표현 정리 |

pick out 고르다, 줍다　　residence n. 거주　　residential advisor 기숙사 사감　　residential a. 주거의, 숙박 설비가 있는

41 | 출제 유형 | 내용 일치

난이도 ★★☆

Script

M: I need this prescription filled, but I'm wondering if it is covered by my insurance.

W: Okay, let me check it out for you. I just need to see your insurance card, the prescription, and your student ID card.

M: I don't have my card on me, but I have my driver's license, will that suffice?

W: It sure will, I can just look up your student number on the computer.

M: The prescription was from the dermatologist so I'm not sure if that was covered by my student insurance.

W: It's your lucky day! Apparently this prescription is under your insurance regulations.

Q. What is correct according to the conversation?

(a) The student ID card is necessary to fill the prescription.
(b) The pharmacist is concerned about the student insurance.
(c) The man has a dermatological prescription.
(d) The man lost his identification card.

우리말 해석

M: 처방전대로 약 좀 지어 주세요. 그런데, 제 보험이 적용되는지 모르겠어요.

W: 네, 한번 확인해 볼게요. 먼저, 보험 카드, 처방전, 그리고 학생증을 확인해 봐야 할 것 같은데요.

M: 학생증을 지금 제가 가지고 있지 않아요. 하지만 운전 면허증은 있는데요, 그걸로 될까요?

W: 네, 될 거예요. 컴퓨터로 갖고 있는 학생증 번호를 확인해 볼 수 있거든요.

M: 그 처방전은 피부과 의사한테서 받은 거라서, 제 학생보험으로 적용 가능한지 잘 모르겠네요.

W: 운이 좋으시네요. 이 처방전은 당신의 보험 적용이 되네요.

|질문| 대화의 내용과 일치하는 것은?

(a) 약을 조제하기 위해서는 학생증이 필요하다.
(b) 약사는 학생 보험에 대해 걱정하고 있다.
(c) 남자는 피부과 의사의 처방전을 가지고 있다.
(d) 남자는 그의 신분증을 분실했다.

정답 (c)

 **만점 해설** 대화의 내용과 일치하는 것을 묻는 문제이다. 약을 지으러 온 남자가 필요한 학생증을 가지고 오지 않아 소지하고 있는 운전 면허증으로 학생보험을 적용을 받을 수 있는지 여부를 약사에게 묻고 있는 상황이다. 남자의 마지막 말에서 가져 온 처방전이 "The prescription is from the dermatologist~"(처방전은 피부과 의사에게서 받은 것이다) 라고 하였으므로 대화의 내용과 일치하는 것은 (c)이다.

| 필수표현 정리 |

prescription n. 처방전   cover one's insurance 보험을 적용하다   suffice v. 충분하다   dermatologist n. 피부과 의사
apparently adv. 분명하게, 명확하게   regulation n. 규정   pharmacist n. 약사

42 | 출제 유형 | 대의 파악

난이도 ★★☆

Script

M: Excuse me, can you tell me where I go to handle this speeding ticket? Am I even in the correct building?

W: Yes sir, you are in the right place. Are you going to pay it today or sign up for court?

M: I just want to get them off my record as soon as possible.

W: Then I recommend you pay them today. If you don't get another traffic violation after sixty days from the pay deadline, then your record will be expunged.

M: Sounds like I'm good to go then.

W: You need to sign up over there, and get in line under the "Pay" sign.

우리말 해석

M: 실례합니다. 저기 속도위반 딱지를 처리하려면 어디로 가야 하나요? 제가 맞는 건물로 오긴 온건가요?

W: 네. 맞게 오셨습니다. 범칙금을 오늘 지불하실 건가요 아니면 재판신청을 하실 건가요?

M: 그냥 가능하면 빨리 기록에서 그것을 없애고 싶은데요.

W: 그럼 벌금은 오늘 내시는 게 좋겠네요. 만약 범칙금을 지불한 후 60일 안에 다른 위반 사항이 없으시면 기록은 다 지워질 겁니다.

M: 순조롭게 진행되겠군요.

W: 저기 가셔서 신청 하시고, "Pay" 간판 아래에서 줄을 서서 기다리세요.

Q. What is the main idea of the conversation?	|질문| 대화의 주제로 적절한 것은?
(a) Where to sign up for a speeding ticket.	**(a) 속도 위반 티켓 범칙금 등록을 하는 장소**
(b) How to absolve a speeding ticket.	(b) 속도 위반을 면제받는 방법
(c) Where to pay a traffic ticket.	(c) 통행료를 지불하는 장소
(d) How to take care of a parking violation.	(d) 주차 위반을 관리하는 방법

정답 (a)

 대화의 주제를 묻는 문제이다. 남자의 첫 번째 말 "Can you tell me where I go to handle this speeding ticket?"에서 다음에 이어지는 내용을 추측할 수 있다. 남자는 속도위반 티켓을 가능한 한 빠르게 처리하는 방법을 여자에게 묻고 있고, 그것에 대하여 여자는 정보를 주고 있는 상황이다. 여자의 마지막 말에서 "Pay"간판 아래에서 줄을 서서 기다려서 범칙금을 지불하라고 하고 있으므로 정답으로 (a)가 가장 적절하다.

| 필수표현 정리 |

sign up for 등록하다   traffic violation 교통위반   deadline n. 마감시한   expunge v. 지우다
good to go 순조롭게, 잘 나가서   absolve v. 면제하다

43 | 출제 유형 | 추론

난이도 ★☆☆

Script

M: Are you doing OK in there? Can I get you anything from the front of the store?
W: A smaller size in these pants would be great, thank you.
M: I will check, but since these are on clearance sale there might not be any sizes left unfortunately.
W: Well, can you check on these also, in a size 5?
M: Sure, it's my pleasure. Is there anything else?
W: No, I think that's all for now, thank you.

Q. What can be inferred from the conversation?

(a) The woman is unappreciative of the man.
(b) The woman needs help finding pants.
(c) The woman is mad at the man.
(d) The woman is mainly shopping for pants.

우리말 해석

M: 괜찮으세요? 매장 앞에서 뭐 필요한 거라도 드릴까요?
W: 이 바지에 좀 더 작은 사이즈가 있다면 좋을 것 같네요.
M: 확인해 볼게요. 하지만 지금 재고 정리 세일 중이라 불행히도 남은 사이즈가 없을 수도 있어요.
W: 그럼, 이 바지로 사이즈5도 한번 확인해 주실래요?
M: 네, 그럼요. 뭐 또 시키실 일 있으세요?
W: 아니요. 그거면 될 듯해요. 고맙습니다.

|질문| 대화에서 추론할 수 있는 것은?

(a) 여자는 남자에게 감사하지 않는다.
(b) 여자는 바지를 찾는데 도움을 필요로 한다.
(c) 여자는 남자에게 화가 나 있다.
(d) 여자는 주로 바지를 쇼핑하고 있다.

정답 (d)

 대화를 통해 추론할 수 있는 내용을 묻는 문제이다. 옷 가게에서 이루어지는 대화로 여자는 고객이고 남자가 점원이라는 것을 알 수 있다. 여자의 말 "A smaller size in these pants would be great, thank you."와 "Well, can you~?"를 통해 여자는 바지를 쇼핑하는 중임을 알 수 있다. 따라서 주어진 질문에 가장 적절한 것은 (d)이다.

| 필수표현 정리 |

unappreciative a. 고맙게 생각하지 않는   clearnace sale 재고 정리 판매

44 | 출제 유형 | 대의 파악　　　　　　　　　　　　　　　　　　　　　　　난이도 ★★★

Script

M: Flying anywhere these days is so burdensome. There are so many regulations.

W: Tell me about it! Last time I flew they took my carry on and went through all my stuff in front of everyone.

M: What an intrusion of privacy! I think the regulations are ludicrous!

W: I agree, but the rules are technically an efficient means of protecting everyone.

M: That might be true, but it doesn't change the fact that it takes an extra hour to get anywhere these days, even domestically.

W: Yes, but at least you can rest your head knowing that no one is harboring weapons of any kind whatsoever.

Q. What are the speakers mainly discussing?

(a) The troublesome but necessary airport procedures

(b) The intrusion of privacy at the airport

(c) The political reasons behind airport regulations

(d) The reasons of airport safety procedures

우리말 해석

M: 요즘 비행기로 어딘가를 가는 게 너무 부담스러워. 규정이 너무 많거든.

W: 그러게 말이야! 지난번에 비행기 탔을 때, 내 짐을 가져가더니 열어서 사람들 앞에서 하나하나 다 검사하지 뭐야.

M: 완전히 사생활 침해야! 난 그런 규칙이 너무 바보 같다고 생각해!

W: 나도 그렇게 생각해. 하지만, 실제적으로 그런 규정이 모든 사람을 보호하는 효율적인 방법이니깐.

M: 그럴지도 몰라. 하지만, 그것 때문에 어디를 가든, 심지어 국내 여행을 가더라도 몇 시간씩 시간이 추가로 소요되는 건 사실이잖아.

W: 그렇지, 하지만 적어도 아무도 무기 같은 걸 가지고 타지 않는다는 걸 알기에 안심할 수는 있잖아.

|질문| 화자들이 주로 논의하고 있는 것은 무엇인가?

(a) 성가시지만 필요한 공항 절차들

(b) 공항에서 일어나는 사생활 침해

(c) 공항 규정에 담긴 정치적 이유들

(d) 공항 안전 규정의 이유들

정답 (a)

> **만점 해설**　주어진 대화의 주제를 묻는 문제이다. 남자의 첫 번째 말 "Flying anywhere these days is so burdensome."에서 앞으로 이어질 내용에 대해서 추론할 수 있다. 남자와 동일하게 여자도 까다롭고 복잡한 규정들이긴 하지만, "technically efficient means of protecting everyone"이라고 하고 있다. 따라서 주제로 적절한 것은 (a)성가시지만 필요한 공항 절차들이다.

| 필수표현 정리 |

burdensome a. 부담이 되는, 귀찮은　　regulation n. 규정, 규제　　intrusion n. (사생활) 침해, 방해
ludicrous a. 웃기는, 우스꽝스러운　　domestically adv. 국내에서　　troublesome a. 성가신, 귀찮은

45 | 출제 유형 | 추론　　　　　　　　　　　　　　　　　　　　　　　난이도 ★★★

Script

W: Have you decided on your entrée?

M: Do you have any recommendations? It's our first time here.

W: Our special today is smoked salmon with roasted potatoes in creamy garlic sauce and a side of skewered vegetables over rice pilaf.

M: That sounds enticing, I will go for that, but my wife can't eat fish. What do you have that would work for her?

W: On our menu we have a good variety, but my personal favorite is the veal Parmesan. It is truly the best I've ever tasted!

M: Thank you for your advice.

우리말 해석

M: 메인 요리는 정하셨나요?

W: 추천해 줄 것은 있나요? 여긴 처음이라서요.

M: 오늘의 특별 요리는 부드러운 마늘 소스를 얹은 구운 감자가 곁들여진 훈제 연어와 필라프 위에 채소 꼬치를 옆에 얹은 요리입니다.

M: 맛있겠는데요. 저는 그걸로 하죠. 하지만 제 아내는 생선을 먹지 못해요. 그녀가 먹을 수 있을 만한 게 뭐가 있을까요?

W: 저희 메뉴에는 여러 가지 종류가 있어요. 하지만 제가 개인적으로 추천해 드리고 싶은 것은 송아지 파마산 치즈입니다. 정말 제가 맛본 것 중에는 단연 최고입니다.

M: 조언 감사 드려요.

<table>
<tr><td>

Q. What can be assumed according to the conversation?

  (a) The restaurant has specials everyday.

  (b) The man decided the entrée by himself.

  (c) The man's favorite is the veal Parmesan.

  (d) The man's wife might not choose the special today.

</td><td>

|질문| 대화를 통해 추측할 수 있는 것은?

  (a) 식당은 매일 스페셜 요리가 있다.

  (b) 남자는 스스로 메인 요리를 결정했다.

  (c) 남자가 가장 좋아하는 요리는 송아지 파마산 치즈이다.

  (d) 남자의 아내는 오늘의 특별 요리를 선택하지 않을 것이다.

정답 **(d)**

</td></tr>
</table>

 대화를 통해 추측할 수 있는 내용을 묻는 문제이다. 레스토랑에서 일어나는 대화이며, 손님인 남자가 점원인 여자에게 메인 요리를 추천 받고 있는 상황이다. 여자가 오늘의 특별 요리인 '훈제연어'를 추천하자, 남자가 여자에게 "my wife can't eat fish"라고 말한 부분에서 남자의 아내는 '오늘의 특별 요리를 선택하지 않을 것이다' 라는 내용이 추측 가능하다. 따라서 정답은 (d)이다.

| 필수표현 정리 |

recommendation n. 추천   skewer n. 꼬챙이, 꼬치   entrée n. 메인 요리   enticing a. 마음을 끄는, 유혹적인

veal n. 송아지고기

---

46 | 출제 유형 | 대의 파악   난이도 ★★☆

<table>
<tr><td>

Script

Water is a non-renewable, precious resource we cannot take for granted. Over 1 billion people lack access to the water they need to survive. Fresh, clean water is so basic, yet in such short supply in some areas of the world. Everything from doing laundry to quenching thirst would be safe with the right infrastructure. Imagine having to use a straw to filter out parasites just to get a drink. The costs of building adequate institutions for sanitation are high.

Q. What is the main point of the talk?

  (a) The lack of water around the world

  (b) The planning for safe infrastructure

  (c) The institutions for sanitation

  (d) The priceless value of water

</td><td>

우리말 해석

물은 재생되지 않는 소중한 자원으로서 우리가 당연히 여겨서는 안 된다. 10억이 넘는 사람들이 생존하는데 필요한 식수를 제대로 공급 받지 못한다. 삶의 가장 기본이 되어야 할 신선하고 깨끗한 물의 공급이 여전히 세상 어딘가에서는 부족하다. 세탁에서부터 갈증을 해소하는 것까지 모든 것이 올바른 기반 시설 가운데서 안전하다. 기생충을 걸러내기 위해서 빨대를 사용해야 한다고 상상해보라. 위생을 위한 충분한 시설을 세우는데 드는 비용은 매우 높다.

|질문| 담화의 요점은 무엇인가?

  (a) 전 세계적인 물 부족 현상

  (b) 안전한 기반 시설을 위한 계획

  (c) 위생을 위한 시설들

  (d) 물의 무한한 가치

정답 **(d)**

</td></tr>
</table>

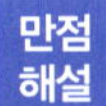 주어진 담화의 요점을 묻는 문제이다. 담화의 첫 부분에서 '물은 재생되지 않는 소중한 자원'이라고 시작하고 있다. 이어지는 내용은 우리의 생활 속에서 '깨끗한 물'의 공급이 부족하다고 하였고, 이것을 위해서는 올바른 기반 시설이 안전하게 만들어져야 한다는 내용이 언급되었다. 따라서 주제로 가장 적절한 것은 (d)이다. 나머지 보기들은 모두 주제를 뒷받침하기 위하여 언급한 세부 사항들이므로 정답이 될 수 없다.

| 필수표현 정리 |

non-renewable a. 재생 불가능한   access n. 진입로, 통로   take~ for granted 당연하게 여기다

quench v. (갈증 등을)가시게 하다   infrastructure n. 기본적 시설, 기반   parasite n. 기생충(균)   adequate a. 적절한, 적합한

institution n. 시설, 제도   sanitation n. 공중위생, 위생 설비

47 | 출제 유형 | 대의 파악

난이도 ★☆☆

Script

Today class, we are looking at the Galapagos Sea Lion. The male weighs in at 200 - 400 kg, measuring 200 - 250 cm in full body length. In each Sea Lion colony there is a dominant male "bull" that keeps busy pushing, biting and barking at invading bachelors. It's an exhausting role, which helps explain why colony leaders have an average tenure of less than a month. Life for the Sea Lions is a little less stressful in the water, where the exceptionally powerful diver makes short work of fish, octopi, and crustaceans.

Q. What is the main idea of the lecture?

  (a) The average tenure of sea lion
  (b) The male Galapagos Sea Lion
  (c) The eating habits of the Galapagos Sea Lion
  (d) Diversity of the Galapagos Sea Lions

우리말 해석

오늘 수업에서 우리는 갈라파고스의 바다사자에 대해 알아보겠습니다. 수컷은 200~400kg의 몸무게에 달하며 전체 몸 길이는 200~250cm입니다. 각각의 바다사자의 세계에서는 정복자인 "bull"이라 불리는 수컷이 있는데, 이는 항상 침입자를 밀고, 물고, 짖느라 바쁩니다. 정복자들의 평균적인 통치 기간이 한 달이 채 되지 않는 것을 보면 매우 힘이 드는 역할임을 알 수 있습니다. 바다사자의 삶은, 아주 강력한 잠수부가 물고기, 문어, 갑각류 등을 상대하는 물속에서는 약간 덜 힘듭니다.

|질문| 강의의 주제는 무엇인가?

  (a) 바다사자의 평균 통치 기간
  (b) 갈라파고스의 수컷 바다사자
  (c) 갈라파고스 바다사자의 식습관
  (d) 갈라파고스 바다사자의 다양성

정답 (b)

 **만점 해설** 강의의 주제를 묻는 문제이다. 갈라파고스의 수컷 바다사자에 대하여 묘사하고 있다. 강의의 초반에서는 무게와 크기를 언급하였고, 그것들의 특징적인 행동들에 대한 이야기가 이어진다. 후반에서는 정복자로서 길지 않은 기간을 보낸다는 이야기가 언급되었으므로 주제로서 가장 적절한 것은 '갈라파고스의 수컷 바다사자' 이다.

| 필수표현 정리 |

invade v. 침입하다   bachelor n. 수컷   exhausting a. 소모적인, 피로하게 하는   tenure n. 통치기간, 재임자격
crustacean n. 갑각류의 동물

48 | 출제 유형 | 내용일치

난이도 ★★☆

Script

Secretary of State Hillary Clinton is hoping her Middle East trip scheduled for the second week of September can rejuvenate the peace process. Convinced that a step-by-step approach to peace is too easily derailed, Clinton will press the foreign delegates to make a swift move toward "final deal" negotiations. But some Obama aides are skeptical. They doubt the representatives will make the tough decisions that can alter the recent setbacks. Peace in the Middle East has been a burden passed to every President since the establishment of the state of Israel in 1948.

우리말 해석

Hillary Clinton 주지사는 9월 2째 주에 예정되어 있는 그녀의 중동 방문이 평화의 진전에 활기를 불어넣을 수 있기를 기대한다. 평화를 위해 한 단계씩 차근차근 접근해 가는 것은 너무 쉽게 실패할 수 있다는 것을 확신한 Clinton은 국제 대표단이 최종 협상을 빨리 마무리할 수 있도록 재촉할 것이다. 하지만 Obama 대통령의 조력자들 중 일부는 회의적이다. 그들은 최근의 침체를 바꿀 수 있는 현실적 결론을 대표들이 도출할 수 있을지를 의심한다. 1948년의 이스라엘 주의 설립 이후 중동 지역의 평화는 모든 대통령들에게 있어 짐이 되고 있다.

Q. Which is correct according to the talk?

(a) Obama aides have ordered Clinton to the Middle East for peace talks.
(b) The step-by-step process towards peace is a new approach for Clinton.
(c) Clinton is visiting the Middle East to negotiate peace against the odds.
(d) Obama needs peace in order to secure the next election.

| 질문 | 담화의 내용과 일치하는 것은 무엇인가?

(a) Obama의 조력자들은 Clinton에게 중동 지역의 평화를 위한 담화를 지시했다.
(b) 평화를 위한 점진적인 과정은 Clinton에게 새로운 접근 방법이다.
(c) Clinton은 불화에 대한 협상을 위해서 중동지역을 방문 중이다.
(d) Obama는 다음 선거에서 확신하기 위해서 평화를 필요로 한다.

정답 (c)

만점 해설 주어진 담화의 내용과 일치하는 것을 묻는 문제이다. Hillary Clinton 주지사의 중동 지역 방문에 관한 이야기가 전반적인 주제라는 것을 첫 번째 문장을 통해서 알 수 있다. 뒤에 이어지는 내용은 주지사의 중동 방문으로 인하여 일어나기를 바라는 효과들이며, 기사의 후반부에는 Obama 조력자들 중의 일부는 주지사의 방문에 대하여 회의적이기도 하다는 내용이 언급되었다. 따라서 일치하는 내용은 (c)이다.

| 필수표현 정리 |

rejuvenate v. 원기를 회복하다   derail v. 실패하게 하다   delegate n. 대표, 사절, 대리인   establishment n. 설립, 수립
secure a. 확실한, 확고한

49 | 출제 유형 | 대의 파악

난이도 ★★☆

Script

Afghanistan's war-shattered economy remains hooked on the poppy. The country is the world's top producer of opium, which is the primary ingredient in heroin. And a recent survey by the United Nations Office on Drugs and Crime revealed that the area under cultivation this year rose a whopping 59 percent over that in 2005. One effect has been a rise in the opiate addiction, which now afflicts 1.4 percent of Afghans, more than twice the U.S. rate.

Q. What is the main point of the article?

(a) The U.S. is to blame for the drugs problem.
(b) Afghanistan is one of the top producers of opium.
(c) There has been a survey of heroin by the United Nations Office.
(d) Afghanistan's opiate addiction has been increasing.

우리말 해석

전쟁으로 인해 엉망이 된 아프가니스탄의 경제는 아편에 중독된 상태이다. 이 나라는 헤로인의 주원료인 아편을 세계에서 가장 많이 생산하는 나라가 되었다. 유엔본부 산하의 약물 범죄부서의 최근 조사에 따르면, 2005년도에는 59 %나 이 지역의 재배량이 증가하였다는 것을 알 수 있다. 한 결과로 아편 중독의 증가가 발생하였는데, 이것은 아프가니스탄의 국민들의 1.4%를 괴롭히고 있으며, 이 비율은 미국의 2배 이상이다.

| 질문 | 이 기사의 핵심 사항은 무엇인가?

(a) 미국은 마약문제에 대하여 책임이 있다.
(b) 아프가니스탄은 아편을 가장 많이 생산하는 나라들 중의 하나다.
(c) 유엔 본부의 의해 헤로인에 관한 조사가 실시되어왔다.
(d) 아프가니스탄 사람들의 아편 중독은 증가하고 있다.

정답 (d)

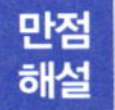

만점 해설 주어진 기사에서 가장 핵심적으로 언급되고 있는 사항을 묻는 문제이다. 지문의 주된 내용은 아편의 주 생산국가인 아프가니스탄에서 이것의 생산량의 증가로 인해서 점차적으로 아편에 중독되는 사람들의 숫자 역시 늘었다는 내용이다. 지문의 마지막에서 "One effect has been a rise in the opiate addition~"이라고 명확하게 언급되었다. 따라서 정답으로 가장 적절한 것은 (d)이다.

| 필수표현 정리 |

poppy n. (식물) 양귀비   war-shattered a. 전쟁으로 인하여 망가져버린   opium n. 아편   opiate n. 아편제
afflict v. (심신을) 괴롭히다   economic recession 경기침체

50 | 출제 유형 | 대의 파악

난이도 ★★☆

Script

Surviving today's global marketplace means having a truly global communications network. And there are a lot of people out there offering it to you. BT Global Communications is responsible for building and maintaining joint ventures and alliances. The proposed merger of BT and MCI to form Concert PLC will be one of the largest mergers in history. And that will mean seamless solutions on a truly global scale. We at BT Global know first-hand the necessity of fast, reliable communication on the global scale.

Q. What is the main point of the advertisement?

(a) BT and MCI are merging to offer better services to their customers.

(b) Company forums for alliance and venture tactics are increasing.

(c) BT and MCI are proposing the global communications network.

(d) Historical merging is causing changes in the communication software of BT.

우리말 해석

현 세대의 세계화된 시장에서 살아남는다는 것은 진정으로 세계화된 의사소통 네트워크를 가져야 한다는 것을 의미합니다. 그리고 그것을 당신에게 제공하는 많은 사람들이 있습니다. BT 글로벌 커뮤니케이션은 합작 벤처나 협력사를 만들고 관리하는 역할을 하고 있습니다. BT사와 MCI사의 제휴 유한 회사 설립은 역사상 가장 큰 합병이 될 것입니다. 그리고 그것은 진정으로 세계화된 규모에서의 흠잡을 수 없는 해결책이라고 할 수 있습니다. 우리 BT사는 전 세계적으로 빠르고 믿을 수 있는 커뮤니케이션의 필요성을 직접적으로 알고 있습니다.

|질문| 광고의 중심 내용은 무엇인가?

(a) BT사와 MCI사는 그들의 고객들에게 더 나은 서비스를 제공하기 위해 합병 중이다.

(b) 제휴와 신규 사업 전략에 대한 회사측의 토론회가 증가하고 있다.

(c) BT사와 MCI사는 세계화된 의사소통 네트워크를 제안하고 있다.

(d) 역사적인 합병은 BT사의 커뮤니케이션 프로그램의 변화를 가져왔다.

정답 (a)

 **만점 해설** 주어진 광고에서 가장 부각되어 언급되고 있는 것을 묻는 문제이다. 초반에서 세계화된 시장에서 살아남기 위해서는 "a truly global communications network"을 가져야 한다고 하면서 이 회사가 지금까지 이루어온 업적들이 뒤에 이어지고 있다. 또한 마지막 문장, '세계화된 커뮤니케이션을 위한 필수품'이 무엇인지 알고 있다는 부분에서 광고에서 중심 사항으로 가장 적절한 것은 (a)이다.

| 필수표현 정리 |

marketplace n. 시장, 경제   maintain v. 지속하다, 유지하다   joint venture 합작회사, 공동사업체
PLC (Public Limited Company) n. 유한 회사   alliance n. 동맹, 연합   seamless a. 고른, 흠잡을 데가 없는
reliable a. 믿을 수 있는, 확실한   tactic n. 전략, 전술   merger v. 합병하다

51 | 출제 유형 | 대의 파악

난이도 ★★☆

Script

If videogames were drugs, Alexey Pajitnov would be Scarface. His legendary game Tetris hooked millions, and he's proud of it. "I like to design puzzles that will challenge people. If that's addictive, that's fine with me." Pajitnov's current job is working on Mind Aerobics, a new puzzle game show for MSN that will debut this fall. Microsoft offered him a record-breaking contract to work with them, and he has turned out to be an invaluable asset. Addiction is not a bad trait when it comes to Mind Aerobics, the puzzles are said to be great stress relievers.

우리말 해석

만약 비디오 게임이 약이었다면, Alexey Pajitnov는 Scarface였을 것이다. 그의 전설적인 게임인 테트리스는 수백만을 사로잡았고 그는 그것을 매우 자랑스럽게 여기고 있다. "저는 사람들을 도전시키는 퍼즐을 디자인하는 것을 좋아합니다. 만약 그게 중독성이 있다면, 그건 제게 좋은 일이죠" Pajitnov는 최근 Mind 에어로빅을 만들고 있는데, 그것은 MSN에서 이번 가을에 개시할 새로운 퍼즐 게임 쇼이다. Microsoft사는 그들과 함께 일하는 대가로 그에게 유례없는 계약을 제시했다. 그리고 그는 가치를 따질 수 없을 정도의 자산으로 변했다. 중독이 '마인드 에어로빅'에 있어서는 나쁜 자질이 아닌 것은 그 퍼즐 게임이 훌륭한 스트레스 완화제가 된다고 전해지기 때문이다.

Q. What is the main idea of the article?

(a) Alexey Pajitnov is the new director of MSN Mind Aerobics.
(b) Alexey Pajitnov is creating a puzzle game show called Mind Aerobics for MSN.
(c) Alexey Pajitnov makes puzzle games to get people addicted.
(d) Microsoft specializes in puzzles and comic books.

|질문| 기사문의 주제는 무엇인가?

(a) Alexey Pajitnov는 MSN 마인드 에어로빅의 새로운 사장이다. .
(b) Alexey Pajitnov는 MSN에서 마인드 에어로빅이라는 퍼즐 게임 쇼를 만드는 중이다.
(c) Alexey Pajitnov는 사람들을 중독시키기 위해 퍼즐 게임을 만든다.
(d) Microsoft는 퍼즐과 만화책을 전문으로 한다.

정답 (c)

 주어진 기사의 주제를 묻는 문제이다. Alexey Pajitnov에 의하여 개발된 게임 테트리스에 관하여 소개하고 있다. 그가 한 말 '사람들을 도전시키는 퍼즐을 만드는 것을 좋아하고, 그것이 중독성이 있다면 좋은 것이다' 라는 부분이 정답의 단서이다. 또한 기사의 후반부에서는 그의 새로운 퍼즐 게임인 마인드 에어로빅에 관하여 소개하며 '중독성'은 그렇게 나쁜 것이 아니라고 하고 있으므로 정답은 (c) 가 가장 적절하다.

| 필수표현 정리 |

addictive a. 습관성의, 중독성의   debut v. ~로 데뷔하다   turn out 판명되다, ~로 드러나다   invaluable a. 매우 귀중한
reliever n. 완화장치

52 | 출제 유형 | 대의 파악

난이도 ★☆☆

Script

Ladies and gentlemen, I called today's meeting in order to discuss the onset of our new "free flight" system. Our one-way streets will soon become three-dimensional superhighways. Our current system may seem orderly but it is no longer efficient. Since planes can't pass each other and aren't allowed to stray from the often-circuitous airways, the system wastes time, fuel, and ultimately, money. We are gathered here today to brainstorm ideas on how to facilitate the necessary changes the best way possible.

Q. What is the main idea of the speech?

(a) Several changes in current flight plans
(b) Adding new flights to an old system
(c) Updating the existing flight system
(d) Implementing a new flight system

우리말 해석

신사숙녀 여러분, 저는 우리의 "자유 비행"시스템의 실시에 대해 의견을 나누고자 오늘의 모임을 열었습니다. 우리의 일방 통행로는 곧 3차원의 초고속 도로가 될 것입니다. 우리의 현재 시스템이 잘 정리되어 있어 보일지도 모르지만, 그것은 더 이상 효과적이지 않습니다. 비행기가 서로를 지나칠 수 없고, 정해진 항로를 벗어날 수 없기 때문에 시스템은 시간과 연료, 그리고 궁극적으로 돈을 낭비하는 것입니다. 우리가 오늘여기 가능한 한 가장 좋은 방법으로 필요한 변화들을 촉진할 수 있는 방안들에 대한 아이디어를 마련해보자는 의미로 모였습니다.

|질문| 담화의 주제는 무엇인가?

(a) 현재 비행 계획에서의 몇몇 변화들
(b) 기존 시스템에 대한 새로운 비행 노선 추가
(c) 시행 중인 비행 시스템의 갱신
(d) 새로운 비행 체계의 실행

정답 (d)

 주어진 담화의 주제를 묻는 문제이다. 주된 내용은 새롭게 도입되는 '자유 비행' 시스템에 대하여 소개하면서 그것이 만들어지게 된 세부적인 이유들이 이어서 언급되었다. 후반부에는 이 새로운 시스템을 어떤 방식으로 촉진할 수 있을지 논의하기 위해서 모였다고 하였다. 따라서 담화의 주제로 가장 적절한 것은 (d)이다. 보기 (a)현재 비행에서의 몇 가지 변화들로 인해서 새로운 비행 체계가 실시된 것이므로 주제라고 하기에는 적절하지 않다.

| 필수표현 정리 |

three-dimensional a. 3차원의, 입체의   superhighways n. (다 차선의) 고속도로   circuitous a. 도는 길의, 간접적인
facilitate v. 용이하게 하다, 촉진하다

53 | 출제 유형 | 내용 일치 난이도 ★★☆

Script

Angkor Wat, in Cambodia, is one of the world's most famous ancient sites and a place that has witnessed a huge boom in visitor numbers in recent years. All those tourists are not necessarily good news, however. For one thing there is the issue of damage being done to the site, for another there is the fact that not much of the revenue generated ends up benefiting the local population. There are some schemes being undertaken to redress that balance - projects that use donations from travelers to help build new homes and create jobs.

Q. Which is correct about Angkor Wat according to the talk?

(a) It has been undertaking the projects for the tourists.
(b) It has recently become a major tourist attraction.
(c) A lot of benefits from tourist sites are given to the local residents.
(d) Schemes will be discussed to improve the tourist spots.

우리말 해석

캄보디아의 Angkor Wat는 세계에서 가장 유명한 고대의 유적지의 하나로 최근 몇 년간 많은 관광객들이 방문한 곳이다. 하지만 그렇게 많은 관광객들이 온 것이 단지 좋은 소식만은 아니다. 하나는 그 유적지에 피해가 생기고 있는 것이다. 또 다른 하나는 그 지역 주민들을 위한 이익이 그다지 크지 않은 것으로 나타났다는 것이다. 현재 그러한 불균형을 맞추기 위한 방책들이 시행되고 있다. 그 프로젝트는 여행객들이 그곳에 새로운 집과 일자리를 만드는 데 기부를 하는 것이다.

|질문| Angkor Wat에 관하여 일치하는 것은 무엇인가?

(a) 관광객들을 위한 프로젝트를 시행해 왔다.
(b) 최근에 그곳은 주요 여행지로 부상했다.
(c) 관광지로부터 발생한 많은 이윤들은 지역주민들에게 돌아갔다.
(d) 관광지를 개선시킬 수 있는 방책들이 논의될 것이다.

정답 **(b)**

 **만점 해설** 주어진 담화의 내용과 일치하는 것을 묻는 문제이다. 전반적인 내용은 관광지로 최근에 떠오르는 지역인 캄보디아의 "Angkor Wat"에 관한 것이다. 지역 주민들에게 실제적인 이익이 크지 않다는 내용이 언급되었고, 그러한 불균형을 맞추기 위한 방책들이 시행되고 있다는 내용이 후반부에 언급되었다. 정답으로 가장 적절한 것은 (b)이다.

| 필수표현 정리 |

revenue n. 세입   scheme n. 계획, 방책   undertake v. 수행하다, 착수하다   redress v. (불균형을)시정하다, 바로잡다

54 | 출제 유형 | 내용 일치 난이도 ★☆☆

Script

According to your syllabus, for tomorrow's lecture you will need to have covered all the material from Chapters 3, 4, and 5 from Convergence Culture. Be sure to comment on the online blog for each chapter. Team B will be presenting the chapters for the Thursday class, but it is crucial to your grade that you comment on their entries for this week. Your comments must be insightful and at a length of fifty words or more. I look forward to viewing your revelations and insights on the blog.

우리말 해석

여러분의 계획표에 따르면, 여러분은 내일 강의에서 집합문화의 3,4,5과를 모두 다루어야 합니다. 온라인 블로그에 각 과에 대하여 확실히 코멘트를 해 주십시오. B팀은 목요일 수업 때 발표를 할 예정이지만 이번 주에 다른 팀이 올린 글에 대한 코멘트를 하는 것이 여러분의 학점에 매우 중요합니다. 여러분의 코멘트는 반드시 통찰력 있어야 하며, 50단어 이상 정도의 길이여야 합니다. 블로그에서 여러분의 적나라한 의견과 통찰력을 볼 수 있기를 기대합니다.

Q. Which is correct according to the talk?

(a) Tomorrow's lecture will cover all the Chapters from Convergence Culture.
(b) Students have to comment on the chapters for the next Tuesday class.
(c) Commenting on the online blog is a key to get a good grade.
(d) The length of comments should be more than 100 words.

| 질문 | 담화문의 내용과 일치하는 것은 무엇인가?

(a) 내일 강의는 집합 문화의 모든 과를 다룰 것이다.
(b) 학생들은 다음 화요일 수업의 과에 대한 코멘트를 해야만 한다.
(c) 온라인 블로그에 코멘트를 하는 것이 좋은 점수를 받을 수 있는 비결이다.
(d) 코멘트의 길이는 100자 이상이 되어야 한다.

정답 (c)

 **만점 해설**

주어진 담화문의 내용과 일치하는 것을 묻는 문제이다. 강의에서 다루는 내용에 대한 코멘트를 온라인 블로그에 올려야 한다는 것이 주된 내용이다. 중간 부분에 그것이 '여러분의 학점에 매우 중요하다'는 내용이 언급되었고, 이어서 코멘트의 길이는 50단어 정도의 길이여야 하며 '적나라한 의견과 통찰력이 있는' 내용이어야 한다고 하였으므로 일치하는 내용은 (c)이다.

| 필수표현 정리 |

comment v. 비평하다, 주석을 달다　be crucial to 중요하다　insightful a. 통찰력이 있는　revelation n. 적발, 뜻밖의 사실

---

55 | 출제 유형 | 내용 일치

난이도 ★★☆

Script

Evidence of the speed of climate change appears to be confirmed by the recent splitting in two of the giant Ayles Ice Island that is drifting off the coast of northern Canada. The island, which is about the size of Manhattan, broke off the Ayles Ice Shelf in 2005. The recent event shows how susceptible the ice island is to climate change. The islands are now drifting south, a fact that probably contributed to the breakup. The breakup was measured by satellite images, and is predicted to drift into the Arctic Ocean.

Q. What is correct according to the article?

(a) Ice Island is vulnerable to climate change.
(b) Ice Island looks like Manhattan.
(c) Ice Island is moving from the south.
(d) The islands are now drifting east.

우리말 해석

기온 변화의 속도의 증거는 최근에 북 캐나다해변에서 두 조각으로 떨어져 나간 거대한 Ayles 얼음 섬에 의해 확인된 것으로 보인다. 그 얼음 섬은 맨해튼 크기로 2005년에 Alyes 빙붕에서 붕괴되었다. 이 최근의 사건은 얼음 섬이 기온에 얼마나 민감한지를 보여주는 것이다. 그 섬은 현재 남쪽으로 흘러가고 있는데, 그것이 아마도 붕괴에 영향을 주었을 것으로 여겨진다. 그 붕괴는 인공위성 상에서 확인되었고, 북극해로 흘러 들어갈 것으로 예상된다.

| 질문 | 기사의 내용과 일치하는 것은?

(a) 얼음 섬은 온도 변화에 영향을 받기 쉽다.
(b) 얼음 섬은 맨해튼처럼 생겼다.
(c) 얼음 섬은 남쪽으로부터 이동 중이다.
(d) 그 섬은 현재 동쪽으로 이동 중이다.

정답 (a)

 **만점 해설**

주어진 기사의 내용과 일치하는 것을 묻는 문제이다. 기온의 변화에 따라 얼음 섬이 두 조각으로 떨어졌으며 그것이 점차 남쪽으로 흘러가고 있다는 것이 주된 내용이다. 기사의 중반 " Its recent splitting in two~ change."에서 얼음 섬이 온도 변화에 민감한지에 대한 언급이 정확하게 나왔으므로 정답으로 적절한 것은 (a)이다.

| 필수표현 정리 |

susceptible a. 민감한, 영향을 받기 쉬운　drift v. 표류하다　contribute v. ~의 한 원인이 되다　breakup n. 붕괴, 파괴
measure v. (수치를)나타내다, ~의 척도가 되다　satellite n. 인공위성, 위성방송　vulnerable a. 영향을 받기 쉬운

56 | 출제 유형 | 내용 일치
난이도 ★★★

Script

Several of Japan's imperial tombs will be excavated by archeologists in 2010 in a move that is feared may anger the country's ultraconservatives. Researchers have long been denied access to hundreds of tombs that Japan's imperial household agency regards more as sacred than historic sites. They are also concerned about what sort of finds the researchers will make. In particular they fear evidence that the Japanese imperial family originated in Korea or China.

Q. What is correct according to the lecture?

(a) Some imperial tombs have long been excavated by archeologists.
(b) Researchers were supposed to make the historical site.
(c) The ultraconservatives are worried about revelation of true lineage.
(d) Researchers are concerned about the way of access to the tombs.

우리말 해석

일본 극우 단체들의 분노를 살수도 있다는 우려를 낳으면서도, 몇몇의 일본 황실의 무덤들은 2010년에 고고학자들에 의하여 발굴될 것이다. 일본 황실의 무덤은 역사적인 유적이 아닌 성스러운 것으로 여겨져서 연구원들은 수백 년 동안 무덤에 접촉할 수 없었다. 그들은 또한 연구원들이 어떠한 것들을 발견하게 될지에 관해서도 염려하고 있다. 특히 그들은 일본 황실 가족이 한국이나 중국에서 비롯되었다는 증거를 두려워한다.

|질문| 강의의 내용과 일치하는 것은 무엇인가?

(a) 몇몇 황실 무덤들은 고고학자들에 의해서 오랜 기간에 걸쳐서 발굴되어 왔다.
(b) 연구원들은 역사적인 유적지들을 만들려고 했었다.
(c) 극우단체들은 진실된 관계가 밝혀지는 것을 두려워한다.
(d) 연구원들은 무덤에 접근하는 방법에 대해 염려하고 있다.

정답 (c)

> **만점 해설** 주어진 내용을 듣고 일치하는 사실을 묻는 문제이다. 주된 내용이 몇몇 일본의 극우 단체들이 황실의 근원이 한국이나 중국에서 비롯되었다는 증거 때문에 무덤의 발굴을 두려워한다는 것이다. 담화의 후반에서 명시적으로 언급되었으므로 정답은 (c)이다.

| 필수표현 정리 |

excavate v. 발굴하다   archeologist n. 고고학자   ultraconservative n. 극우주의자   lineage n. 관련성, 연계성

57 | 출제 유형 | 추론
난이도 ★☆☆

Script

Iran's Fajr film festival is famous for showcasing some of the most avant-garde, original and thought-provoking productions from around the world. The festival takes place every February in Tehran and marks the date of the overthrow of the Shah and the creation of the Islamic Republic of Iran. On show are both Iranian films and others from independent filmmakers of a wide range of nationalities.

Q. What can be inferred about the films from the talk?

(a) The films are mostly made in Iran.
(b) The films mostly have a socio-political agenda.
(c) The best film will go on showing around the world.
(d) All the films are made from the independent filmmakers in Iran.

우리말 해석

이란의 Fajr 영화 축제는 세계적으로 가장 전위적이고 독창적이며 도발적인 작품을 선보이는 것으로 유명하다. 이 축제는 테헤란에서 매년 2월에 열리며 이란 국왕의 폐위와 아랍 공화국의 탄생을 기념한다. 이 쇼에는 이란의 영화들과 여러 국적의 독립 영화 제작사들의 영화들이 선보인다.

|질문| 담화문으로부터 영화에 관해 추론할 수 있는 것은 무엇인가?

(a) 대부분의 영화들은 이란에서 만들어진다.
(b) 영화들은 대부분 사회-정치적인 목적을 가지고 있다.
(c) 최우수 영화는 전 세계적으로 상영될 것이다.
(d) 이란에서는 모든 영화가 독립 영화 제작자들에 의해서 만들어진다.

정답 (b)

| 필수표현 정리 |

avant-garde a. 전위적인   thought-provoking a. 생각하게 하는 시사하는 바가 많은   socio-political a. 사회정치적인
agenda n. 목적, 의제

58 | 출제 유형 | 추론

난이도 ★★☆

Script

Christie's will hold its annual ski sale on February 20, 2009 at its South Kensington premises in London. On offer will be 300 lots of vintage ski posters. Christie's South Kensington is the only auction house in the world to offer a specialist ski sale and investors are showing increasing interest in the objects that are on offer. Many of the posters date back to the 1920s and 1930s, when ski tourism in Europe first began.

Q. What can be inferred from the talk?

(a) Some posters were made for the first ski tourism.
(b) Classic ski posters will be displayed on this offer.
(c) Christie's will hold annual ski tourism in Europe.
(d) Many ski specialists are visiting to show posters.

우리말 해석

Christie의 열의는 런던의 South Kensington 건물에서 2009년 2월 20일에 연례 스키 판매를 개최하게 하였다. 300개 가량의 많은 오래된 스키 포스터들이 판매품으로 나올 것이다. Christie의 South Kensington은 전문가용 스키 세일을 제공하며, 판매되는 물품에 대한 높아져 가는 관심을 보이는 투자가들을 보유한 세계에서 단 하나뿐인 경매장이다. 대다수의 포스터들은 스키 여행이 유럽에서 처음으로 시작되었을 때인 1920년대와 1930년대로 거슬러 올라간다.

|질문| 담화를 통해 추론할 수 있는 것은?

(a) 몇몇 포스터들이 첫 스키 관광을 위해 제작되었다.
(b) 고전 스키 포스터들이 이번 판매에서 전시될 것이다.
(c) Christie의 열의가 유럽에서 연례 스키 관광을 개최하게 했다.
(d) 많은 스키 전문가들이 포스터들을 보여주기 위해 방문하는 중이다.

정답 (b)

| 필수표현 정리 |

annual a. 해마다의   premises n. 건물, 부동산   vintage a. 오래된, 유서 있는, 걸작의   auction n. 경매; v. 경매에서 팔다

59 | 출제 유형 | 추론

난이도 ★★☆

Script

Mongolia is one of the world's last surviving nomadic societies. Danish anthropologist Ann Fenger Benwell has observed the nation's 500,000 nomads. She has seen nomadic traditions reappear amid Mongolia's rough transit to a market economy after communism's demise in 1990--a shift that has brought record urban unemployment, high inflation, and a sharp drop in real per capita income. She found that many Mongolians feet herding was something special, and that they would never give it up for a sedentary life.

Q. What can be inferred about the economy's effect on Mongolian nomads?

(a) It has drastic implications on their way of life.
(b) Communism in Mongolia caused people to be nomads.
(c) People's incomes have increased in the urban areas of Mongolia.
(d) Mongolians would rather live in the urban areas.

우리말 해석

몽골 민족은 유목사회의 마지막 생존자들 중 하나다. 덴마크 인류학자인 Ann Fenger Benwell은 몽골의 오십만 유목민들을 관찰해왔다. 그녀는 1990년에 있었던 공산주의의 종말 이후에 시장 경제주의로의 몽골의 힘겨운 변천 – 도시민 기록적인 실업률, 높은 인플레이션, 그리고 총수입의 급격한 감소 등을 가져온 – 의 가운데에서 유목민적인 전통이 다시 나타나는 것을 보았다. 그녀는 많은 몽고인들에게 목축이 특별한 것이라는 것과 정착하는 삶을 위하여 그것을 결코 포기하지 않을 것이라는 것을 발견했다.

|질문| 몽고 유목민들에게 미친 경제의 영향에 관해 추론 할 수 있는 것은 무엇인가?

(a) 많은 몽골인들의 삶과 밀접한 관계가 있다.
(b) 몽골의 공산주의가 사람들이 유목민이 되도록 야기했다.
(c) 몽골의 도심지역에 사는 사람들의 수입이 증가하고 있다.
(d) 몽골인들은 도심 지역에 사는 것을 더 좋아한다.

정답 **(a)**

> **만점 해설** 주어진 담화의 내용으로 몽고 유목민들의 삶에 대하여 추론할 수 있는 것을 묻는 문제이다. 담화의 중반을 통해서 1990년에 공산주의가 붕괴된 이후에 일어난 경제의 변화가 유목민들의 삶에 많은 영향을 미쳤다는 것을 알 수 있다. 따라서 정답으로 적절한 것은 (a)이다.

| 필수표현 정리 |

anthropologist n. 인류학자 demise n. 종말, 소멸 urban a. 도시의 unemployment n. 실업률
inflation n. 통화팽창, 폭등 sedentary a. 정착성의 drastic a. 격렬한, 극심한 implication n. 밀접한 관계, 관련, 함축

60 | 출제 유형 | 추론

난이도 ★★☆

Script

The French are every bit discriminating about honey as they are about wine and cheese. So news of a drop in production of this year's sunflower-honey crop has the country buzzing. It seems that some French farmers have been treating sunflower seeds with pesticides before planting. The chemical poison is getting passed on to bees during pollination. The country's main supply of coveted honey is extracted from the toxic beehives. Measures are under way to staunch the rate of pesticide use.

Q. What can be inferred about the honey from the article?

(a) There will be no change.
(b) The average output will stay the same.
(c) The average output will go up.
(d) The average output will go down.

우리말 해석

프랑스인들은 그들이 와인과 치즈에 그러하듯 꿀에 있어서도 세세한 것까지 구별한다. 그래서 올해의 해바라기 당밀곡식의 생산량 감소는 그 나라를 떠들썩하게 하고 있다. 프랑스의 일부 농민들이 해바라기 씨앗을 심기 전에 살충제를 사용한 것으로 드러났다. 그것의 화학적 독 성분이 수분의 과정에서 꿀벌에게 옮겨지고 있다. 그 나라의 꿀의 주 공급원이 중독된 벌집에서 추출되었다. 살충제 사용 비율을 줄이기 위한 절차는 시행 중이다.

|질문| 기사를 통해 꿀에 관해 추론할 수 있는 것은?

(a) 아무런 변화도 없을 것이다.
(b) 평균 생산량은 바뀌지 않을 것이다.
(c) 평균 생산량이 올라갈 것이다.
(d) 평균 생산량이 떨어질 것이다.

정답 **(d)**

주어진 기사를 듣고 추론할 수 있는 사실을 묻는 문제이다. 전체적인 내용은 프랑스의 일부 농민들이 해바라기 씨앗을 심기 전에 살충제를 사용했다는 사실로 인해서 '해바라기 당밀 곡식의 생산량의 감소'가 일어났다는 것이다. 이러한 사실에 민감하게 반응하는 프랑스인들에 대하여 기사의 초반에 언급되었으므로 이를 통해 추측할 수 있는 사실은 평균 생산량이 떨어질 것이 가장 적절하다.

| 필수표현 정리 |

pesticide n. 구충제, 살충제   pollination n. (식물) 수분   be extracted from ~에서 추출하다   staunch v. 줄이다

Grammar

DIRECTIONS

This part of the exam tests your grammar skills. You will have 25 minutes to complete the 50 questions. Be sure to follow the directions given by the proctor.

1 | 출제 Point | 동명사

난이도 ★☆☆ / 기출빈도 ★★☆

A: Hey, where are you guys going?
B: We are going ________________.

(a) hike
(b) on hiking
(c) to hiking
(d) hiking

A: 얘들아, 너희들 어디 가니?
B: 우리 하이킹 가고 있어요.

| 필수어휘 |
hiking n. 하이킹, 도보여행

정답 (d)

만점 해설 주어진 문제는 "go+~ing"의 용법을 묻는 문제이다. 관용적인 표현으로 동사 "go" 다음에 동명사를 사용하여 "~하러 가다"는 의미로 사용하므로 적절한 동사의 형태는 (d)hiking이다.

동명사의 관용적 표현 정리

▷ go ~ing　~하러 가다
▷ on ~ing　~하자마자
▷ keep (on) ~ing　계속 ~하다
▷ be busy ~ing　~하느라 바쁘다
▷ be worth ~ing　~할 가치가 있다
▷ feel like ~ing　~하고 싶다
▷ cannot help ~ing　~하지 않을 수 없다

▷ It's no use ~ing　~해도 소용없다
▷ spend 시간/돈 ~ing　시간/돈을 ~하는데 쓰다
▷ have ┌ difficulty
　　　　│ trouble　(in) ~ing
　　　　└ a problem
　　~하는데 어려움을 겪다

2 | 출제 Point | 관사

난이도 ★☆☆ / 기출빈도 ★★★

A: Can you help me with this problem?
B: Sure, I'll be __________ you in a second.

(a) for
(b) by
(c) with
(d) on

A: 이 문제 좀 도와줄 수 있으세요?
B: 물론이죠, 잠시 후에 도와드릴게요.

| 필수어휘 |
in a second 잠시 후에, 곧

정답 (c)

만점 해설 주어진 문제의 빈칸은 의미상 들어가기에 적절한 전치사를 묻는 문제이다. A가 '이 문제를 도와줄 수 있느냐고' 물었고, 이에 대하여 잠시 후에(in a second)에 도와주겠다는 의미의 대답이 되어야 자연스럽다. 따라서 '~와 함께'라는 의미를 갖는 전치사 "with"가 가장 적절하다.

명사 + 전치사

명사 + for	명사 + to	명사 + with
▷ **reason for** ~대한 이유 : the reason for the delay	▷ **the damage to** ~대한 파손 : the damage to the car	▷ **difficulty/ trouble/ problems with** ~대한 어려움 : difficulty with the plans
▷ **demand for** ~대한 수요 : the demand for gas	▷ **solution/ key/ answer to** ~대한 해결책 : a solution to the problem	
	▷ **attitude to(toward)** ~대한 태도 : his attitude to the job	

3 | 출제 Point | 분사

난이도 ★★☆ / 기출빈도 ★★★

A: Which of the players over there is Manny Ramirez?
B: He's the one __________ by the home plate.

(a) standing
(b) to stand
(c) stood
(d) is stood

A: 저기 있는 선수 중에 누가 Manny Ramirez인가요?
B: 홈플레이트 옆에 서 있는 사람이 그에요.

| 필수어휘 |
home plate [야구]본루 (홈플레이트)

정답 (a)

> **만점 해설** 주어진 문제의 빈칸은 바로 앞의 "the one"을 수식하는 자리이다. 또한 수식을 받는 the one과 수식을 하고 있는 stand의 관계가 능동이며 진행이므로, 현재분사 "standing"을 사용하는 것이 적절하다.

현재분사 vs. 과거분사

[분사가 명사를 수식하는 경우]

명사 − 분사 관계	능동	현재분사	a proposal **recommending** → 수식 받는 명사(a proposal)와 분사가 **능동 관계** ('제안서'가 ~을 추언하다)
명사 − 분사 관계	수동	과거분사	tickets **purchased** → 수식 받는 명사(tickets)와 분사가 **수동 관계** ('티켓'이 구입되다)

4 | 출제 Point | 동명사+동명사의 관용적 표현

난이도 ★★☆ / 기출빈도 ★★★

A: I don't think I have enough time to finish this up on time. Do you think I can still make it?
B: As long as you avoid __________, you can.

(a) spending too much time to type it
(b) to spend too much time type it
(c) spend too much time typing it
(d) spending too much time typing it

A: 제 시간에 이것을 끝낼 충분한 시간이 없을 거 같아. 너는 내가 여전히 이걸 해낼 수 있다고 생각해?
B: 타이핑하는 데 많은 시간을 소비하지만 않는다면, 넌 할 수 있어.

| 필수어휘 |
on time 정각에, 시간을 어기지 않고
as long as ~하는 한 (while, since)
avoid v. 피하다

정답 (d)

> **만점 해설** 주어진 문제는 빈칸 앞의 동사 "avoid" 다음에 동명사 목적어를 수반하는 것과 "spend+시간+Ving" 구문을 알고 있는지를 함께 묻고 있는 문제이다. 따라서 동사 "avoid"의 목적어 자리에 해당하는 동사 자리는 "spending"이 되어야 하고, 또 "spend 시간/돈 ~ing"의 관용적 구문에 따라 이어지는 어순은 "time typing it"이다. 따라서 가장 적절한 어순은 (d)이다.

동명사 목적어를 수반하는 동사

▷ 즐기다	enjoy 즐기다		
▷ 중지	discontinue 중지하다 quit 그만두다	postpone 연기하다 give up 포기하다	finish 끝내다
▷ 제안, 고려	suggest 제안하다	recommend 추천하다	consider 고려하다
▷ 부정 의미	avoid 피하다 mind 꺼리다	dislike 싫어하다	deny 부인하다

5 | 출제 Point | forget 용법

난이도 ★★☆ / 기출빈도 ★★★

A: Did you forget ______________ the door when you left the office?
B: Why? Something happened?

(a) to have lock
(b) to lock
(c) locking
(d) having locking

A: 사무실 나갈 때 문 잠그는 거 잊었던 거야?
B: 왜? 무슨 일이 있었어?

| 필수어휘 |

forget v. 잊어버리다, 생각이 안 나다
leave v. 떠나다, 출발하다(for), 그만두다

정답 (b)

만점 해설 주어진 문제는 동사 "forget to do"의 의미를 정확하게 알고 있는지 묻는 문제이다. forget은 'to 부정사'를 수반하면 '~할 것을 잊다'의 의미이다. 문제에서 '문을 잠그는 것을 잊다'의 의미가 되어야 문맥상 적절하다. 참고로, 'forget' 다음에 '~ing'가 오면 '과거에~ 했던 사실을 잊다'의 의미라는 것도 함께 알아두자.

Calvin's Tip

동명사 vs. to 부정사

▷ 시간의 전후 관계가 달라지는 동사들

Verb	Verb + ~ing 동명사가 먼저 발생한 일	Verb + to 부정사 to 부정사가 후에 발생 할 일
forget	I **forgot meeting** her. 그녀를 **만났던 것**을 잊었다.	I **forgot to meet** her. 그녀를 **만날 것**을 잊었다.
regret	I **regret leaving** school at 10. 10살에 학교를 **중퇴한 것**이 후회된다.	I **regret to leave** school at 10. 10살에 학교를 **중퇴할 것**이 유감스럽다.
remember	I **remembered reading** about it. 그것에 대해 **읽었던 것**을 기억해 냈다.	I **remembered to read** about it. 그것에 대해 **읽을 것**을 기억해 냈다.

▷ 의미가 달라지는 동사들

try	They **tried living** in Tokyo. 그들은 도쿄에서 **시험 삼아 살아보았다**.	They **tried to live** in Tokyo. 그들은 도쿄에서 **살아보려고 노력했다**.
stop	I **stopped talking**. 나는 얘기하는 **것을 멈추었다**.	I **stopped to talk**. 나는 얘기하기 위해서 **멈추었다**.

6 | 출제 Point | 어순/ 동사의 쓰임

난이도 ★★☆ / 기출빈도 ★★★

A: Do you like the decision the committee made to cut our salary this year?
B: What can I say? I heard that they discussed ______________________.

(a) the matter fiercely as possible
(b) the matter so fiercely
(c) about the matter so fiercely
(d) so fiercely about the matter

A: 올해 우리의 봉급을 삭감하기로 한 위원회의 결정에 찬성하는 거야?
B: 내가 뭐라 말할 수 있겠어? 그들이 매우 격렬하게 토론했다는 걸 들었어.

| 필수어휘 |

committee n. 위원회, 평의회
discuss v. 논의하다, 검토하다
fiercely adv. 사납게, 지독하게

정답 (b)

 주어진 문제에서 동사 "discuss" 가 '타동사' 이기 때문에 '전치사' 를 수반하지 않고 바로 목적어를 써야 한다. 우리말로는 'discuss about' (~에 대하여 토론하다)가 적절하지만 타동사라는 것을 반드시 기억해야 하는 동사 중의 하나이다.

주의해야 하는 3형식 동사들

3형식 동사 + 목적어	3형식 동사 + 목적어(that절)
mention his opinion 그의 의견에 대해 **언급하다**	**say / mention / announce** (to me) that 말하다
discuss the issue 사안에 대해 **토론하다**	**suggest / propose / recommend** (to me)that 제안하다
instruct me to finish the project 내게 프로젝트의 마감을 **지시하다**	**explain / describe** (to me) that 설명하다
explain the process 절차에 대해 **설명하다**	
approve the request 요청을 **승낙하다**	
oppose the new policy 새로운 정책에 **반대하다**	

7 | 출제 Point | 표현

난이도 ★☆☆ / 기출빈도 ★★★

A: I can't believe you became a college student, John!
B: ________________________

(a) So can I.
(b) Neither can't I.
(c) I can't believe, neither.
(d) Me neither.

A: 네가 대학생이 되다니, 믿을 수 없어, John!
B: 나도 그래(나도 믿기지가 않아).

| 필수어휘 |
college student 대학생
neither ~nor ~ ~도 ~도 아니다

정답 (d)

 주어진 문제는 '나도 그래' 라고 동의할 때, 앞의 문장이 'not' 이 사용된 부정문이므로 'Me neither' 라고 써야 한다. 또한 neither는 부정의 의미이므로 (b)나 (c)처럼 다른 부정어구와 함께 사용할 수 없다. 다른 부정어구와 함께 사용하게 되면 '이중부정' 이 되기 때문이다.

동의하는 표현

긍정문에 관한 동의	부정문에 관한 동의
A: I love a dog. B: I love a dog, **too**. **So do I**. **Me too**.	A: I don't like him. B: I don't like him, **either**. **I don't either**. **Neither do I**. ('Neither don't I.'가 아님에 주의!) **Me neither**.

8 | 출제 Point | 전치사+관계대명사

난이도 ★★☆ / 기출빈도 ★★★

A: Don't forget the reason __________ you can't go out
with your friends.
B: I know. I should've finished my homework earlier.

(a) as
(b) that
(c) which
(d) for which

A: 네 친구들과 나가 놀 수 없는 이유를 잊지마.
B: 알아요. 난 숙제를 빨리 끝냈어야 했는데.

| 필수어휘 |
go out with ~와 놀다, 어울리다

정답 (d)

만점 해설 주어진 문제에서 빈칸 이후의 문장이 완벽하므로 빈칸의 관계사는 '전치사+which/whom' 또는 '관계부사' (where/when/why)가 오는 것이 적절하다. 문장에서 선행사가 "reason"이므로 정답은 관계부사 "why"나 "for which"가 가능하다. (a)는 해석상 어울리지 않고, (b)와 (c)는 관계대명사로서 뒤에 불완전한 문장을 동반할 때 정답이 가능한 보기이다.

전치사 + 관계대명사

▷ 앞 문장과의 공통명사가 뒷 문장에서 전치사의 목적어일 때 사용.
  (e.g.) I ran into a woman. + I had worked **with her**.
   → I ran into a woman whom I had worked **with**.
   → I ran into a woman **with whom** I had worked.

▷ 전치사는 선행사 또는 관계절 내의 동사에 따라 결정.
  (e.g.) I had **summer vacation during which** I was able to see my friends.
    (during 'summer vacation')
    This is the bag **about which** I **talked** yesterday. (talk about 'the bag')

▷ 뒤에는 완전한 절이 수반.
  (e.g.) You have a manager **to whom you must submit the report**. (to 'a manager')

9 | 출제 Point | 가정법 과거완료/ 도치구문

난이도 ★★☆ / 기출빈도 ★★★

A: I am so sorry to hear that the school rejected your
application.
B: __________ an A instead of a B in chemistry, I would
have had a better chance.

(a) If I got
(b) If I have got
(c) Were to get
(d) Had I got

A: 그 학교가 너의 지원서를 거절했다니 유감스럽구나.
B: 화학에서 B 대신 A를 맞았더라면, 난 좀 더 좋은 기회를 얻을 수
있었을 텐데.

| 필수어휘 |
instead of ~대신에
be sorry to ~해서 유감이다
reject v. 거절하다, 거부하다, 받아들이지 않다

정답 (d)

만점 해설 주어진 문제는 "if" 생략된 가정법의 어순을 묻는 문제이다. 빈칸 뒤 주절의 동사가 "would have Vpp"이므로 '가정법 과거완료'가 사용되었음을 알 수 있다. 따라서 부사절의 형태는 If had Vpp가 오는 것이 적절한데, 가정법에서 "if"를 생략하면 "주어+동사"의 어순이 바뀌어야 하므로 (d) Had I got 으로 쓰는 것이 옳다.

가정법 도치구문

▷ 가정법 과거
  If 주어 과거동사(were), 주어 would(should, could, might) 동사원형

▷ 가정법 과거의 도치
  Were 주어, 주어 would(should, could, might) 동사원형

▷ 가정법 과거완료
  If 주어 had p.p, 주어 would(should, could, might) have p.p

▷ 가정법 과거완료의 도치
  Had 주어 p.p, 주어 would(should, could, might) have p.p

10 | 출제 Point | 태/ 동사의 쓰임

난이도 ★☆☆ / 기출빈도 ★★☆

A: What time is the faculty meeting?
B: It's scheduled __________ at two.

(a) being held
(b) holding
(c) to be held
(d) to hold

A: 교직원 회의가 몇 시에 있습니까?
B: 두 시에 열리기로 되어있어요.

| 필수어휘 |
faculty n. 교수진, 교직원
be scheduled to V ~하기로 되어있다

정답 (c)

만점 해설 주어진 문제는 "be scheduled to~"의 관용적인 표현을 알고 있는지 묻는 문제이다. '~하기로 되어 있다'는 미래의 의미이므로 to부정사가 적당하다. 또한 문맥상 'faculty meeting'이 열리는 것이므로 'be held'의 수동태를 쓰는 것이 적절하므로 정답은 (c)이다.

관용적 수동태의 정리

be amazed/surprised at
  ~에 놀라다
be disappointed at/in
  ~에 실망하다
be delighted at/with
  ~에 기뻐하다, 즐거워하다
be annoyed with/at/about
  ~에 화나다

be filled with
  ~로 가득하다
be covered with
  ~로 뒤덮이다
be satisfied/pleased with
  ~에 만족하다/기뻐하다
be concerned about/with
  ~을 걱정하다/~와 관계가 있다
be known for/to/by
  ~로/에게/의해서 알려지다

be married to
  ~와 결혼하다
be devoted to
  ~에 헌신하다
be interested in
  ~에 흥미가 있다
be excited about
  ~에 흥분하다
be worried about
  ~을 걱정하다

11 | 출제 Point | 어순/ 관계대명사

난이도 ★★☆ / 기출빈도 ★★★

A: She works extremely hard and no wonder she is one of the best figure skaters in the world.

B: Hard work is not the only one that made her __________ today.

(a) what she is
(b) whom she is
(c) that she is
(d) whoever she is

A: 그녀는 정말 열심히 노력하고 있어. 그도 그럴 것이 그녀는 세계 최고의 피겨 스케이터 이니까.

B: 열심히 노력한 것만이 오늘날의 그녀를 만들어 준 것은 아니야.

| 필수어휘 |

and no wonder 그도 그럴 것이, 당연하다

정답 (a)

만점 해설 주어진 문제의 빈칸은 먼저 앞의 동사 "make"의 목적보어 자리이며, '열심히 일한 것' 만이 '그녀' 를 '~하게 한 것이 아니다' 라는 의미가 되어야 한다. 이때 목적보어 자리에는 명사나 형용사 또는 명사절이 가능하다. 또한 주어진 보기가 모두 절의 형태를 가지고 있으므로 선행사를 포함한 관계대명사절 (a)what she is가 가장 적절하다. (b)가 정답이 되기 위해서는 who she is로 바뀌어야 적절하다.

관계대명사 what

1. 관계대명사 what은 선행사를 포함한 관계대명사이다.
   You can take **anything that** you want.   (anything that = what)
   You can take **what** you want.

2. 관계대명사 what이 선행사(명사)를 포함하였으므로 what 절을 명사절로 보아도 무방하며, what 절이 명사절 이므로 문장에서 주어/목적어/보어로 사용 가능하다.
   → **주어**: **What** is needed is time.
   → **목적어**: I know **what you know**.
   → **보어**: This is **what you have been looking for**.

3. 관계대명사 what의 앞에는 선행사가 위치할 수 없으며, what이 이끄는 절은 주어나 목적어가 생략된 불완전 한 문장을 동반한다.

12 | 출제 Point | 집합명사

난이도 ★★☆ / 기출빈도 ★★★

A: Obama made a great speech to __________ at his inauguration ceremony.

B: Yes, he did, but I prefer Clinton's.

(a) the public
(b) public
(c) publics
(d) a public

A: Obama는 그의 취임식에서 대중들에게 굉장한 연설을 했어.

B: 그래 맞아, 하지만 난 Clinton의 취임식 연설을 더 좋아해.

| 필수어휘 |

public n. [집합적] 대중, 국민 a. 공공의, 공적인
inauguration n. 취임식, 개회식
prefer v. ~을 선호하다

정답 (a)

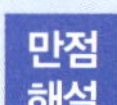

만점 해설 주어진 문제에서 명사 "public"은 "the public"으로 쓰이면 '집합명사' 로 '대중' 이라는 의미를 갖는다. 보통 형용사로는 '공공의, 공중 의' 라는 뜻으로 사용되지만 '정관사' 를 수반할 때는 '집합명사' 로 사용된다는 것을 기억하자.

시험에 자주 출제되는 집합명사

집합명사 (항상 복수 취급 / 항상 the수반)	집합명사 (항상 복수 취급)
the public	people
the police	cattle
the clergy	poultry
the nobility	
the aristocracy	
the peasantry	

13 | 출제 Point | 동사 hope 의 용법

난이도 ★★☆ / 기출빈도 ★★★

A: I am expecting a lot from the new president.

B: So am I. I hope __________ a lot of positive progress.

(a) for him to make

(b) him to make

(c) he makes

(d) him making

A: 나는 새 대통령에게 많은 것을 기대하고 있어.

B: 나도 그래. 그가 많은 긍정적 발전을 이루어 내길 소망해.

| 필수어휘 |

positive a. 긍정적인, 궁극적인

progress n. 진보, 발전, 앞으로 나아감

정답 (c)

만점 해설 동사 "hope"의 용법을 묻는 문제이다. '미래'의 의미를 포함하고 있는 동사로서 'that절'을 수반하며, 이때 '미래' 시제 대신에 '현재' 시제를 사용한다. 전치사를 수반할 때는 'of'나 'for'를 수반하며, to 부정사를 목적어로 사용할 수는 있으나 (b)처럼 to 부정사를 목적 보어로 사용하는 5형식으로 사용할 수 없다.

5형식 동사의 정리

5형식 동사는 '**목적어 + 목적격 보어**'를 취하며, 동사에 다라 다양한 형태의 목적격 보어가 올 수 있다.
목적격 보어에 따라 동사를 분류하여 기억해 두자.

to 부정사를 취하는 동사	동사 원형을 취하는 동사 (사역)	동사 원형을 취하는 동사 (지각)
suppose 가정하다	have 시키다	see 보다
tell 이야기하다	let 허락하다	look at 보다
cause 야기하다	make ~하게 만들다	watch 보다
ask 요청하다	bid 명령하다	hear 듣다
expect 기대하다	help ~하게 하다 (to 부정사	listen to 듣다
force 강요하다	도 가능)	feel 느끼다
allow 허락하다		
get 시키다		
compel 강요하다		
enable 가능하게 하다		

14 | 출제 Point | 시제
난이도 ★★☆ / 기출빈도 ★★★

A: Are you going to Alanis Morissette's concert today?
B: I thought I __________, but the ticket is too expensive.

(a) do
(b) did
(c) am
(d) was

A: 오늘 Alanis Morissette 콘서트 갈 거야?
B: 그럴 생각이었는데, 티켓이 너무 비싸더라고.

| 필수어휘 |
expensive a. 값비싼, 고가의

정답 (d)

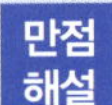 주어진 문제는 'be going to'를 사용하여 '예정된 계획'에 대하여 묻는 질문에 대한 적절한 응답이 빈칸에 들어가야 한다. 빈칸 뒤의 'but' 이하의 부분에서 '원래 가려고 했었는데, 비싸다' 라는 의미가 되어야 자연스럽기 때문에 "I thought I was going to the concert"에서 반복되는 "going to the concert"가 생략된 것으로 (d)was가 적절하다. 또한 'was/were going to 동사원형'은 '(과거에) ~하려고 했었다' 라는 의미로 해석하는 것이 자연스럽다.

15 | 출제 Point | 관용표현
난이도 ★★☆ / 기출빈도 ★★☆

A: Fancy __________ here, Amy!
B: What a small world!

(a) meeting you
(b) to meet
(c) to have met here
(d) for me to meet you

A: 여기서 널 만나다니, Amy!
B: 세상 참 좁구나!

| 필수어휘 |
fancy n. 공상, 명상, 기호
　　　 v. 상상하다, 좋아하다
　　　 a. 환상적인, 화려한

정답 (a)

 빈칸 앞의 동사 "fancy"가 정답을 고르는 단서이다. 이 동사는 '감정의 놀람'을 나타내는 의미로 쓰일 때 동명사를 수반한다는 것을 알고 있는지 묻는 문제이다. 이 때 동사는 '~해서 매우 좋다(놀람)'의 뜻으로 쓰인다는 것을 기억해 두자.

16 | 출제 Point | to부정사의 형용사적 용법
난이도 ★★☆ / 기출빈도 ★★★

A: How's your new roommate?
B: He seems nice, but I don't think he is an easy person __________.

(a) to hang out
(b) to hang out with
(c) hanging out
(d) hanging out with

A: 너의 새로운 룸메이트는 어떠니?
B: 괜찮아 보이는데, 함께 살기에 쉬운 사람 같지는 않아.

| 필수어휘 |
hang out with ~와 함께 어울리다.

정답 (a)

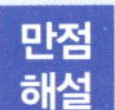 빈칸 앞의 "an easy person"을 수식하는 형용사구를 찾는 문제이다. '~하기에 쉬운 사람이다' 라는 표현이므로 (b)가 적절하다. 보기 (c) 또는 (d)에서 처럼 현재분사가 명사를 수식할 경우 '~하고 있는' 이라는 진행의 의미가 함축되어 있으므로 이 문제에서는 어색한 표현들이다.

to 부정사의 형용사적 용법

N + to동사원형 → to 부정사의 **명사 수식 용법**

▷ a person to hang out with : hang out with a person (○)

▷ a person to hang out: hang out a person (×)

▷ the friend to study with : study with the friend (○)

▷ the friend to study: study the friend (×)

17 | 출제 Point | 사역동사 have

난이도 ★★☆ / 기출빈도 ★★★

A: I __________ at the barber shop you were talking about yesterday.

B: Did you really? That's why you look different today.

(a) cut
(b) had cut my hair
(c) had my hair cut
(d) had cut my hairs

A: 네가 어제 말한 그 이발소에서 나 머리 잘랐어.

B: 정말 그랬니? 그래서 오늘 네가 달라 보이는 구나.

| 필수어휘 |

barber shop 이발소
different a. 다른, 별개의

정답 (c)

만점 해설 주어진 문제는 사역 동사 "have"의 용법을 묻고 있다. 동사 뒤에 목적어로 '사물' (my hair)이 왔고, 목적보어 자리에 수동형인 "cut"이 오는 것이 적절하다. 즉, my hair는 누군가에 의해서 잘라졌다는 뜻의 수동관계인 과거분사가 적합하다. 참고로 이와 같은 사역동사는 목적어와 목적보어의 관계가 능동일 시에 목적보어는 동사원형이 오는 것이 원칙이라는 것도 함께 기억해두자.

사역동사의 정리

▷ **make** 목적어 + 동사원형

▷ **let**

▷ **help** 목적어 + 동사원형 (to 동사원형)

▷ **have** 목적어 + 동사원형 : **능동 관계**
　　　　　Vpp : **수동 관계**

▷ **get** 목적어 + to 동사원형 : **능동 관계**
　　　　　Vpp : **수동 관계**

18 | 출제 Point | 수 일치/ 부분 수량표현

난이도 ★★☆ / 기출빈도 ★★★

A: Have all the students arrived?

B: No, about __________ not here yet.

(a) two-third of them is
(b) two-thirds of them is
(c) two-third of them are
(d) two-thirds of them are

A: 학생들 모두 도착했나요?

B: 아니요, 약 3분의 2 정도가 도착하지 않았어요.

| 필수어휘 |

arrive v. 도착하다
not ~yet 아직 ~이 아닌

정답 (d)

만점 해설 주어진 문제는 '주어-동사'의 수 일치를 묻고 있다. two-thirds of them은 부분 수량표현이므로 동사는 them에 일치시킨다. 또한 3분의 2라는 분수 표현은 "two-thirds"가 적합하다. 따라서 정답은 (d)이다.

부분 수량 표현

부분 수량 표현의 조건	동사의 일치		부분 수량 표현의 종류
▷ A of B 의 형태 ▷ A 는 B의 부분 집합	**The rest of the people**	**are**	any of~, some of~, the portion of~, the majority of~, a third of~, the rest of~, part of~, half of~, most of~, of~, the bulk of~, a lot of~, plenty of~, none of~
	The rest of the money	**is**	
	The rest of the book	**is**	
	▷ 동사는 of 뒤의 명사에 일치		

19 | 출제 Point | 독립분사구문

난이도 ★★☆ / 기출빈도 ★★★

A: Do you think he is really that rich as he said?

B: ___________ from what he wears, he is definitely not.

(a) Having judged
(b) Having been judged
(c) Judging
(d) Judged

A: 그가 말한 것처럼 정말로 그가 부자라고 생각해?

B: 그가 입은 것으로 판단하자면, 분명히 아니지.

| 필수어휘 |

definitely adv. 명확히, 확실하게

judge v. 판단하다, 평가하다

정답 (c)

만점 해설 주어진 문제는 독립분사구문을 묻는 문제이다. "Judging from~"은 '~로 판단해 보건대' 라는 의미로 사용되며 이와 같은 독립 분사 구문은 관용적인 표현으로 사용되기 때문에 기억해 두자. 동사 "judge"의 의미가 '판단하다' 이고 "judged from"이 우리말로 자연스럽기 때문에 오답의 함정에 빠지지 않도록 한다.

독립분사 구문

▷ Generally speaking, 일반적으로 말하면

▷ Strictly speaking, 엄밀히 말하면

▷ Judging from~ ~으로 판단해 보건대
　《c.f.》Judged from (x)》

▷ Frankly[Honestly] speaking, 솔직히 말하면

▷ Granting[Admitting] that~
　~을 인정하더라도, 비록 ~일지라도

▷ Talking of~ ~으로 말하자면

▷ Considering[Seeing] that~
　~으로 고려해 보건대

▷ Roughly speaking, 대충 말하자면

▷ Historically speaking, 역사적으로 말하면

▷ All things considered,
　모든 사실을 고려하면

▷ Looking back, 과거를 돌아보니…

▷ Given~ ~라면

▷ Supposing~ ~라면

▷ Compared with~ ~을 비교하면

▷ Seeing that ~ ~을 보면, ~이므로

20 | 출제 Point | to부정사/ 어순

A: James told me today that you lost his pen his father had given him for his birthday.
B: Yeah, I hope there is a way __________.

(a) to make it up how to him
(b) to make it up to him
(c) how to make it up to him
(d) how to make up her to it

A: James가 오늘 나한테 말하기를, 생일 선물로 그의 아버지한테 받은 펜을 네가 잃어버렸다던데.
B: 그래 맞아, 그와 화해할 방법이 있으면 좋겠는데 말이야.

| 필수어휘 |
make up 다시 화해하다, 원만하게 해결하다

정답 (b)

만점 해설 주어진 문제는 'to 부정사' 와 '어순'을 묻는 문제이다. '방법'을 나타내는 관계부사 "how"는 선행사 "way"를 보통 생략하거나 "way"를 쓸 경우에는 "how"를 생략한다. 또한 '화해하다'는 의미의 "make up"은 "Phrasal Verb"이므로 대명사 목적어를 동사와 부사 사이에 위치 시켜야 한다. 따라서 가장 적절한 어순은 (b)이다.

21 | 출제 Point | 관사와 명사

Cable News Network, better known as CNN, accounts for ____________ of the news media industry.

(a) 12 percents
(b) a 12 percent
(c) 12 percent
(d) the 12 percents

CNN으로 더 잘 알려진 Cable News Network은 뉴스 매체 산업의 12퍼센트를 차지한다.

| 필수어휘 |
account for 설명하다, 차지하다

정답 (c)

만점 해설 주어진 문제는 "percent"의 올바른 표현을 묻는 문제이다. percent는 정관사 the와 함께 쓸 수 없으며, 복수형으로도 사용할 수 없다. "숫자 + percent"로만 사용이 가능하기 때문에 정답으로 적절한 것은 (c)이다.

percent의 용법
▷ a percent = one percent (○)
▷ percents (×)
▷ the percent (×)

22 | 출제 Point | 시제
난이도 ★★☆ / 기출빈도 ★★★

Koreans ___________ upon seafood for most of the protein in their diet before the Korean War.

(a) depend
(b) depended
(c) have depended
(d) had depended

한국 전쟁 전에 한국인들은 식생활에서 단백질의 대부분을 해산물에 의존했었다.

| 필수어휘 |

depend upon ～에 의존하다, 의지하다
protein n. 단백질 a. 단백질의

정답 (d)

만점 해설 주어진 문제는 동사의 "시제"를 묻는 문제이다. 문장에서 "before the Korean War"가 정답을 고르는 단서가 되는데, 이미 과거에 일어난 일이 기준 시점이 되므로 빈칸의 동사 자리는 그보다 먼저 일어난 일이 되어야 문맥상 적절하다. 따라서 '과거완료'인 "had depended"를 쓰는 것이 옳다.

과거완료의 용법

Describing the earlier activities	Describing the terminated activities
When I **arrived** at the airport, I found that the plane **had departed**.	I **had studied** TEPS for 2 years when I **got** 900. → TEPS를 2년 동안 공부했다는 사실은 이미 **종결된 사건**

23 | 출제 Point | 전치사구 의미
난이도 ★☆☆ / 기출빈도 ★★☆

___________ the economic crisis in 1998, he bought some expensive properties at a cheaper price.

(a) Even though
(b) According to
(c) But for
(d) Thanks to

1998년의 경제 위기 덕택에, 그는 비싼 부동산을 싼 값에 매입했다.

| 필수어휘 |

economic a. 경제의
crisis n. 위기, 고비 (pl. crises)
property n. 부동산, 자산, 소유물

정답 (d)

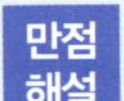

만점 해설 주어진 문제는 빈칸에 들어가기에 적절한 전치사구를 묻는 문제이다. 먼저 빈칸 뒤에 "the economic crisis"는 동사를 동반하고 있지 않은 명사구이므로 접속사 (a)는 들어갈 수 없다. 나머지 전치사구 중에서 문맥상 들어갈 수 있는 것을 골라야 하는데, (c)but for는 가정법의 without과 같은 뜻으로 사용되는 표현이므로 적절하지 않다. 따라서 '경제 위기 덕분에'라는 의미가 되어야 뒤의 문장과 자연스럽기 때문에 정답은 (d)이다.

There is __________ as a wonder drug for weight loss.

(a) no such thing
(b) no such a thing
(c) such no thing
(d) such any thing

체중 감량에 특효약 같은 것은 없다.

| 필수어휘 |
wonder drug 특효약

정답 (a)

만점 해설　주어진 문제의 빈칸은 '그런 것은 ~없다' 의 의미로 관용적으로 쓰이는 "no such thing"을 알고 있는지 묻는 문제이다. 일반적으로 "such"의 어순이 'such+관사+(형용사)+명사' 이지만, 주어진 문제에서는 관용적인 표현이므로 기억해 두도록 하자.

Calvin's Tip

기억해야 할 어순들

so 형용사 a/an 명사	such a/an형용사 명사
as (부사)	quite
too	what
how	whatever
however (=no matter how)	(=no matter what)

Newcastle United's players are not working __________ to hold their Premiership position.

(a) enough
(b) so enough hard
(c) hard enough
(d) hard enough so

Newcastle United 선수들은 최고의 자리를 유지할 만큼 충분히 운동을 열심히 하고 있지 않다.

| 필수어휘 |
premier a. 수위의, 제1위의
Premiership 영국의 축구리그

정답 (c)

만점 해설　주어진 문제의 빈칸에 들어갈 적절한 어순의 단서는 "enough"이다. "enough"는 부사 또는 형용사로 쓰이는데 부사로 사용될 때는 형용사나 동사를 뒤에서 수식한다. 따라서 주어진 문제에서는 "hard enough"가 정답이다.

Calvin's Tip

enough의 어순

▷ **enough** (형용사)
→ enough + **명사 + to 부정사**
I have **enough money to buy** the house.

▷ **enough** (부사)
→ **형용사/동사** + enough + **to 부정사**
She is **smart enough not to do** those stupid things.

26 | 출제 Point | 결과의 부사절

난이도 ★★☆ / 기출빈도 ★★★

Jenny practiced so hard for the competition __________ she could barely walk to class.

(a) as
(b) than
(c) but
(d) that

Jenny는 대회 준비를 위해 너무 열심히 연습한 나머지, 수업에 걸어서 갈수도 없었다.

| 필수어휘 |
competition n. 대회, 경쟁
barely adv. 거의 ~하지 않는 (seldom, hardly, rarely)

정답 (d)

만점 해설 주어진 문제는 빈칸 앞의 "so"가 정답을 고르는 단서이다. "so+형용사/부사"가 올 때 뒤에 이어지는 that절은 '그 결과로~'라는 뜻의 결과의 부사절이며 구어체에서는 "that"을 생략하기도 한다. 참고로 "such+형용사/명사"가 쓰일 때도 뒤에 that절이 수반되면 결과의 부사절이라는 것을 기억해 두자.

Calvin's Tip

결과의 부사구/절

▷ so 형용사/ 부사 that
  He was **so honest that** she believed him.

▷ such 형용사/ 명사 that
  He was **such an honest man that** she believed him.

▷ too 형용사 to 부정사
  It was **too dark to take** a walk alone.

27 | 출제 Point | 관계대명사

난이도 ★★☆ / 기출빈도 ★★☆

Manchester United won the game against Arsenal, __________ made it advance the championship game two years in a row.

(a) which
(b) what
(c) as
(d) that

Manchester United는 Arsenal을 이겨서, 2년 연속 선수권 대회에 나가게 되었다.

| 필수어휘 |
advance v. 나아가다, 승진시키다
championship game 선수권 대회
in a row 연속으로

정답 (a)

만점 해설 주어진 문제의 빈칸은 앞 문장 전체를 받는 관계대명사 'which'의 용법을 묻는 문제이다. 이와 같이 특정 명사가 아닌 문장 전체를 받을 때, 관계대명사 which 만이 사용될 수 있다는 사실을 명심하자. (b)는 선행사 Arsenal이 있으므로 적합하지 않으며, (d)that은 관계대명사의 계속적 용법으로는 사용할 수 없다. (c) as 가 접속사로 사용될 시에는 뒤에 주어 동사의 완벽한 문장을 동반해야만 한다.

Calvin's Tip

한정형 & 계속형 관계절

Identifying Clause (한정형 관계절)	Connective Clause (계속형 관계절)
The computer **which I ordered yesterday** is now out of stock.	I offered him some cookies, **which he ate at once**.
→ 선행사의 범위를 '한정'	→ 주절과 관계절 사이에 comma 삽입
→ 관계절 생략 불가능	→ 시간의 선후 관계가 성립

28 | 출제 Point | 분사구문

난이도 ★★☆ / 기출빈도 ★★★

Frederick tolerated religious differences __________ victims of religious persecution.

(a) welcomed
(b) having welcome
(c) welcoming
(d) having welcomed

Frederick은 종교적 박해를 받은 희생자들을 환영할 만큼, 종교적 차이에 관대했다.

| 필수어휘 |
tolerate v. 참다, 너그럽게 봐주다
religious a. 종교의, 종교적인
victim n. 희생자
persecution n. 박해

정답 (c)

만점 해설 주어진 문장은 완벽한 문장이다. 보기가 모두 분사 형태이므로 적절한 분사구문의 형태를 묻는 문제이다. 빈칸에 생략된 주어는 주절의 주어인 "Frederick"이며 보기에 공통으로 있는 동사가 "welcome"이다. 주어와 동사와의 관계가 '능동의 관계'이며, 주절의 동사 "tolerated" 와 "welcome"이 같은 시점에 일어났으므로 일반 분사인 (c)가 정답이다.

분사구문 능동 vs. 수동

분사구문의 능동	분사구문의 수동
Receiving a letter from his best friend, **the man** was very excited. → 주절의 주어와 분사 구문이 능동 관계	**Decorated** in many lights, **the building** looked gorgeous. → 주절의 주어와 분사구문이 수동 관계

29 | 출제 Point | 부사구의 도치

난이도 ★★★ / 기출빈도 ★★☆

To the right of the city hall __________ the famous monument.

(a) have stood
(b) has stood
(c) stand
(d) stands

시청 오른쪽에는 유명한 기념비가 서있다.

| 필수어휘 |
city hall 시청
monument n. 기념비, 기념물

정답 (d)

만점 해설 주어진 문제에서는 빈칸에 들어갈 적절한 동사의 형태를 묻는 문제이다. 문장의 시작이 장소나 출처의 부사구로 시작하고 있으므로 뒤에 위치하는 주어와 동사를 도치시키는 것이 적절하다. 따라서 문장의 주어는 "the famous monument"이고, 동사는 "stands"이다. "famous monument"의 현재의 상태를 묘사하는 문장이므로 '단순현재시제'를 사용하는 것이 적절하므로 정답은 (d)이다.

부사구(장소, 출처)가 문두의 도치

▷ My sister sits **there**. → **There** sits my sister.
▷ The most famous building in New York stands on your right.
→ **On your right stands** the most famous building in New York.

30 | 출제 Point | 목적격 관계대명사

난이도 ★★☆ / 기출빈도 ★★★

Today's school tends to demand too many challenging tasks from students __________ the old school did not.

(a) who
(b) as
(c) that
(d) what

오늘날 학교는 과거의 학교가 요구하지 않았던 너무나 많은 어려운 과제들을 학생들에게 요구하는 경향이 있다.

| 필수어휘 |
demand v. 요구하다, 요청하다
tend to ~하는 경향이 있다
challenging a. 도전적인, 의욕(흥미)를 돋우는

정답 (c)

만점 해설 빈칸 앞에 완벽한 문장이 위치하면서 빈칸 앞에 선행사를 수반할 때 목적격 관계대명사가 가능하다. 목적격 관계대명사 이후의 절은 목적어가 생략된 불완전한 문장이 수반된다. 주어진 문제에서는 빈칸 앞의 문장의 "many challenging tasks" 즉, '과거의 학교에서 요구하지 않았던 과제'를 말하고 있다. 또한 빈칸 이후의 문장에서 동사인 did not의 목적어가 없으므로 선행사를 수반하는 목적격 관계대명사가 필요하다. 따라서 가장 적절한 것은 (c)that이다.

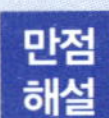

목적격 관계대명사

▷ 목적격 관계대명사는 앞에 항상 **선행사를 수반**하며, 그 다음에 목적어가 생략된 S+V의 불완전한 문장이 위치한다. 이때 목적격 관계대명사는 **생략이 가능**하다.

N(선행사) + which/that/whom + S + V(타동사)
e.g.) I bumped into **the woman whom** I loved in college.
= I bumped into **the woman that** I loved in college.
= I bumped into **the woman** I loved in college.

31 | 출제 Point | 시제/ 태

난이도 ★★★ / 기출빈도 ★★☆

Your order __________ by the time you come back from the trip.

(a) is delivered
(b) have been delivered
(c) will be delivered
(d) will have been delivered

여행에서 돌아오실 때까지는 주문하신 물건이 배달될 것입니다.

| 필수어휘 |
order n. 주문, 명령, 순서; v. 명령하다, 주문하다
deliver v. 배달하다, 넘겨주다, 인도하다

정답 (d)

만점 해설 주어진 문제의 빈칸은 적절한 동사의 시제 형태를 묻고 있다. 빈칸 뒤에 "by the time"이하의 부분에서 미래의 특정한 시점이 명확하게 언급되어 '여행에서 돌아올 때는 주문한 것이 배달이 완료될 것이다'는 의미이다. 따라서 '미래완료' 시제를 쓰는 것이 가장 적절하다. 참고로 '미래완료'는 "will have pp"의 형태로 쓰면서, "by the time S + V"와 같은 '어떤 행위가 끝나는 특정한 시점'이 반드시 명시될 때 사용할 수 있다는 것을 기억해 두자.

미래완료

▷ **형태** : S will have Vpp

▷ **의미** : 미래의 특정한 시간에 어떤 동작이나 상태가 완료됨을 강조

▷ **특징** : 항상 "by 특정시간 or by the time S V (특정시간)"을 수반

c.f〉 미래완료 VS 미래시제

▷ 특정하지 않은 미래 시제
  I **will finish** this up soon. 이것을 곧 끝낼 거야.

▷ 특정한 미래 시간에 특정한 사건이 완료됨을 강조
  I **will have finished** this **by the time** the boss comes in. 이것을 상사가 올 때쯤이면 끝낼 거야.

32 | 출제 Point | be to 용법

난이도 ★★☆ / 기출빈도 ★★★

In 1950, North Korea plunged into war, which
__________ a tremendous effect on political and
economic conditions.

(a) was to have
(b) had had
(c) will have
(d) would have had

1950년에 북한은 그 정치적 그리고 경제적인 상황에 큰 영향을 미칠 전쟁에 뛰어들었다.

| 필수어휘 |

plunge v. 뛰어들다, 내던지다
tremendous a. 거대한, 굉장한, 중대한
political a. 정치의
economic a. 경제의
condition n. 상태, 상황, 조건

정답 (a)

만점 해설 주어진 문제의 빈칸은 "미래"의 의미로 해석되는 "be to부정사"용법을 묻는 문제이다. 보통 '예정, 의무, 운명, 가능, 의도'의 의미로 문맥에 따라 다르게 해석되지만, 일괄적으로 "미래"의 의미로 해석한다. 주어진 문제에서는 문맥상, 과거에 본 "미래"이므로 "큰 영향을 미칠 것으로" 해석하면 자연스럽다.

be to 용법

"예정, 의무, 운명, 가능, 의도" 의미로 사용. ("미래" 의미로 해석)

▷ am/is/are to 부정사 = **am/is/are going to** 동사원형
▷ was/were to 부정사 = **was/were going to** 동사원형

33 | 출제 Point | 양보구문

난이도 ★★☆ / 기출빈도 ★★★

__________ he is, he still needs a lot to learn by doing.

(a) Despite young and smart
(b) Although young and smart
(c) Young and smart as
(d) Young and smart while

젊고 명석하기 하지만, 그는 여전히 직접 해봄으로써 많은 것을 배워야 할 필요가 있다.

| 필수어휘 |
despite prep. ~에도 불구하고

정답 (c)

만점 해설　주어진 문제의 빈칸은 "양보구문"의 "as"를 묻는 문제이다. 대표적인 양보절을 이끄는 접속사인 "although, though, even though" 등이 뒤에 나오는 "목적어, 보어, 수식어"를 강조하고 싶을 때 그것들을 문장의 앞으로 보내면서 접속사는 "as"로 바뀌게 된다. 이러한 구문이 양보구문이라는 것을 기억하자.

양보구문

Although
Though
Even though

S + V + 목적어 / 보어 / 수식어 ,　S + V + 목적어 / 보어 / 수식어

→ 부사절의 "목적어 / 보어 / 수식어"를 강조하고 싶을 때, 이를 "문장 앞"으로 보낸다.
→ 이 때 "although, though, even though"가 "as" 로 바뀌며, 이것을 "양보구문"이라 한다
e.g.) **Although he is old**, he still tries to learn another language.
　　→ **Old as he is**, he still tries to learn another language.

34 | 출제 Point | 부분 관계대명사

난이도 ★★★ / 기출빈도 ★★★

American students are not eager to get in the top 50 colleges in the United States, __________ they must pay tons of money to enter.

(a) that
(b) what
(c) into which
(d) most of which

미국학생들은 많은 돈을 지불해야 하는 미국의 50위권 안에 드는 대학에 꼭 들어가고 싶어 하지는 않는다.

| 필수어휘 |
be eager to V 열망하다, ~하고 싶어하다
tons of ~ 다량의, 수많은
enter v. 입학하다, 들어가다

정답 (d)

만점 해설　주어진 문제의 빈칸은 우선 관계대명사 자리이다. 빈칸 앞에 "comma"가 있으므로 (a)that은 정답이 될 수 없고, 동사 "enter"의 대상이 필요하므로 문맥상 선행사를 찾아보면 빈칸 앞의 문장의 "the top 50 colleges"라는 것을 알 수 있다. 즉, '50위권 안의 대학들 중의 대부분의 대학'에 학생들이 많은 금액을 지불해야 한다는 의미이므로 정답은 "most of which"가 된다.

관계대명사

제한적 용법의 관계대명사	계속적 용법의 관계대명사	부분 관계대명사
I have 10 cars **which are imported from Germany**. 독일에서 수입된 10대의 자동차가 있다. **(자동차의 총 숫자: 10대 이상)**	I have 10 cars, **which are imported from Germany**. 10대의 자동차가 있으며, 그들 모두 독일에서 수입되었다. **(자동차의 총 숫자: 10대)**	I have 10 cars, **three of which are imported** from Germany. 10대의 자동차가 있으며, **그 중 3대가** 독일에서 수입되었다. (which → 10 cars, 동사 "are imported"는 주어 "three"에 일치)

---

35 | 출제 Point | 명사와 관사

난이도 ★★☆ / 기출빈도 ★★★

Although the market has slowed down since the financial crisis in the United States last year, __________ luxury goods has increased by 20%.

(a) consuming of
(b) consumption of
(c) the consuming
(d) the consumption of

지난 해 미국의 금융 위기 이후 시장 상황이 악화되고 있음에도 불구하고 사치품의 소비는 20%까지 증가했다.

| 필수어휘 |
slow down 늦추다, 감소하다
financial a. 재정상의, 재무의
goods n. 상품
consumption n. 소비, 소모

정답 (d)

만점해설 주어진 문제의 빈칸은 동사 "has increased"의 주어 자리이다. 따라서 보기 (a)(b)(d)가 가능하다. (c) consuming은 관사 "the"와 함께 쓰일 수 없다. (a)의 consuming은 주어가 될 자격이 있지만, consume이 타동사이므로 "of+명사"를 수반할 수 없으며, (b)consumption은 of로 수식 받게 되는 특정한 명사가 되면 정관사 "the"가 필요하다. 따라서 가장 적절한 정답은 (d)이다.

동명사 vs. 명사

동명사는 동사와 명사의 성질을 동시에 가지고 있는 준동사의 일종이다. 즉, 동명사는 명사의 성질을 가지고 있기 때문에 문장에서 "주어/목적어/보어"84로 사용됨과 동시에, 본래 동사의 성질을 그대로 유지하고 있다. 예를 들어 아래 예문에서 Killing이라는 동명사는 문장에서 주어로 사용될 수 있으며 동시에 타동사에서 파생되었으므로 타동사의 성질인 목적어를 동반해야만 한다.

e.g.) **Killing a dog** is a crime in the United States.

36 | 출제 Point | 시제

난이도 ★★☆ / 기출빈도 ★★★

When Chris won his first gold medal in the Olympics, he
___________ for 13 years.

(a) swam
(b) was swimming
(c) had been swimming
(d) have been swimming

Chris가 올림픽에서 처음으로 금메달은 땄을 때, 그는 13년간 수영을 해오고 있었다.

| 필수어휘 |
win the medal 메달을 따다

정답 (c)

 **만점 해설**　주어진 빈칸은 들어갈 동사의 적절한 시제를 묻고 있다. 배경이 되는 빈칸 앞의 문장의 시제는 "과거"이다. 이는 Chris가 수영을 시작한 과거 시점에서 금메달을 딴 과거까지 '13년간 수영을 해왔었다' 라는 '과거에 시작해서 과거에 끝나버린 사건'을 표현하고 있으므로 "과거완료 시제"가 적절하다. 또한, '올림픽에서 처음으로 금메달을 획득했을 때' 라는 시점에 "~을 계속 해오고 있었다"는 의미가 되어야 자연스럽다. 따라서 "과거완료"와 "과거진행"의 두 시제를 합친 "과거완료진행"의 형태인 (c)had been swimming이 가장 적절하다.

37 | 출제 Point | 분사구문

난이도 ★★☆ / 기출빈도 ★★★

She shouldn't have played out, ___________________.

(a) preparing for taking the test
(b) not prepared for the test
(c) preparing not to take the test
(d) not prepared for taking the test

그녀는 시험을 치를 준비를 하지 않고서, 밖에 나가서 놀지 말았어야 했다.

| 필수어휘 |
should not have pp ~하지 않았어야 했다
prepare (for) v. 준비하다, 준비시키다
take the test 시험을 치르다

정답 (b)

 **만점 해설**　주어진 문제는 적절한 분사구문의 형태를 묻는 문제이다. 빈칸 앞의 "She ~ out"까지 완벽한 주절이 위치해 있으며, 빈칸에 생략된 부사절의 주어는 "she"이고 동사 "prepare"의 관계는 '수동 관계'이다. (She was not prepared for the test). 따라서 정답은 (b) 또는 (d)가 될 수 있는데, prepare 다음에는 "명사"를 수반하거나 "be prepared for 명사/to동사원형"로 사용이 가능하므로 정답은 (b)이다.

Calvin's Tip

우리말 해석으로 찾는 분사구문

▷ ~을 하면서 (능동의미)　　　Ving
▷ ~되면서 (수동의미)　　　　Vpp
▷ ~하고 나서 (완료능동의미)　having Vpp
▷ ~되고 나서 (완료수동의미)　having been Vpp

38 | 출제 Point | 수 일치/ 관사

난이도 ★★☆ / 기출빈도 ★★★

The authors of this paper ___________ of gratitude to the School of Business staff who contributed their remarkable knowledge to this paper.

(a) owes a debt
(b) owes debt
(c) owe a debt
(d) owe debt

이 논문의 저자는 논문에 상당한 지식을 제공한 경영학과 직원들에게 고마워해야 하는 신세를 진 것이다.

| 필수어휘 |

author n. 작가, 저자
paper n. 논문
gratitude n. 감사
contribute (to) v. ~에 기여하다, 공헌하다
remarkable a. 놀라운, 엄청난

정답 (c)

만점 해설 주어진 빈칸은 '(남에게) 빚을 지다' 라는 의미의 관용어구를 알고 있는지 묻는 문제이다. 이때 뒤에 보통 "to+사람"이 수반된다. 동사 "owe"의 어순이 "목적어+전치사+(사람)명사"로 쓰여서 '~의 은혜를 입다, ~덕택이다' 라는 의미로 자주 사용되므로 기억해두자.

Calvin's Tip

동사 owe의 정리

▷ **S owe 사람 사물** I owe you an apology. 나는 당신에게 사과할 일이 있어요.

▷ **S owe 사물 to 사람** I owe a lot of money to him. 나는 그에게 많은 빚이 있다.

39 | 출제 Point | 동사의 쓰임

난이도 ★★☆ / 기출빈도 ★★★

The government proposed ___________ to the central bank any possible way to depreciate its own currency against the American dollar.

(a) for figuring out
(b) figuring out
(c) to be figured out
(d) to have figures

정부는 중앙은행에 미국 달러대비 원화의 절하를 위한 모든 가능성 있는 방법을 찾으라고 제안했다.

| 필수어휘 |

figure out ~을 생각해내다, 발견하다
depreciate v. 화폐의 가치가 떨어지다 (절하하다)
currency n. 화폐

정답 (b)

만점 해설 주어진 문제에서 빈칸 앞의 동사 "propose"는 동명사와 to 부정사 모두 목적어로 취할 수 있다. "propose"는 타동사이므로 전치사 for와 함께 사용할 수 없으며, (b)는 'to 부정사' 를 사용하였지만, "to be figured out"이 되면 수동형이 되어 문제에 적합하지 않으며, (d)to have figured out은 '완료 to부정사' 로서 proposed보다 앞서 행해졌음을 의미하므로 적절하지 않다. 따라서 정답은 (b)이다. 이외에도 "suggest"(~을 제안하다), "allow"(허락하다), "consider"(고려하다)는 'to 부정사' 를 목적어로 수반할 수 없다는 것도 참고로 알아두자.

Calvin's Tip

"의미 변화없이" 동명사와 to부정사 수반하는 동사들

▷ like / love / hate 선호 We **like/ love/ hate taking (to take)** a walk at night.

▷ begin / start 시작 He **begin / start cleaning (to clean)** his desk.

▷ prefer 선호 I **prefer learning (to learn)** Japanese.

▷ continue 지속 She will **continue helping (to help)** the homeless.

▷ propose 제안 I **proposed taking (to take)** a rest yesterday.

40 | 출제 Point | 부정어 도치

난이도 ★☆☆ / 기출빈도 ★★★

Unfortunately, _______________________,
but their structure is also rather strict as well.

(a) not only difficult they are to use
(b) not only they are difficult to use
(c) not only are they difficult to use
(d) not only are difficult to use

불행하게도, 그것들은 사용이 어려울 뿐 아니라, 구조 역시 다소 세밀했다.

| 필수어휘 |
unfortunately adv. 불행히도, 안타깝게도
structure n. 구조, 구성
rather adv. 다소
strict a. 세밀한, 엄격한, 꼼꼼한
as well ~또한

정답 (c)

만점 해설　주어진 문제는 부정어구가 문장 앞으로 강조되었을 때, 뒤이어 오는 "주어+동사"의 순서가 도치되는 것을 묻고 있다. "not only A but also B" (A뿐만 아니라 B도)는 자주 출제되는 상관 접속사이므로 기억해 두자.

Calvin's Tip

도치 구문

▷ 부사구 또는 절이 문장의 앞으로 오는 경우; **only, well**
　Only in your dream <u>can it</u> be true. 네 꿈속에서만 실현될 수 있어.

▷ 부정어가 문장의 앞으로 오는 경우; **not, no**
　Under **no** circumstances <u>**are you**</u> allowed to go. 당신은 어떤 상황에서도 갈 수 없습니다.

▷ **도치구문을 만드는 부정어**

• not	• little	• nearly
• never	• hardly	• seldom
• only	• scarcely	• barely

41 | 출제 Point | 전치사 by vs. until

난이도 ★★☆ / 기출빈도 ★★☆

(a) A: Hi Alice, what time do you have a flight to New York tomorrow?
(b) B: It's 5:30 unless there is any change, why?
(c) A: Well, I just want to tell you that your rent is due tomorrow.
(d) B: Yeah I know. But it is not due by tomorrow as you've just said.

A: 안녕 Alice, 내일 몇 시 비행기로 뉴욕에 가는 거야?
B: 변동사항이 없다면 다섯 시 반이에요, 왜요?
A: 그냥, 내일까지 월세 내야 되는 날이라고 말해주는 거야.
B: 저도 알아요, 하지만 방금 말씀하신 것처럼 내일까지는 월세 일이 아니잖아요.

| 필수어휘 |
rent n. 월세, 세
due a. 지불 기일이 된

정답 (d)

만점 해설　주어진 문제에서는 우리말로 '~까지' 이지만 '지속성' 의 차이로 인하여 다르게 사용되는 전치사의 용법을 묻고 있다. 전치사 "by"는 '어느 시간까지의 동작. 상태의 한계점' 을 나타낸다. 반면에 "until"은 '동작. 상태의 계속성' 의 의미를 나타낼 때 사용한다. 따라서 주어진 대화의 문맥으로 볼 때, (d)의 by를 '계속성' 의 의미를 가지는 "until"로 바꾸는 것이 적절하다.

by vs. until

by (일시적 동작)	until (지속적 동작)
You have to **hand in** your paper **by** Tuesday. (hand in: 일시적 동작)	You have to **wait until** I call you. (wait: 지속적 동작)

42 | 출제 Point | 부사 fast

난이도 ★★☆ / 기출빈도 ★★★

(a) A: Can you believe it's already Sunday?

(b) B: I know. Time goes fastly.

(c) A: This semester only has two weeks to go.

(d) B: Yes, and we still have four exams coming!

A: 벌써 일요일이라는 걸 믿을 수 있겠어?

B: 그러게. 시간은 참 빨리 가.

A: 이 번 학기도 이주밖에는 안 남았어

B: 그래, 그리고 시험은 아직도 네 개나 남았고.

| 필수어휘 |

semester n. 학기

정답 (b)

만점 해설 주어진 문제에서는 '형용사와 부사'로 동시에 사용이 가능한 어휘 중의 하나인 "fast"의 형태를 묻고 있다. 문장(b)에서 "fastly"의 자리는 동사 "goes" 뒤에서 수식하는 부사의 자리이다. 대부분의 부사가 "형용사+ly"로 쓰이지만 "fast"는 형태가 동일하기 때문에 반드시 기억해 두자.

형용사와 부사 형태 비교

형용사 & 부사 형태 동일	부사로 착각하기 쉬운 형용사	의미를 달라지는 부사
fast, slow(slowly), last, pretty, well, long, ill	costly, lively, silly, timely, manly, elderly, lovely, friendly, quarterly, worldly, daily, monthly, hourly, weekly, yearly	high - highly: 꽤 late - lately: 최근에 near - nearly: 거의 ~하지 않다 hard - hardly: 거의 ~하지 않다 short - shortly: 곧

43 | 출제 Point | 부사

난이도 ★★☆ / 기출빈도 ★★☆

(a) A: Regular or premium?
(b) B: Regular and fill it up please.
(c) A: Do you know any store near wherever I can buy some milk?
(d) B: You just drive all the way down and there is a convenience store on your right.

A: 레귤러로 넣을까요, 프리미엄으로 넣을까요?
B: 레귤러로 가득 넣어 주세요
A: 근처에 제가 우유를 살 수 있는 가게가 있나요?
B: 저 아래로 쭉 내려가시면 오른쪽에 편의점이 있어요.

| 필수어휘 |
regular a. 보통의, 평범한
premium a. 고급의, 값비싼
convenience store 편의점

정답 (c)

만점 해설　주어진 문제에서는 대화의 흐름으로 볼 때 "~근처에"라는 부사표현이 필요하므로, 문장 (c)에서 near이 아니라 "nearby"가 필요하다. near이 부사로 쓰일 때는 "가까이, 근접하여"의 의미를 갖는다는 것을 기억하자.

near vs. nearby

near (부사 / 전치사 / 형용사)	nearby (부사 / 형용사)
▷ Please, come **near**. (adv. 가까이) 가까이 와주세요. ▷ You can find me **near** the office. (prep. 근처에) 저를 사무실 근처에서 찾으실 수 있습니다. ▷ You'd better fix your car on the **near** side. (a. 가까운) 가까운 곳에서 차를 고치는 게 나을 거예요.	▷ The ceremony will be held **nearby** soon. (adv. 근처에(서)) 그 행사는 근처에서 곧 열릴 것이다. ▷ You can sell these items in the **nearby** cities. (a. 근처의) 이 물건들을 근처의 도시에서 판매할 수 있어요.

44 | 출제 Point | 관사

난이도 ★☆☆ / 기출빈도 ★★☆

(a) A: What score are you expecting from your chemistry class?
(b) B: About 50 out of 100, and it will be F for sure.
(c) A: No way! It will be at least C. Don't you think?
(d) B: But that's what other classmates said.

A: 화학 수업에서 무슨 점수를 받을 것 같아?
B: 100점 만점에 약 50점 정도, 그리고 그 점수는 확실히 F일거야.
A: 말도 안돼. 그 점수면 적어도 C는 되겠지. 그렇지 않아?
B: 하지만 다른 친구들은 그렇게 얘기하던걸.

| 필수어휘 |
chemistry class 화학 수업
at least 적어도
classmate n. 동급생, 급우

정답 (b)

만점 해설　주어진 지문의 내용으로 볼 때, 'F 학점을 받았다'는 내용이다. 여기서 F 학점은 "셀 수 있는 명사"이기 때문에 앞에 관사가 필요하다. 또한 F는 자음이지만, 발음이 모음으로 시작되므로 "an F"가 되는 것에 유의하자.

(a) A: Did you see John's new car?

(b) B: Yes, I did. Why?

(c) A: Wasn't it great? I wish I have one like his.

(d) B: Come on! Did you forget you have one nice too?

A: John의 새 차 봤어?

B: 응, 그런데 왜?

A: 진짜 좋지 않아? 나도 그의 차 같은 걸로 한 대 있었으면 좋겠어.

B: 왜 그래! 너도 그만큼 좋은 차가 있다는 걸 잊은 거야?

정답 (c)

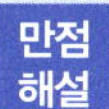 **만점 해설** 주어진 문제는 'wish 가정법'에 관한 질문이다. wish가 주어 동사를 이끌 때 가정법과거와 가정법과거완료로 사용될 수 있다. 대화의 내용을 볼 때, '내가 현재 그의 자동차와 같은 것을 갖고 싶다'는 "현재 소망"을 나타내므로 '현재사실 가정'이며 이는 가정법 과거로 표현되는 것이 적절하다.

wish 가정법

wish 가정법과거 (현재 사실 가정)	wish 가정법 과거완료 (과거에 일어난 일 반대 가정)
▷ S+ **wish(that)** S + 과거동사 e.g.) I wish I had a son. 　　아들 하나 있으면 좋겠다. → **현재사실 반대 가정**	▷ S + **wish(that)** S + **had** + **Vpp** e.g.) I **wish** I **had had** a girlfriend. (과거에) 여자 친구가 있었더라면 좋았을 텐데. → **과거의 소망**

(a) R.E.M was a group Cobain could have looked to for help. (b) Just prior to his death, he was in regular contact with Michael Stipe, the lead singer of R.E.M. (c) Stipe had enormous respect for Cobain, and Cobain was a huge R.E.M fan. **(d) In fact, R.E.M.'s career was the model that Cobain would like for Nirvana.**

(a) R.E.M은 Cobain이 믿고 도움을 요청을 할 수도 있었던 그룹이다. (b) 죽기 바로 전만 해도, 그는 R.E.M의 리드싱어인 Michael Stipe와 정기적으로 연락을 취해 왔었다. (c) Stripe는 Cobain을 매우 존경했었고, Cobain도 R.E.M의 열성팬이었다. (d) 사실 R.E.M.의 행로는 Conbain이 Nirvana에 적합하다며 좋아했을 법한 모델이었다.

| 필수어휘 |

prior to ～전에
regular a. 정기적인, 규칙적인
enormous a. 엄청난, 거대한

정답 (d)

 **만점 해설** 주어진 지문의 내용에서 (b)Just prior to his death 에서 볼 수 있는 것처럼, Cobain은 사망한 인물이므로 R.E.M을 "would like"를 사용하면 R.E.M을 '현재 좋아한다'는 의미이므로 자연스럽지 못하다. 따라서 '과거에 이루지 못한 사실'을 나타내는 조동사의 완료형인 "would have liked"를 쓰는 것이 적절하다. 즉, 과거에 Cobain이 좋아했을 만한 model이라고 해야 의미상 어울리고, Cobain은 사망해서 더 이상 좋아할 수 없으므로, '과거에 이루지 못한 사실'을 나타내는 "would have liked"가 정답이다.

완료조동사 "조동사 + have pp" 정리!

must have Vpp	과거사실에 대한 강한 추측 : ~이었음에 틀림이 없다	He **must have been angry** with me. 그는 나에게 화가 났었음에 틀림이 없다.
may/might have Vpp	과거사실에 대한 50% 확신 추측 : 아마도 ~였을 것이다	she **might have been** sick. 아마도 그녀는 아팠었나 봐.
cannot have Vpp	과거사실에 대한 강한 부정 추측 : ~이었을 리가 없다	He **cannot have been** a famous singer. 그가 유명한 가수였을 리가 없어.
should have Vpp	과거에 이루지 못한 사실 (후회) : ~했어야만 했다	You **should have called** me earlier. 너는 나에게 좀 더 일찍 전화했어야만 했어.
could have Vpp	과거에 이루지 못한 사실 : ~할 수 있었다	He **could have become** a Math teacher. 그는 수학 선생님이 될 수 있었다.
would have Vpp	과거에 이루지지 않은 사실 : ~될 수 있었다	You **would have been killed** without the seat belt. 안전벨트가 없었다면, 너는 죽을 수도 있었어.

47 | 출제 Point | 과거분사

난이도 ★★☆ / 기출빈도 ★★★

(a) Does Michael Jackson want to build an entertainment empire in Poland? (b) Last May the pop superstar signed a letter of intent with Warsaw to build a multimillion-dollar amusement park, probably at an old military airport. **(c) Now Jackson also wants to buy Warsaw's posh Bristol Hotel-where he could provide suites for friends like Elizabeth Taylor-as well as a state-own castle.** (d) The castle would serve not only as an occasional home but also as a museum.

(a) Michael Jackson은 폴란드에서 엔터테인먼트 왕국을 짓기를 원하는가? (b) 지난 5월 인기 슈퍼스타인 그는 Warsaw와 군 공항이었던 곳에 수십억에 달하는 놀이공원을 짓겠다는 의향서에 서명을 했다. (c) 이제 Jackson은 국영 소유지 성뿐만 아니라 Elizabeth Taylor와 같은 그의 친구에게 스위트 룸을 제공할 수 있도록, Warsaw의 호화스러운 Bristol호텔을 매입하고 싶어한다. (d) 그 성은 가끔씩 들르는 집으로써의 역할뿐 아니라 박물관 역할을 할 것이다.

| 필수어휘 |

empire n. 왕국, 제국
a letter of intent 의향서
multimillion 수십억의
posh a. 사치스러운, 호화스러운
state-owned a. 국영의, 국유의
occasional a. 가끔의, 이따금씩의

정답 (c)

**만점 해설** 주어진 문제의 (c)에서 "state-own"은 뒤에 이어지는 명사 "castle"을 수식하고 있고, castle은 state에 의해서 "소유되는 것"이므로 수동 형태의 과거분사를 쓰는 것이 적절하다.

현재분사 vs. 과거분사

현재분사는 그 동작의 행위자가 수식을 받는 명사이지만, 과거분사는 그 동작의 행위자는 문장 내에서 알 수 없으며, 수식을 받는 명사는 행위자가 아닌 그 동작을 받는 사람이나 사물이라는 것을 기억하여 정답에 접근해보자. (e.g.)

▷ the one standing by the home plate: the one과 standing의 관계 → **능동, 진행**

　　"standing"이라는 동작은 "the one 스스로"에 의해서 이루어진다.

▷ a murdered cop: cop과 murdered의 관계 → **수동, 완료**

　　murdered라는 동작은 cop이 행한 것이 아니다.

　　또한 "cop"에게 "murder"라는 동작은 행한 것이 아니라 받은 것이다.

48 | 출제 Point | 동명사의 관용적 표현

난이도 ★★★ / 기출빈도 ★★★

(a) The more deeply scientists see into the secrets of the universe, you'd expect, the more God would fade away from their hearts and minds. (b) But that's not how it went for Allan Sandage. **(c) Now slightly stooped and white-haired at 72, Sandage has spent a professional lifetime to coax secrets out of the stars, peering through telescopes from Chile to California in hope of spying nothing less than the origins and destiny of the universe.** (d) His observations of distant stars showed how fast the universe is expanding and how old it is.

(a) 과학자들이 우주의 비밀을 더 깊이 들여다 볼수록, 신은 그들의 가슴과 머리로부터 더 희미하게 사라져 버릴 것이라고 당신은 생각할 것이다. (b) 하지만 Allan Sandage는 그렇게 생각하지 않았다. (c) 약간 등이 굽었고 현재 72세인 백발의 Sandage는 우주의 기원과 운명 정도는 밝혀 낼 수 있을 거라고 바라며, Chile에서 California까지 망원경을 통해 살펴 보면서 별들의 비밀을 알아내려고 평생을 보냈다. (d) 먼 곳의 별들에 대해 그가 발견한 것들은 우주가 급속히 확장하고 있다는 것과 그것들이 얼마나 오래되었는가 하는 것이었다.

| 필수어휘 |

fade away 사라지다. 희미해 지다
slightly adv. 약간, 조금
stooped a. 등이 휜, 새우 등의
coax v. 구슬려 ~시키다, 감언이설로 꾀다
destiny n. 운명
observation n. 관찰
expand v. 확장하다.

정답 (c)

만점 해설 주어진 문제는 동사 "spend"의 용법을 묻는 문제이다. 시험에 자주 출제되는 용법이며, 항상 "S spend 목적어 Ving"로 쓴다는 것을 기억해 두자.

49 | 출제 Point | 수 일치

난이도 ★★☆ / 기출빈도 ★★☆

(a)In the end, Diana's internal injuries were so massive that even if the accident had happened in front of an emergency room, she couldn't have been saved. **(b)Diana showed signs of cranial trauma, a broken arm and leg and severe wound to one thigh.** (c)Most important, hospital doctors found a severe lesion to her pulmonary vein. (d)In lay terms, her heart had been ripped out of its place in her chest. No one had ever survived this kind of lesion before.

(a) 결국, Diana의 신체 내 부상은 너무 광범위해서 사고가 응급실 앞에서 일어났을 지라도 살지 못했을 것이다. (b) 그녀는 두개골 외상에, 팔, 다리가 부러졌으며 한쪽 허벅지에는 심한 상처가 있었다. (c) 가장 중요한 것은, 병원 의사들은 그녀의 폐정맥에 심한 손상을 발견했다는 것이었다. (d) 좀 더 쉽게 말한다면, 그녀의 심장은 가슴 밖으로 나왔던 것이다. 어느 누구도 이런 손상(부상)에서 살아 남은 사람은 없었다.

| 필수어휘 |

cranial a. 두개골의
trauma n. 외상, 외상성 장애
thigh n. 허벅지
lesion n. 손상, 장애, 정신적 상해
pulmonary vein 폐정맥
rip v. 찢어지다, 갈라지다
in lay terms 쉬운 말로는, 쉽게 말하자면

정답 (b)

 주어진 문제에서는 '수 일치'를 묻고 있다. (b)wound 는 셀 수 있는 명사이며, "wound" 앞에 관사가 없으므로 복수형태인 "wounds" 가 되어야 한다.

50 | 출제 Point | 복합명사

난이도 ★★☆ / 기출빈도 ★★★

(a)Iceland sits astride the Mid-Atlantic Ridge, part of the worldwide rift system. **(b)This 300-by-500-kilometers island whose north shore touches the Arctic Circle is entirely volcanic in origin.** (c)Eruptions occur about every five years, sometimes from distinct volcanoes like Mount Hekla, which has erupted twenty-two times since A.D. 900, but often from long fissures erupt only once. (d)Iceland is worn away by the storms of the North Atlantic.

(a) Iceland는 전세계 대 지구대의 일부인 Mid-Atlantic Ridge 위에 자리잡고 있다. (b) 북쪽 해안가가 북극권에 닿아 있는 가로 세로 300-500킬로미터인 이 섬은 원래는 전부 화산이었다. (c) 5년마다 화산 분출이 일어나며, 멀리 떨어져 있는 Mount Hekla와 같은 화산도 기원 900년 이후로 22번의 분출이 있었지만 긴 열구에서는 단지 한 차례의 분출만 있었다. (d) Iceland는 북대서양 폭풍으로 인해 닳아 없어지고 있다.

| 필수어휘 |

astride a. adv. 올라 앉아
Atlantic n. 대서양
ridge n. 산등성이, 봉우리
rift n. 여울, 급류, 균열; v. 갈라지다, 쪼개지다
eruption n. 분출, 폭발, 분화
Arctic Circle 북극권
fissure n. 갈라진 틈, 열구

정답 (b)

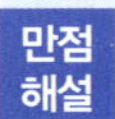 주어진 문제에서 (b)의 300-by-500-kilometers 는 '합성형용사'로 사용되었으므로 그것을 구성하는 각각의 단어를 복수 형태로 사용하는 것이 불가능하다. 따라서 "300-by-500-kilometer"로 쓰는 것이 적절하다.

Calvin's Tip

합성명사와 합성형용사

합성명사	합성형용사
son-in-law → son-in-laws **: 복수 가능** *구성 단어가 복수 가능	**a three-year-old boy** (○) **a three-years-old boy** (×) *구성 단어 복수 불가능

Vocabulary

DIRECTIONS

This part of the exam tests your vocabulary skills. You will have 15 minutes to complete the 50 questions. Be sure to follow the directions given by the proctor.

1 | 출제유형 | synonymous word
난이도 ★☆☆   기출빈도 ★★☆

A: Do you know why the banana did __________?
B: I think it is because the banana didn't have any
suntan lotion on.

(a) peel
(b) pare
(c) trim
(d) flake

A: 너는 왜 바나나 껍질이 벗겨지는 줄 아니?
B: 내 생각에는 바나나가 선탠 로션을 바르지 바르지 않았기 때문
이야.

peel v. (피부, 껍질이) 벗겨지다 (of skin, bark, paint to
come off; become separated)

정답 (a)

만점 해설 비슷한 의미를 지니는 단어들의 정확한 용법을 묻는 문제입니다. 보기에 주어진 단어들은 모두 '무엇을 깎거나 벗겨내다'의 의미가 있지만, 과일과 관련하여 '껍질이 벗겨지다' 라는 단어는 "peel"입니다. 따라서 정답은 (a)이며, 참고로 (b)pare는 타동사로만 쓰일 수 있습니다.

| 필수어휘 |

pare v. ~의 껍질을 벗기다 (to trim off (skin) in layers)   trim v. 다듬다 (to make something neat and tidy)
flake v. 벗겨져 떨어지다 (to fall off in small thin pieces)

Expressions

▷ **pare** down one's living expenses
생활비를 줄이다

▷ **pare[trim]** one's fingernail
손톱을 손질하다 [깎다]

▷ **trim** down
깎아 다듬다, 삭감하다

▷ in no **trim** for
좋은 상태가 아닌

▷ a **trim** waistline[figure]
균형 잡힌 허리선 [몸매]

▷ **flake** down
잠자리에 들다

2 | 출제유형 | phrasal verb
난이도 ★☆☆   기출빈도 ★★☆

A: This unique offer won't last forever so __________ it
up right away.
B: Thanks a lot. I'll not pass up this once in a life time
chance.

(a) crack
(b) hold
(c) snap
(d) gobble

A: 이런 특별한 제안은 영원히 계속되는 것이 아냐. 당장 이 기회를
잡아야 해.
B: 정말 고마워. 난 이런 일생일대의 기회를 놓치지 않을 거야.

snap v. 잡아채다 (to buy or get something quickly and
enthusiastically because it is exactly what you want)

정답 (c)

만점 해설 Phrasal Verb(구동사)의 의미를 문맥 속에서 유추할 수 있는지 묻는 문제입니다. B의 답변에서 이번 기회를 "pass up"(놓치다)하지 않겠다고 말한 것으로 보아, 기회를 잡으라는(snap up) 내용이 앞에서 언급되어야 문맥상 자연스럽습니다. 따라서 정답은 (c)snap입니다.

| 필수어휘 |

crack up (i) 웃음을 터뜨리다 (to laugh or to cause to laugh unrestrainedly)
        (ii) 정신적 압박감으로 미치다 (to suffer an emotional breakdown, become insane)
hold up 유지하다, 지지하다 (to remain strong or successful)
gobble up 통째로 삼키다 (to use a lot of your supply of something, usually money)

snap & crack정리

▷ **snap**
- **Snap** out of it 정신차려!
- **Snap** it up! 서둘러!
- **snap** short 뚝 부러지다

▷ **crack**
- **crack** a book 책을 펴다 (to open a book in order to study or read)
  He hardly ever <u>cracked a book</u>.

- **crack** a smile 미소 짓다 (to smile)

- **crack** wise 경구로 말하다 (to wisecrack)
  We tried to be serious, but he was always <u>cracking wise</u>.

- fall through the **cracks** 간과되다, 묵살되다 (to be overlooked, missed, or neglected)
  In any inspection process some defective materials will <u>fall through the cracks</u>.

- get **cracking** 시작하다 (to begin moving or working; start)
  Let's <u>get cracking</u> on these dirty dishes!

- paper[paste] over the **crack** 결점을 감추다

- at the **crack** of dawn 이른 새벽에

---

3 | 출제유형 | collocation

난이도 ★☆☆   기출빈도 ★★★

A: I __________ an order an hour ago. What's the delay?
B: Sorry, we had too many back orders. We'll deliver it soon.

(a) took
(b) placed
(c) made
(d) kept

A: 제가 한 시간 전에 주문을 했거든요. 왜 이렇게 지연되나요?
B: 죄송합니다. 주문이 많이 밀려있었어요.
　곧 배달해 드리겠습니다.

place v. 주문하다 (to make an order with a person)

정답 (b)

**만점
해설** 주어진 문제에서는 동사 "place"와 어울리는 collocation을 묻고 있습니다. place는 명사 order와 어울려 '주문하다'는 뜻으로 자주 쓰입니다. 따라서 정답은 (b)입니다. "order"와 관련한 표현들로 put an order(주문하다), rush the order(주문을 서둘러 달라), get the order filled(주문을 처리하다)등이 있습니다.

| 필수어휘 |
order v. 주문하다 (a request to make, supply or deliver food or goods)
back a. 뒤의 (away from or behind something, especially something more important)

order & place

▷ made to **order** 꼭 맞는
▷ of the first **order** 일류의
▷ take thing in **order** 일을 순서대로 처리하다
▷ go **places** 성공하다, 사방으로 돌아다니다

▷ in **place** of a person ~대신에
▷ in a person's **place** ~대신에
▷ know one's **place** 분수를 알다
▷ take a person's **place** 남을 대신하다

4 | 출제유형 | colloquialism

난이도 ★★☆ 기출빈도 ★☆☆

A: I'm sorry for the ________________.
We need to be more considerate.
B: I'm sorry, too, honey. I was so stubborn.

(a) frugality
(b) fracas
(c) spree
(d) havoc

A: 싸우게 되어서 유감이야. 우리에게는 좀 더 이해심이 필요할 것 같아.
B: 나도 미안해, 여보. 내가 너무 고집을 부렸어.

fracas n. 말다툼, 언쟁 (a noisy quarrel; a fight or brawl)

정답 (b)

 **만점 해설** 주어진 문제는 일상생활에서 자주 사용하는 구어적인 표현을 묻는 문제입니다. 문맥상 B가 사과하는 것으로 보아 두 사람 사이에 언쟁이 있었음을 추론할 수 있음으로 '말다툼, 언쟁'의 의미인 "fracas"가 정답으로 가장 적절합니다. 참고로 "**bickering, wrangling, squabble**" 등의 단어와 바꿔 쓸 수 있다는 것도 기억합시다.

| 필수어휘 |

frugality n. 절약 (being thrifty; economical; not generous; careful, particularly in financial matters)
spree n. 흥청대기 (extravagance or excess, especially one that involves spending a lot of money or drinking a lot of alcohol)
havoc n. 대혼란, 파괴 (great destruction or damage)

5 | 출제유형 | phrasal verb

난이도 ★★☆ 기출빈도 ★★☆

A: There are some technical problems to
____________ on your laptop.
B: How long will it take to fix it?

(a) turn out
(b) work out
(c) figure out
(d) iron out

A: 노트북에 기술적인 결함이 있어서 고쳐야 할 것 같아요.
B: 고치는 데 얼마나 걸릴까요?

iron out 문제를 해결하다 (to remove or put right difficulties, problems, etc. so that progress becomes easier)

정답 (d)

 **만점 해설** 동사의 비유적 표현과 필수 구동사의 의미를 묻는 문제입니다. A에서 laptop에 기술적 결함(technical problems)이 있다고 하였으므로, 빈칸에는 의미상 '고치다'라는 뜻의 동사가 들어가는 것이 적절합니다. iron은 '다림질하다'라는 뜻이지만 다림질하는 이유는 주름을 펴기 위한 것이므로 "iron out"은 '엉켜 있는 문제를 다림질하듯 쭉 펴서 해결한다'는 의미로 이해하여 기억합시다.

| 필수어휘 |

turn out 결국은 ~가 되다 (result in); 참석하다 (participate); ~을 생산하다 (produce)
work out 노력을 들여 성취하다 (to put a lot of efforts to induce a desired results)
figure out 계산하다 (calculate); 생각해내다 (think up); 이해하다 (understand)

"문제 해결"과 관련된 표현 정리

▷ **hammer out** 견해 차이를 해소하다, 문제를 해결하다 (solve)

▷ **sort out** 뽑아내다 (single out), 문제를 해결 짓다

▷ **patch up** 수습하다, 견해 차이를 해소하다

▷ **terms of settlement** 해결 조건
▷ **an outstanding issue** 해결되지 않은 문제
▷ **an amicable settlement** 원만한 해결
▷ **a cure for unemployment** 실업 문제의 해결책

6 | 출제유형 | colloquialism

난이도 ★☆☆   기출빈도 ★★★

A: Well, Carina, time to _______________!
Are you ready for the new semester?
B: Sure, Mom. I ache to see my friends and miss the hot lunch in cafeteria.

(a) bare your heart
(b) come clean
(c) back to the grind
(d) back to the drawing board

A: Carina, 이제 다시 힘든 일상으로 돌아가야 할 시간이구나! 새 학기 준비는 다 되었니?
B: 물론이죠, 엄마. 친구들이 너무 보고 싶고 학교 식당에서 파는 점심 식사도 너무 먹고 싶어요.

back to the grind 바쁜 일상으로 돌아가다 (go back to the button-down life)

정답 (c)

만점 해설 주어진 문제는 일상 대화 속에서 자주 쓰이는 표현을 묻는 문제입니다. 동사 "grind"는 '칼이나 맷돌을 갈다' 라는 의미로 쓰입니다. 매일 맷돌을 가는 일은 '고된 일'을 의미하므로 명사로는 '매일 반복되는 일상이나 고된 일'을 의미합니다. 따라서 새 학기(new semester)가 시작된다는 것은 또다시 바쁘게 반복되는 일상으로 돌아가는 것을 의미하므로 (c) back to the grind가 정답이 되겠습니다.

| 필수어휘 |

bare your heart 속마음을 드러내다 (to reveal one's innermost secrets, personal and feelings)
come clean 자백하다 (to tell the truth, especially after lying or keeping it secret)
back to the drawing board (실패 후) 처음부터 다시 하다 (being forced to start over at the beginning)

"grind" 관련 기출 표현

▷ have an ax to **grind** 꿍꿍이가 있다

▷ **grind** to a halt 차가 갑자기 멈춰서다 (stop abruptly)

▷ **grind** away at ~을 열심히 하다 (plug away at)

▷ **grind** out 기계적으로 만들다 (make run of the mill product) / 돈을 착취하다 (deprive)

7 | 출제유형 | essential verb

난이도 ★★☆   기출빈도 ★★★

A: Mom, I'd like to hear your opinion about my marriage with Ju-hyun.
B: Well, pumpkin, _________ pros and cons first, and if pros outweigh the cons, then go ahead.

(a) weigh
(b) mediate
(c) foster
(d) verify

A: 엄마, 제가 주현이와 결혼하는 것에 대한 엄마의 의견을 듣고 싶어요.
B: 응, 아들아. 먼저 어떤 장단점이 있는지 살펴보고 만약 장점이 훨씬 많다면 밀어붙이거라.

weigh v. ~을 비교하다 (to consider or assess facts or possibilities)

정답 (a)

만점 해설 주어진 문제는 동사가 가지는 '구체적인 의미'에서 파생된 '추상적인 의미'를 묻고 있습니다. "weigh"의 기본적인 의미는 '무게를 가늠해 보다' 이지만, 'weigh A and B'로 쓰이면 'A와 B를 비교해서 검토하다'는 의미가 됩니다. 즉, "weigh"는 '~을 숙고하다, 평가하다'라는 의미를 지니고 있습니다. 따라서 "weigh pros and cons"는 '장점과 단점을 비교해 본다'는 뜻으로 빈칸에 들어갈 동사는 (a)가 됩니다.

| 필수어휘 |

mediate v. 숙고하다 (to think calm thoughts in order to relax or as a religious activity)
foster v. 양육하다 (to take care of a child, usually for a limited time, without being the child's legal parent)
verify v. 증명하다 (to prove that something exists or is true, or to make certain that something is correct)

"생각하다"의 다양한 표현들

▷ **contemplate** 깊이 생각하다   ▷ **deliberate** 심사 숙고하다

▷ **ruminate** 반추하다, 되새기다   ▷ **mull over** 심사 숙고하다

▷ **ponder (on, over)** 곰곰이 생각하다   ▷ **muse on** 곰곰이 생각하다

▷ **chew over** 생각을 곱씹다   ▷ **brood over** 곰곰이 생각하다

---

8 | 출제유형 | idiom   난이도 ★☆☆   기출빈도 ★★★

A: Is the blind date you've set up for me still
_______________ ?
B: Chances are slim. I saw her going out with a hunk
the other day.

(a) the last straw
(b) in full swing
(c) hang by a thread
(d) up for grabs

A: 날 위해 준비했던 소개팅은 아직도 가능한 거야?
B: 가능성이 희박해. 며칠 전 그녀가 어떤 멋진 남자와 데이트하는
것을 봤거든.

up for grabs 아무나 입수할 수 있는 (available for anyone
who is interested)

정답 (d)

만점 해설 주어진 문제는 생활 속에서 자주 쓰는 idiom의 의미를 알고 있는지 묻고 있습니다. "up for grabs"는 '누구나 손에 넣을 수 있는 상태'를 의미합니다. 대화의 내용을 보면, B가 '소개팅의 가능성이 희박하다'고 한 것으로 보아 A의 질문이 '소개팅이 아직 가능한지 여부'를 묻는 내용이 되어야 문맥상 자연스럽습니다. 따라서 정답은 (d)입니다.

| 필수어휘 |

the last straw 더 이상 견디지 못하게 하는 것 (something that makes it impossible for you to accept a situation any longer)
in full swing 한창인, 최고조인 (at the height of something such as an event, a party, an election, etc.)
hang by a thread 대단히 위태로운 (be in a very uncertain situation)

---

9 | 출제유형 | colloquialism   난이도 ★☆☆   기출빈도 ★★☆

A: Are you happy being rooming together with me?
B: I'm a little worried if we might _________ each other
nuts, but no other options as of now.

(a) drive
(b) throw
(c) usher
(d) chase

A: 나와 같이 살게 되니 좋아?
B: 서로를 신경질 나게 할까 봐 약간 걱정이 되긴 해. 하지만 지금
으로서는 다른 대안이 없잖아.

drive v. 몰고 가다 (to force someone or something to go
somewhere or do something)

정답 (a)

주어진 문제는 일상생활에서 자주 들을 수 있는 구어적인 표현을 묻는 문제입니다. nuts는 구어로 '미치광이, 바보' 등의 의미가 있습니다. 동사 drive는 '(~상황으로) 몰고 가다'는 뜻으로, "drive someone nuts"는 '미치게 하다, 신경질 나게 하다'의 뜻으로 쓰입니다. A가 '같이 살게 되어(rooming together) 행복하냐'고 물었고, 이에 B는 "a little worried"라고 대답하였습니다. 따라서 '신경질 나게 하다(drive each other nuts)'가 문맥상 어울리는 답이 됩니다.

| 필수어휘 |

room together 함께 살다 (live together, cohabit)
usher v. 안내하다 (to take or show where they should go)

"nut" 관련 표현 정리

▷ **nuts** 즐거움을 주는 것(사람) This is the <u>nuts</u> to me.

▷ a hard[tough] **nut** to crack 어려운 문제; 처치 곤란한 일[사람] He is a tough <u>nut</u> to crack.

▷ be **nuts** about ~을 무척 좋아하다 She is <u>nuts</u> about me.

▷ bust one's **nuts** 《미·속어》 전력을 다하다, 노력을 기울이다

▷ go **nuts** 《속어》 미치다

▷ **Nuts!** 말도 안 되는 소리! (Nonsense!)

10 | 출제유형 | idiomatic expression

난이도 ★☆☆ 기출빈도 ★★★

A: Why don't you __________ your pride and go and ask
   him for your job back?
B: I'm reserving judgment until tonight. It's easy to say
   than do.

(a) swallow
(b) brag
(c) soothe
(d) fake

A: 자존심은 좀 죽이고 다시 네가 하던 일을 하겠다고 말하는 게 어
   때?
B: 오늘밤까지는 판단을 보류하려고. 말은 쉽지만, 실제로 그렇게
   하기는 힘들어.

swallow v. 꿀꺽 삼키다, 감수하다 (to accept insults,
criticisms, etc. without complaining or protesting)

정답 (a)

주어진 문제는 필수 idiom을 묻는 문제입니다. 동사 "swallow"는 기본적으로 '꿀꺽 삼키다'라는 기본 의미를 가지고 있습니다. 그러나 "swallow a story or statement"로 쓰이면 '이야기를 완전히 믿다'는 뜻이 되고 "swallow one's pride"로 쓰이면 '자존심을 완전히 삼켜버리다'는 뜻으로서 '굴욕을 감수하다' 정도로 이해하면 됩니다. 대화의 A의 말에서 예전에 일하던 직장에 다시 부탁을 하라고 하였으므로 들어가기에 적절한 동사는 (a)swallow입니다.

| 필수어휘 |

brag v. 자랑하다 (to talk too proudly about something you own or you have done; boast)
soothe v. (i) 달래다 (to make sb who is anxious, upset, etc. feel calmer)
         (ii) 고통을 덜어주다 (to make a tense or painful part of your body feel more comfortable)
fake v. 위조하다 (to make things false appear to be genuine, especially in order to cheat)

11 | 출제유형 | colloquialism

난이도 ★☆☆　기출빈도 ★★☆

A: You look lost color. What's eating you?
B: My toes are really __________ so I'm afraid if I have the athlete's foot.

  (a) smarting
  (b) tingling
  (c) itchy
  (d) piquant

A: 얼굴이 창백하구나. 무슨 문제 있어?
B: 발이 너무 가려워. 혹시 무좀이 있을까 봐 걱정된다.

itchy a. 가려운 (having or producing an itch on the skin)

정답 (c)

 **만점 해설**　주어진 문제는 감각과 관련된 형용사의 의미를 묻는 문제입니다. "itchy"는 신체부위가 가려울 때 쓰는 어휘이며, 전신이 가려울 때에는 "I feel itchy all over."라고 표현합니다. 문제에서는 'athlete's foot(무좀)이 있을까 봐 걱정된다'고 하였으므로 그 증상과 관련된 "itchy"가 정답으로 가장 적절합니다.

| 필수어휘 |

smarting a. 따끔거리는 (to cause someone to feel a stinging pain)
tingling a. 욱신거리는 (a slight stinging feeling)
piquant a. 입맛을 자극하는 (a pleasantly spicy taste)

12 | 출제유형 | colloquialism

난이도 ★☆☆　기출빈도 ★★★

A: I love you. Can't you accept my love and be my main __________ ? I want to get hitched to you someday.
B: Come again. I'm quite hard of hearing.

  (a) drag
  (b) steady
  (c) crop
  (d) squeeze

A: 너를 사랑해. 내 사랑을 받아주고 내 애인이 되어 줄래? 나중에 너와 결혼하고 싶어.
B: 다시 말해 줘. 난 청각 장애가 좀 심해.

squeeze n. 압착, 짜내기 (an act of pressing something)

정답 (d)

 **만점 해설**　주어진 문제는 구어로만 통용되는 slang을 묻고 있습니다. A가 B에게 사랑을 고백하면서 결혼하고 싶어(get hitched)합니다. 따라서 '나의 애인(main squeeze)이 되어달라'는 말이 들어가는 것이 문맥상 가장 적절합니다. "squeeze"는 '꼭 껴안다(hug)'라는 의미가 있지만, "main squeeze"라고 쓰면 주로 껴안는 상대가 되기 때문에 '애인'의 의미가 되기 때문입니다.

| 필수어휘 |

get hitched 결혼하다　　main drag 중심가 (the largest or most important road in a town)
steady n. 정해진 짝(애인)　　main crop 주요 작물

'구혼하다' vs. '결혼하다'

▷ **pop the question**　구혼하다
  ex) Where were you when he <u>popped the question</u>?

▷ **walk down the aisle**　결혼하다
  ex) We will <u>walk down the aisle</u> together.

▷ **take the plunge**　결혼하다
  ex) I decided to <u>take the plunge</u> to her.

▷ **take the fatal step**　청혼하다, 결혼하다 (익살적)
  ex) Do I have to <u>take the fatal step</u>?

A: Nam-il bailed out Korea with an equalizer deep into injury time.

B: Yes, I'm so thrilled at the scene! He's really competent and finally ＿＿＿＿＿＿＿＿＿.

(a) made my day
(b) bite the dust
(c) let off steam
(d) pull strings

A: 연장시간 막판에 남일이가 동점골을 넣어서 한국을 구했어.

B: 응. 나도 그 장면에서 너무 흥분했어! 그는 정말 능력 있는 선수이고 우리를 즐겁게 해 줬어.

make one's day 즐겁게 해 주다 (to make someone happy)

정답 (a)

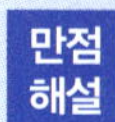 **만점 해설**　주어진 문제는 idiom 의미를 알고 있는지 묻고 있습니다. "make one's day"는 '즐겁게 해 주다'라는 뜻입니다. 대화에서는 김남일 선수가 동점골(equalizer)을 넣어서 한국팀을 구했다(bail out)는 사실을 알 수 있고, 그 장면(at the scene)이 정말 감동적(thrilled)이었다고 말하고 있습니다. 그러므로 '그 선수가 날 즐겁게 해 주었다'는 의미의 내용이 이어지는 것이 문맥상 자연스럽습니다. 따라서 정답은 (a)입니다.

| 필수어휘 |

bite the dust 굴욕을 참다 (to eat humble pie; to pocket an insult)
　　　　　전사하다 (to fail, or be defeated or destroyed)
let off steam 울분을 토하다 (to release energy, strong feelings, etc. by intense physical activity or noisy behavior)
pull strings 배후를 조종하다, 연줄을 이용하다 (to use your influence in order to get an advantage)

make & bite 정리

▷ **make** do　그럭저럭 때우다
: to manage, or operate, on a deprivation level with minimal requirements
ex) During the war we had no butter or coffee, so we had to **make do** without them.

▷ **make** believe　～인 척하다 (pretend; imagine)
: to pretend or to imagine that something is true when it is not
ex) The little girl dressed in a sheet and **made believe** she was a ghost.

▷ **make** ends meet　수지를 맞추다
to manage so that one's means are sufficient for one's needs.
ex) However much he earns, I cannot **make ends meet**.

▷ **bite** the bullet　고통을 참다
: to accept unpleasant and unavoidable consequences as a result of some action
ex) I had to **bite the bullet** and backed down on the demand.

▷ **bite** off more than one can chew　능력을 넘어서는 일을 시도하다
: to attempt something that exceeds one's capacity
ex) In trying to build a house by himself, he **bit off more than he could chew**.

▷ **bite** the hand that feeds one　선을 악으로 갚다
: to repay kindness with malice or injury
ex) When he berates his boss, he is **biting the hand that feeds him**.

14 | 출제유형 | usage
난이도 ★☆☆   기출빈도 ★★★

A: Sweetie, I'm really looking forward to our honeymoon trip to New Caledonia.
B: Me too. We won't be traveling on a shoestring __________ so it'll be a lot fun.

(a) expenditure
(b) estimate
(c) fare
(d) budget

A: 자기야, 난 정말 New Caledonia로 가는 우리의 신혼 여행을 기대하고 있어.
B: 나도 그래. 이번엔 여행 예산이 적지 않아서 아주 재미있는 여행이 될 거야.

budget n. 예산 (the money that is available to a person or an organization and a plan of how it will be spent over a period of time)

정답 (d)

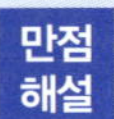 **만점 해설** 주어진 문제는 비슷한 의미를 지니는 어휘의 정확한 용법을 묻는 문제입니다. 대화의 내용상 빈칸에는 shoestring와 어울려 '예산, 경비'의 의미가 오는 것이 적절합니다. expenditure은 경비나 비용을 의미하지만 이미 지출된 경비의 의미일 때 사용합니다. 따라서 '특정한 용도를 위한 경비'를 의미하는 "budget"이 적절합니다.

| 필수어휘 |

expenditure n. 비용 (the act of spending or using money; an amount of money spent)
estimate n. 견적서 (a guess of what the size, value, amount, cost, etc. of something might be)
fare n. 교통비 (the money that you pay for a journey on a vehicle such as a bus or train)

15 | 출제유형 | multisensory word
난이도 ★★★   기출빈도 ★☆☆

A: I'm so worried that David's been __________ one bottle of love potion all evening.
B: Don't be so concerned. He's good at drinking all kinds of liquor.

(a) gulping
(b) downing
(c) nursing
(d) quenching

A: 난 David가 저녁 내내 '사랑의 묘약'을 찔끔찔끔 마시고 있는 게 걱정 돼.
B: 너무 걱정하지 마. 그는 온갖 종류의 음료를 마시는 데 선수거든.

nurse v. 천천히 마시다 (to use, consume, or dispense very slowly or carefully)

정답 (c)

 **만점 해설** 주어진 문제는 쉬운 단어가 가진 다양한 의미를 묻는 문제입니다. "nurse"는 '간호사, 젖을 먹이다'는 기본적인 의미가 있습니다. 그러나 구어로 쓰이면 '술을 찔끔찔끔 마시다'의 의미를 가집니다. 이 문제의 선택지에 있는 단어들은 모두 마신다는 의미를 가지지만 저녁 내내(all evening) 한 병(one bottle)만 마셨다고 하였으므로, 의미상 '찔끔찔끔 마신다'가 어울립니다. 그러므로 정답은 (c) nursing입니다.

| 필수어휘 |

gulp v. 음식을 꿀꺽 삼키다 (to eat or drink food or liquid quickly by swallowing it in large amounts)
down v. 음식을 꿀꺽 삼키다 (to finish a drink or eat something quickly)
quench v. 갈증을 풀다, 만족시키다 (to satisfy a need or desire)

Expressions with "Food"

▷ bolt [gulp (down)] **food** 음식을 허겁지겁 먹다
▷ chew **food** 음식을 씹다
▷ digest **food** 음식을 소화하다
▷ swallow **food** 음식을 삼키다
▷ taste **food** 음식을 맛보다

16 | 출제유형 | idiom

A: I burnt the midnight oil last night for the mid-term exam. And I couldn't sleep a wink.
B: Ah, that's why you came to the class __________. Now you are here, don't be so in a cold sweat.

(a) in the wee hours
(b) like clockwork
(c) in the nick of time
(d) on the ball

A: 중간고사 때문에 어제 밤 늦게까지 공부했어. 그래서 한 숨도 못 잤어.
B: 아, 그래서 학교에 그렇게 아슬아슬하게 온 거구나. 이젠 도착했으니 너무 불안해 하지 마.

in the nick of time 아슬아슬한 시간에 (the last possible moment; just in time)

정답 (c)

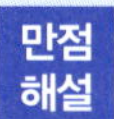

만점 해설 주어진 문제는 부사구로 이루어진 idiom을 묻는 문제입니다. 대화에서 B가 학교에 도착했으니 걱정하지 말라고 말하는 것으로 보아, 빈칸에는 '아슬아슬하게 학교에 도착했다'는 내용이 들어가는 것이 자연스럽습니다. 따라서 "in the nick of time"(아주 아슬아슬한 시간에)이 정답입니다.

| 필수어휘 |

burn the midnight oil 밤새 일하다, 공부하다   cannot sleep a wink 한숨도 못 자다   in the wee hours 아주 이른 새벽에
like clockwork 매끄럽게, 아무 문제없이   on the ball 빈틈없는

17 | 출제유형 | essential adjective

A: Sam was so engrossed in reading magazine that he didn't notice my presence.
B: Probably he'd read __________ articles like private lives of celebrities.

(a) compulsive
(b) apprehensive
(c) repulsive
(d) lurid

A: Sam은 잡지기사 읽느라 정신이 팔려서 내가 옆에 있는지 조차 몰랐어.
B: 아마도 그는 연예인 사생활 같은 흥미진진한 기사를 읽고 있었을 거야.

compulsive a. 관심을 끄는 (something that makes you pay attention to it because it is so interesting and exciting)

정답 (a)

만점 해설 주어진 문제는 형용사의 정확한 의미와 용법을 묻는 문제입니다. Sam이 읽기에 집중 (engrossed in)된 상태이므로, 연예인들의 사생활과 관련된 흥미 있는(compulsive) 기사를 읽고 있다는 내용이 문맥상 자연스럽습니다. "compulsive"는 '강박 관념에 사로잡힌'의 뜻을 갖지만, '책이 사람의 마음을 끈다'는 의미에도 사용합니다. 따라서 이 문제의 정답은 (a)입니다.

| 필수어휘 |

apprehensive a. 우려하는, 염려하는 (feeling anxious about something that you are going to do)
repulsive a. 혐오감을 일으키는 (extremely unpleasant or unacceptable)
lurid a. 섬뜩한 (especially of a description; shocking because involving violence, sex or immoral activity)

18 | 출제유형 | collocation (compound noun)
난이도 ★☆☆　기출빈도 ★★☆

A: Do you believe food __________ are good for our long-term health?
B: Absolutely not. And I think processed foods in general are probably bad for us, not to mention GM goods.

(a) coma
(b) additives
(c) processor
(d) card

A: 식품 첨가제가 장기적으로 우리들의 건강에 좋다고 생각하시나요?
B: 절대 아닙니다. 그리고 유전자 변형식품은 말할 것도 없고 일반적으로 가공된 식품은 우리 건강에 좋지 않습니다.

additives n. 첨가물 (a substance that is added in small amounts to food)

정답 (b)

만점해설 주어진 문제는 복합명사의 의미를 묻는 문제입니다. 'food additives'는 음식에 넣는 첨가물을 말합니다. A는 빈칸의 내용이 장기적으로 봤을 때 건강에 도움이 되는지 묻고 있으므로, 문맥상 적절한 것은 "food additives"입니다. food coma는 '과식한 후에 나타나는 무력감'을 의미하고, food card는 '저소득층에게 주어지는 음식을 구매할 수 있는 쿠폰'을 의미합니다.

| 필수어휘 |
food coma 과식한 후에 나타나는 무력감　food processor 만능 조리 용구

Minary's Tip

"음식"과 관련된 어휘들

▷ **substantial meal** 풍성한 식사 (solid meal, liberal table)

▷ **perishable meal** 상하기 쉬운 음식 (especially of food likely to decay or go bad quickly)

▷ **ready meal** 조리가 다되어 있는 식품 (a meal that you buy already prepared and which only needs to be heated before eating it)

▷ **fresh produce** 신선한 농산물

19 | 출제유형 | colloquialism
난이도 ★☆☆　기출빈도 ★★☆

A: I'm sick of being __________ challenged and want to get back in good shape.
B: Get a gym membership and you will lose your weight soon.

(a) vertically
(b) horizontally
(c) sprightly
(d) flatly

A: 난 이런 뚱뚱한 내 몸에 진저리가 나. 다시 원래의 좋은 몸매로 돌아가고 싶어.
B: 헬스 클럽에 등록해. 그러면 살이 빨리 빠질 거야.

horizontally adv. 수평의 (flat or level; parallel to the ground or to the bottom or top edge of something)

정답 (b)

만점해설 주어진 문제는 일상 생활에서 주로 쓰는 구어적인 표현을 묻는 문제입니다. 최근 들어 'adverb+challenged' 형태의 표현이 많이 쓰입니다. 예를 들어, 장애인을 말할 때, 'physically challenged'라고 합니다. "horizontally challenged"는 '수평의 한계에 도전한다'는 뜻으로 매우 뚱뚱한 사람들을 우회적으로 표현한 것입니다. 대화에서 A가 좋은 몸매(back in good shape)로 돌아가고 싶다고 하였으므로, 정답은 (b)입니다.

| 필수어휘 |
vertically adv. 수직적으로 (going straight up or down from top to bottom in a picture)
sprightly adv. 기운찬 (full of life and energy)
flatly adv. 단호하게 (in a way that is very definite and will not be changed)

A: David is _________ as a DJ at a night club these days.
B: Sounds good. I really envy him. I also need to find one on the side.

(a) exerting
(b) conducting
(c) moonlighting
(d) catering

A: David가 요즘 나이트 클럽에서 아르바이트를 한다더라.
B: 좋겠다. 정말 부러워. 나도 부업거리를 찾고 있거든.

moonlight v. (야간에) 부업을 하다 (to have a second job that you do secretly, usually without paying tax on the extra money that you earn)

정답 (c)

 만점 해설 일상 생활에서 자주 쓰는 구어적인 표현을 묻는 문제입니다. "moonlight"는 '달빛을 받으며 일을 한다' 는 뜻으로 주로 '밤에 부업을 한다' 는 뜻입니다. B가 자신도 역시 부업이 필요하다 (need to find one on the side)고 말합니다. 그러므로 A도 역시 부업을 한다는 사실을 유추할 수 있습니다. 따라서 정답은 (c)입니다

| 필수어휘 |

exert v. (힘, 지식 따위를) 쓰다 (to use something such as authority, power, influence, etc. in order to make something happen)

conduct v. 행동하다 (to behave in a particular way, especially in a public or a formal situation, or to organize the way in which you live in a particular way)

cater v. 공급하다 (to provide, and sometimes serve, food)

21 | 출제유형 | essential verb 난이도 ★★☆ 기출빈도 ★★☆

A: My poor Romy is terminally ill. I heard he's stricken down with cholera.
B: He will be ok. He _________ three divorces and severe landslides. He will get his health back soon.

(a) overcame
(b) survived
(c) reveled
(d) inspired

A: 우리 불쌍한 Romy가 불치병이래. 갑작스럽게 그가 콜레라에 걸렸다고 들었어.
B: 그는 괜찮을 거야. 세 번의 이혼과 극심한 산사태에서도 그는 살아남았어. 건강을 곧 되찾을 거야.

survive v. 살아남다 (to continue to live or exist, especially after coming close to dying or threatening situation)

정답 (b)

 만점 해설 주어진 문제는 필수 동사의 정확한 용법을 묻는 문제입니다. 대화의 흐름상 세 번의 이혼(three divorces)과 격렬한 산사태(severe landslide)를 극복하거나 살아남았다는 의미의 동사가 들어가는 것이 자연스럽습니다. "survive"는 주로 자연재해를 극복하거나 어려운 현실을 이겨나간다는 의미로 자주 사용합니다. "overcome"은 약점(weakness), 유혹(temptation)과 같은 단어와 어울려 '곤란이나 장애를 이겨내다' 라는 뜻으로 쓰입니다.

| 필수어휘 |

cholera n. 콜레라 (serious disease caused by drinking infected water or by eating infected food)
overcome v. 극복하다 (to defeat or succeed in controlling or dealing with something)
revel v. 한껏 즐기다 (to dance, drink, sing, etc. at a party or in public, especially in a noisy way)
inspire v. 고무시키다 (to make someone feel that they want to do something and can do it)

동사 "survive" 관련 예문

▷ We can barely **survive** on our income. 우리는 버는 돈으로 가까스로 살아간다.

▷ He still **survives** all perils. 그는 온갖 위험에서 살아남았다.

▷ She **survived** a shipwreck. 그녀는 조난 사고에서 살아남았다.

▷ She **survived** to tell the tale. 그녀는 살아남아서 이야기를 전했다.

▷ I **survive** on bread and cheese. 우리는 변변치 않은 음식을 먹으며 산다.

▷ Did you hear how Johnson **survived**? Johnson이 어떻게 살아남았는지 들었어?

▷ We are tightening the budget to **survive**. 우리는 살아남기 위해 절약한다.

▷ He **survived** by his wife. 그는 그의 아내보다 오래 살았다.

22 | 출제유형 | idiom

난이도 ★☆☆ 기출빈도 ★★★

A: That garbage smells terribly stink. It's
_________ my stomach.
B: You're right. That stench really makes me feel
throwing up, too.

(a) turning
(b) settling
(c) lying
(d) staying

A: 쓰레기 냄새가 너무 역겨워. 구역질이 날 것 같아.
B: 맞아. 악취 때문에 나도 토할 것 같아.

turn v. 뒤집다 (to (cause to) change the direction in
which you are facing or moving)

정답 **(a)**

만점 해설 주어진 문제는 기본동사 "turn"과 함께 쓰이는 idiom을 묻는 문제입니다. A가 쓰레기 냄새가 역겹다(stink)고 하였으므로 그로 인한 증상이 어떻다고 말하는 것이 논리적으로 자연스럽습니다. 'turn one's stomach'는 '속을 뒤집어 놓다'라는 의미이므로 정답은 (a)입니다. "feel queasy, feel nausea"도 '속이 메스껍다'라는 의미로 자주 쓰이는 표현들이므로 함께 기억해 둡시다.

| 필수어휘 |

throw up 토하다 (to feel sick at the stomach, vomit)

'stomach' 관련 표현정리

▷ settle the **stomach** 구토를 가라앉히다

▷ an empty **stomach** 공복

▷ a full **stomach** 만복

▷ a queasy **stomach** 위가 메슥거림

▷ a sick **stomach** 위가 안 좋음

▷ a sour **stomach** 속 쓰림

▷ a strong **stomach** 튼튼한 위

▷ an upset **stomach** 탈이 난 위

▷ a weak **stomach** 약한 위장

23 | 출제유형 | colloquialism

난이도 ★★★ 기출빈도 ★☆☆

A: __________ up your phone with a new mobile phone cover. It's worth it.
B: Yeah, I want my phone splendid.

(a) Drape
(b) Embroider
(c) Wrap
(d) Tart

A: 새로운 휴대폰 커버로 네 전화기를 장식해 봐. 충분히 가치 있는 것 같아.
B: 응, 나도 내 휴대폰이 근사했으면 좋겠어.

tart up 치장하다 (to make something look more attractive or decorative, usually by making very quick or very obvious changes)

정답 (d)

 **만점 해설** 주어진 문제는 구어로 자주 쓰는 phrasal verb(구동사)를 묻고 있습니다. "tart"는 형용사로는 '시큼한(sour)'이라는 뜻이지만 동사로는 '치장하다(decorate by putting jewel)'라는 뜻으로 쓰입니다. B가 자신의 휴대폰이 근사했으면(splendid) 좋겠다고 말했으므로 A가 폰 커버로 꾸며보라(tart up)고 내용이 문맥상 자연스럽기 때문에 정답은 (d)입니다.

| 필수어휘 |

drape v. (의류, 포장 등으로) 넉넉하게 덮다, 걸치다 (to put something such as cloth or a piece of clothing loosely over something)

embroider v. 수놓다 (to decorate cloth or clothing with patterns or pictures consisting of stitches that are sewn directly onto the material)

wrap v. ~을 싸다, 포장하다 (to cover or enclose something with paper, cloth or other material)

24 | 출제유형 | collocation

난이도 ★☆☆ 기출빈도 ★★★

A: We can offer you job satisfaction and __________ benefits.
B: Are you saying I'm already hired?

(a) generous
(b) fertile
(c) bountiful
(d) marginal

A: 직업에서 얻는 만족감과 급여 외에 다양한 혜택을 제공해 드릴 수 있습니다.
B: 그 말씀은 제가 이미 고용되었다는 건가요?

generous benefits 부가적인 혜택 (extra things that an employer gives you as well as your wages; fringe benefits)

정답 (a)

 **만점 해설** 주어진 문제는 비즈니스 관련 문서에서 자주 볼 수 있는 표현을 묻고 있습니다. "generous benefits"은 일반적으로인 의미로 월급 외에 제공되는 부가적인 혜택 예컨대, 자동차, 연금, 보험 등을 통칭할 때 쓰입니다. fringe benefits도 자주 쓰이는 표현입니다. A가 job satisfaction과 대응되는 혜택을 제공할 수 있다고 하였으므로 "generous benefits"(부가혜택)가 정답이 되겠습니다.

| 필수어휘 |

fertile a. 비옥한, 기름진 (describing land that can produce a large number of good quality crops)
bountiful a. 풍부한 (a large amount)
marginal a. 최저한의 (very small in amount or effect)

"복지 & 부수입" 관련 어휘

▷ **perquisite** 직무에서 생기는 임시 수입, 부수입 (something to which someone has a special right because of their social position)

▷ **fringe benefits** 후생 복지, 복리후생 (one gets from one's employer in addition to wages or salary)

25 | 출제유형 | multisensory word

난이도 ★☆☆　기출빈도 ★★☆

A: If I remember correctly, you also bought the washer, right? Mine broken down after only two month.
B: Really? Mine is still in __________ condition.

(a) squalid
(b) delicate
(c) sanitary
(d) mint

A: 내가 정확하게 기억하는 거라면, 너도 나랑 같은 세탁기를 샀어, 그렇지? 내가 산 것은 두 달 만에 고장이 나 버렸어.
B: 정말이야? 내가 산 것은 여전히 새 것 같아.

mint condition a. 새로운, 아직 사용하지 않은 (something that is new has been recently created or has not been used)

정답 (d)

만점 해설　주어진 문제는 다양한 의미를 가지는 단어의 문맥적 의미를 묻는 문제입니다. "mint"는 동사로 '화폐를 주조하다', '새 말을 만들어낸다'는 뜻으로 주로 쓰입니다. 그러나 형용사로 쓰일 때에는 '새로운, 아직 사용되지 않은'의 의미로 "state, condition"과 함께 쓰여서 '새 것과 같은 상태'를 의미합니다. 문제에서 A가 자신의 세탁기(washer)는 고장이 났다고 하였으므로, B는 여전히 새 것과 다름없다고 말하는 것이 적절합니다.

| 필수어휘 |

squalid condition 비참한 환경　　delicate condition 임신 중인, 몸이 허약한　　sanitary condition 위생적인 상태

"mint"의 의미

▷ **a mint of** money　거액의 돈
▷ **mint** a coin　새로운 동전을 만들어내다
▷ in **mint** state　갓 발행된, 아직 사용되지 않은

26 | 출제유형 | essential adverb

난이도 ★☆☆　기출빈도 ★★★

Miso networks were designed __________ to meet the needs of frequent travelers.

(a) squarely
(b) exclusively
(c) shortly
(d) gingerly

Miso 네트워크는 전적으로 단골 여행객들의 필요를 충족시키기 위해서 만들어졌다.

exclusively adv. 오로지 (not admitting of something else; incompatible: mutually exclusive plans of action)

정답 (b)

만점 해설　주어진 문제는 빈칸에 들어갈 수 있는 적절한 부사를 묻고 있습니다. 문맥상 빈칸 앞의 designed가 아닌 빈칸 뒤의 내용을 꾸며 주는 것이 자연스럽기 때문에 '독점적으로'라는 의미를 가지며 주로 뒤에 나오는 내용을 꾸며주는 부사인 (b) exclusively가 적절합니다. 즉, 이 문장은 부사 exclusively가 "to meet the needs"를 꾸며 '오직 단골 여행객들(frequent travelers)의 필요를 채워준다'는 의미가 됩니다.

| 필수어휘 |

squarely adv. 정직하게 (with straightforward manner; to face a problem squarely)
shortly adv. 곧 (in a short time; soon; briefly; concisely)
gingerly adv. 조심스럽게 (with great care or caution; warily)

27 | 출제유형 | confusing word

난이도 ★☆☆ 기출빈도 ★★☆

Walks around the block, push-ups during a coffee __________ or stretches at your desk can give you a much-needed little boost.

(a) intermission
(b) respite
(c) break
(d) rest

휴식 시간에 거리를 산책하거나 팔굽혀펴기를 하거나 또는 책상에 앉아서 하는 스트레칭을 하는 것은 당신에게 활력을 줄 수 있다.

break n. 휴식 (a pause, interval or interruption in some ongoing activity or situation)

정답 (c)

 **만점 해설** 주어진 문제의 보기 (a)~(d)는 모두 '휴식'이라는 의미를 지닌 단어입니다. 따라서 빈칸 앞의 coffee와 어울려서 쓸 수 있는 적절한 단어를 찾아야 합니다. "coffee break"가 '휴식 시간' 또는 '차 마시는 시간'을 의미하므로 정답은 (c) break가 됩니다.

| 필수어휘 |

boost n. 격려, 지지 (something that helps to improve, strengthen, or encourage somebody or something)
intermission n. 막간의 휴식 (a short interval between the acts of a play or parts of a public performance)
respite n. 일시적 중지 (a delay or cessation for a time, esp. of anything distressing or trying)
rest n. 휴식 (a state or period of refreshing freedom from work, activity)

"휴식" 관련 표현 정리

▷ **take a breather** 잠깐 숨을 돌리다
▷ **take a good rest** 충분한 휴식을 취하다
▷ **take a recess** 휴회하다
▷ **take a respite from work** 잠깐 휴식을 취하다

28 | 출제유형 | essential noun

난이도 ★★☆ 기출빈도 ★★★

Defense counsel made motions to set-aside the __________ as excessive and for a new trial, but the motions were denied.

(a) engagement
(b) misdemeanor
(c) verdict
(d) issue

피고측 변호인은 그 평결이 지나치게 과도한 것으로서 파기하고 새로운 재판을 위하여 의견을 내었지만 제안들은 받아들여지지 않았다.

verdict n. 평결 (the finding or answer of a jury given to the court concerning a matter submitted to their judgment)

정답 (c)

 **만점 해설** 주어진 문제는 "counsel, trial" 등으로 볼 때 기본적인 법률 용어에 대한 지식이 있어야 쉽게 정답을 골라낼 수 있습니다. 우선 "make motions"는 '행동을 취하다'라는 의미에서 파생하여 '의견을 내다, 제안하다'라는 뜻으로 주로 공식적인 회의나 모임에서 쓸 수 있는 표현입니다. "set-aside"는 일반적으로 '비축하다'라는 의미로 쓰이지만 법정에서는 '판결을 무효로 하다, 파기하다'라는 의미로 쓰입니다. 따라서 빈칸 뒤에서 'excessive(과도한)하기 때문에 무엇인가를 무효로 해야 한다'고 주장하는 의미가 되어야 하므로 (c)verdict(평결)이 정답입니다.

| 필수어휘 |

defense counsel 피고측 변호사

make motions 제안하다

set-aside 파기하다 (to prevail over; discard; annul)

deny v. 거절하다, 받아들이지 않다 (to not allow someone to have or something; to deny a petition)

engagement n. 계약 (employment, or a period or post of employment)

misdemeanor n. 경범죄 (an instance of misbehavior; misdeed)

issue n. 문제, 쟁점 (a subject for discussion or argument)

"verdict" 관련 표현 정리

▷ announce
bring in
deliver　　　+　a **verdict** of　~라는 평결을 내리다
hand down
render

▷ pass one's **verdict** upon　~에 판정을 내리다
▷ quash a **verdict** 평결을 파기하다

29 | 출제유형 | essential verb

난이도 ★★☆　기출빈도 ★★☆

It suddenly __________ on me that I was being rewarded for having worked so hard at the warehouse, although my motive was simply to hold on to my job.

(a) occurred
(b) dawned
(c) struck
(d) spotted

나의 순수한 동기는 단지 직장에 붙어있는 것이지만, 창고에서 열심히 일했기 때문에 보상받는 것이라는 생각이 문득 들었다.

dawn v. 점점 분명해지다, 이해되기 시작하다 (to become known or obvious)

정답 (b)

만점 해설　주어진 문제의 빈칸은 문맥상 '생각이 떠오르다' 라는 정도의 표현이 들어가는 것이 무난하므로 occur와 strike란 단어를 생각해 볼 수 있습니다. 그러나 동사 "occur"는 전치사 to와 함께 쓰여 '머리에 떠오르다' 라는 의미로 쓰이며, "strike"는 전치사 없이 '생각이 나다' 라는 의미로 쓰입니다. 따라서 정답은 전치사 on과 함께 쓰일 수 있는 (b)dawned가 됩니다.

| 필수어휘 |

warehouse n. 창고, 큰 상점 (a building, or a part of one, for the storage of goods, merchandise)

occur v. 생각이 떠오르다 (to come into somebody's mind)

strike v. 생각이 떠오르다 (to enter somebody's mind or occur to somebody, especially suddenly)

spot v. 발견하다 (to see or notice someone or something, usually because you are looking hard)

30 | 출제유형 | logic
난이도 ★★☆ 기출빈도 ★★☆

Dr. Hippocrates' death came amid an investigation into a bribery scandal that had __________ his reputation.

(a) polished
(b) understated
(c) tarnished
(d) endangered

히포크라테스 박사의 죽음은 그의 평판에 먹칠을 한 뇌물 스캔들 사건을 조사하는 과정에서 발생하였다.

tarnish v. 더럽히다 (to spoil the reputation of someone or something; stain; sully)

정답 (c)

만점 해설 주어진 문제는 기본 동사를 이용하여 간단한 논리력을 측정하는 문제입니다. 이 문장에서 that은 a bribery scandal을 선행사로 하는 주격 관계대명사 입니다. 그리고 그것이 그의 평판을 어떻게 했는지 묻고 있습니다. 문맥상 '뇌물 스캔들이 그의 reputation을 더럽혔을(tarnish)것' 이라는 내용이 자연스럽기 때문에 정답은 (c)tarnished 입니다.

| 필수어휘 |

investigation n. 조사 (a searching inquiry for ascertaining facts; detailed or careful examination)
bribery n. 뇌물 수수 행위 (the act of practice of giving or accepting a bribe)
polish v. 광내다 (to make smooth and glossy, esp. by rubbing of friction)
understate v. 과소평가하다 (to state or represent less strongly or than the facts would bear out)
endanger v. 위험에 빠뜨리다 (to expose to danger; imperil)

"tarnish" 유래
tar = dar(어두운)에서 유래하였습니다. "tarnish"는 기본적으로 '흐리게 하다, 변색시키다' 라는 의미로 쓰입니다. 그러나 추상적인 의미로 확대되면서, (명예나 가치)를 '더럽히다' 라는 의미까지 가지게 되었습니다.

31 | 출제유형 | idiomatic expression
난이도 ★☆☆ 기출빈도 ★★★

They were fully aware that having bad luck and liabilities can be a blessing in __________.

(a) trick
(b) deception
(c) pretense
(d) disguise

그들은 불운과 빚이 불행처럼 보이지만, 실제로는 행복이 될 것이라는 사실을 확실히 알고 있었다.

disguise n. 변장, 위장 (the state of being disguised)

정답 (d)

만점 해설 주어진 문제는 관용적인 표현을 묻고 있으며, "a blessing in disguise"는 '겉으로 보기에는 불행처럼 보이지만 실제로는 행운을 가져오는 일' 을 의미하며 실생활에서 자주 쓰이는 표현입니다. 실제 TEPS에서 출제되었던 문제이므로 다시 한번 기억해 둡시다. 보기에 주어진 단어들 모두 '속임수, 가식' 의 의미를 갖지만, "blessing"과 어울리는 것은 "disguise"이므로 정답은 (d)입니다.

| 필수어휘 |

liability n. 빚 (liabilities, a. moneys owed; debts or pecuniary obligations)
trick n. 속임수 (a crafty or underhanded device, maneuver or intended to deceive or cheat)
deception n. 속임수 (the act of deceiving; the state of being deceived)
pretense n. 겉치레, 가식 (pretending or feigning; make-believe)

32 | 출제유형 | essential verb

난이도 ★☆☆ 기출빈도 ★★☆

Cooler temperatures high in the air make water vapor __________ and then water droplets collect on dust particles to form clouds.

(a) dissolve
(b) vanish
(c) condense
(d) dehydrate

높은 공기 중에서 온도가 차가워진 공기는 수증기를 작은 물방울로 응축하고, 그 작은 물방울들은 구름을 만들기 위해 먼지 입자로 모인다.

condense v. 압축하다 (to make more dense or compact; reduce the volume or extent of; concentrate)

정답 (c)

만점 해설 주어진 문제는 지구과학에 대한 기본적인 지식이 있어야 풀 수 있는 문제입니다. 구름이 만들어지기 위해선 공기 중의 온도가 차가워져야 하고, 일정한 온도에 도달하면 그 수증기들이 응결되어 작은 물방울을 이루고 이 물방울들이 먼지와 섞여야 합니다. 문맥상 공기 중의 수증기를 작은 물방울로 "압축하다"는 의미가 가장 자연스럽기 때문에 정답은 (c)condense입니다.

| 필수어휘 |

particle n. 극소량, 입자 (a minute portion, piece, fragment, or amount; a tiny or very small bit)
dissolve v. 녹이다 (to make a solution of, as by mixing with a liquid; pass into solution)
vanish v. 사라지다 (to disappear from sight, esp. quickly; become invisible)
dehydrate v. 탈수시키다 (to deprive a chemical compound of water or the elements of water)

"condense" 의미

con + dense 농축하다, 응축하다

▷ **condense** milk   우유를 농축하다

▷ **condense** a gas to a liquid   기체를 액체로 응축하다

▷ **condense** a paragraph into a single sentence   하나의 단락을 한 문장으로 요약하다

33 | 출제유형 | essential adjective

난이도 ★☆☆ 기출빈도 ★★☆

General Willy's story of his rise from obscurity and poverty to a(n) __________ place in history was a fascinating educational experience for me.

(a) esteemed
(b) shabby
(c) overt
(d) reprehensible

역사상 미천함과 가난함으로부터 존중 받는 위치에까지 오른 Willy 장군의 출세 이야기는 나에게 있어선 매혹적일 정도로 교육적인 경험이었다.

esteemed a. 존중받는 (to be regarded highly or favorably; regard with respect or admiration)

정답 (a)

만점 해설 주어진 문제는 우리가 자주 접하게 되는 필수 형용사의 의미를 묻고 있습니다. 문제에서 미천함(obscurity)과 가난함(poverty)에서 어떤 위치로 상승(rise)하였다고 하였으므로, 의미상 긍정적인 뉘앙스를 가지는 단어를 찾아야 하므로 (a) esteemed가 정답으로 가장 적절합니다.

obscurity n. 미천한 신분 (the state or quality of being obscure), 불확실함 (the condition of being unknown)

poverty n. 가난 (the state or condition of having little or no money, goods, or means of support; condition of being poor; indigence)

fascinating a. 황홀한 (of great interest or attraction; enchanting; charming; captivating)

shabby a. 초라한 (impaired by wear, use, etc.; worn: shabby clothes)

overt a. 명백한 (open to view or knowledge; not concealed or secret: overt hostility)

reprehensible a. 비난할 만한 (deserving of reproof, rebuke, or censure; blameworthy)

'존경' 관련 단어 뉘앙스 구별

▷ **respect** (대상이 되는 사람의 의지, 생각, 약속 등을) 존중하다, 경의를 표하다
ex) I **respect** him as a great teacher.

▷ **esteem** (마음으로부터) 공경하다
ex) The mayor is highly **esteemed** for his honesty.

▷ **admire** (더 강한 마음으로 애정을 품고 있음을 암시하며) 존경하다
ex) I **admire** him for his patience.

▷ **honor** (주로 공개적인 예식 등을 행하여 사람의 명예를 인정하고) 존경하다
ex) We **honor** the scientist for his achievements.

▷ **revere** (마음에서 우러나오는 깊은 공경심을 갖고) 존경하다
ex) Christians **revere** their God.

34 | 출제유형 | logic

난이도 ★☆☆ 기출빈도 ★★★

Successful people look upon the setbacks that occur from time to time as possible opportunities for the future rather than as permanent __________.

(a) eminence
(b) stages
(c) reverses
(d) alternative

성공한 사람들은 때때로 일어나는 실패들을 영원한 패배라기 보다는 미래를 위해 일어날 수 있는 기회들이라고 생각한다

reverse n. 패배, 실패 (a loss or defeat; a change from success to failure)

정답 (c)

만점 해설 주어진 문제는 문장 구조를 통해서 빈칸에 들어갈 수 있는 적절한 어휘가 무엇인지 묻고 있습니다. 문장을 보면, "successful(긍정), setbacks(부정) opportunities(긍정) rather than _______(부정)"입니다. 따라서 빈칸에는 "setback"의 의미를 지니는 부정적인 뉘앙스를 지니는 단어가 들어가는 것이 적절하므로 '불운이나 실패'의 뜻을 가지는 (c)reverses가 적절합니다.

| 필수어휘 |

setback n. 실패 (a defeat or failure)

occur v. 발생하다 (to happen; take place; come to pass)

permanent a. 영원한 (existing perpetually; everlasting, esp. without significant change)

reverse(s) n. 불운, 실패 (a defeat or failure)

eminence n. 탁월함 (high station, rank, or repute)

stage n. 단계, 무대 (a single step or degree in a process; a particular phase, period, position)

alternative n. 대안, 양자택일 (a choice limited to one of two or more possibilities, the selection of which precludes any other possibility)

'실패' 관련 표현정리

▷ be baffled in　　▷ draw a blank　　▷ filzzle out

▷ bite the dust　　▷ drop the ball　　▷ go awry

▷ blot one's copybook　　▷ fall flat　　▷ go belly up

▷ come a cropper　　▷ fall to the ground　　▷ lay an egg

▷ crash and burn　　▷ fall through　　▷ miss the bus

35 | 출제유형 | logic

난이도 ★☆☆　기출빈도 ★★★

Controlling your life requires you to __________ negative impulses and express those that are positive, even if they relate to low-level or menial undertakings.

(a) poise
(b) repress
(c) prompt
(d) diminish

당신의 인생을 통제한다는 것은 부정적인 충동들을 억제하고 그러한 감정들이 비록 낮은 수준의 사소한 일들과 관련되어 있을지라도 긍정적인 마음을 표현하는 것이다.

repress v. 억제하다 (to press again or anew; not allow something, especially feelings, to be expressed)

정답 (b)

만점 해설　주어진 문제는 필수 동사를 활용한 논리적 사고를 할 수 있는지 묻는 문제입니다. 긍정적인 마음이나 태도를 드러내는 것 (express those that are positive)과 부정적인 충동을 억제 (repress)하는 것은 and로 연결되어 대등한 관계에서, 인생을 통제하기 위해 꼭 필요한 요소임을 추론할 수 있습니다.

| 필수어휘 |

impulse n. 충동 (the influence of a particular feeling, mental state, etc)
menial v. 사소한 (thing are not important)
undertaking n. 업무 (a task, enterprise, etc., undertaken)
poise v. 균형을 유지하다 (to adjust, hold, or carry in equilibrium; balance evenly)
prompt v. 촉진시키다 (to move to act; spur; incite)
diminish v. 줄이다 (to make or cause to seem smaller and less; lessen; reduce)

36 | 출제유형 | essential verb

난이도 ★★★　기출빈도 ★★☆

Health facilities will become __________ with patients and there would be less-than-adequate staffing, as medical health professionals fall ill themselves.

(a) squeezed
(b) suffice
(c) depleted
(d) overrun

의료 건강 전문가들이 병이 나면, 보건 시설들은 환자들로 가득 찰 것이고, 직원 수도 충분하지 않을 것이다.

overrun v. 들끓다 (spread rapidly and infest something)

정답 (d)

만점해설 주어진 문제는 비슷한 뉘앙스를 띠는 필수 동사들의 용법을 구분할 수 있는지 묻고 있습니다. "overrun with"는 '~로 들끓는다' 는 뜻으로 문맥상 '보건 시설들이 환자로 가득 찰 것' 이라는 의미가 됩니다. 따라서 정답은 (d)입니다.

| 필수어휘 |

facilities n. 편의시설 (something designed, built, installed to serve a specific function affording a convenience or service)

squeeze v. 압박하다, 밀어 넣다 (to press forcibly together; to compress)

suffice v. 충분하다 (to be enough or adequate, as for needs, purposes, etc)

deplete v. 고갈시키다 (to decrease seriously or exhaust the abundance or supply of)

37 | 출제유형 | idiomatic expression

난이도 ★★★   기출빈도 ★★☆

But there is a need to keep __________ on the movement of short-term floating money into the real estate market because housing prices could sharply rise if home-backed loans jump.

(a) stamps
(b) tabs
(c) labels
(d) tags

하지만 주택 담보 대출금이 증가할 경우 주택 비용이 급상승할 수 있기 때문에, 부동산 시장으로 흘러 들어가는 단기 유동성 자금의 움직임을 예의주시할 필요가 있다.

keep tabs on ~을 주시하다 (to monitor carefully)

정답 **(b)**

만점해설 주어진 문제는 문맥상 빈칸에 들어가기에 적절한 표현을 묻고 있습니다. 빈칸 앞과 뒤의 단어를 통해서 들어갈 수 있는 어휘를 유추해야 합니다. 문장을 보면, 'home-backed loan의 증가가 hosing price의 증가를 가져올 수 있기 때문에, 자금의 흐름에 대해 예의주시해야 한다' 는 내용이므로 '~을 주시하다' 는 뜻으로 자주 쓰이는 "keep tabs on"이 적절합니다. 따라서 정답은 (b)tabs입니다.

| 필수어휘 |

floating a. 유동적인 (not fixed in one position, place or level)

label n. 표시, 브랜드 (a slip of paper, cloth, or other material, marked or inscribed, for attachment to something to indicate its manufacturer, nature, ownership, destination, etc)

tag n. 꼬리표, 번호판 (a piece or strip of strong paper, plastic, metal)

"tab" 관련 표현

▷ keep **tabs** on 《구어》 계산하다; 감시하다; 주의하다

▷ pick up the **tab** 《미 · 구어》 셈을 치르다, 값을 지불하다

▷ put the **tab** on 《미》 칭찬하다

▷ raise the **tab** for 《구어》 부담을 증대시키다

▷ throw up a **tab** 《미 · 구어》 빚을 자꾸 지다

38 | 출제유형 | multisensory noun

난이도 ★★☆   기출빈도 ★★☆

If the guy has 80 percent of what you want and potential to grow the extra 20 percent, you need to _________ that guy up because he is good to go.

(a) bag
(b) retain
(c) defile
(d) appease

만약 그 사람이 당신이 원하는 것의 80퍼센트 정도를 가지고 있고 나머지 20퍼센트를 더 나아갈 잠재력이 있다면, 그는 순조롭게 나아갈 것이기 때문에 당신은 그를 붙들어야 한다.

bag v. 차지하다 (to get something before other people have a chance to take it)

정답 (a)

 **만점 해설** 주어진 문제는 기본 단어의 다양한 의미를 묻고 있습니다. 문장에서 "because"이하를 보면 그 사람이 앞으로 잘 될 사람이기 때문에, 당신은 그 사람을 놓치지 말아야 한다고 말하는 것이 논리적으로 자연스럽습니다. 따라서 "retain"도 '간직하다' 라는 의미이지만 이는 사람보다는 주로 사물에 쓰이므로 정답은 (a)bag(차지하다)가 적절합니다.

| 필수어휘 |

retain v. 간직하다 (to continue to hold or have something)
defile v. 더럽히다 (to make foul, dirty, or unclean; pollute; taint; debase)
appease v. 달래다 (to bring peace, quiet; satisfy, allay, or relieve; assuage)

39 | 출제유형 | essential adjective

난이도 ★☆☆   기출빈도 ★★☆

The United Nations is demanding full access to refugee camps that are home to an _________ quarter of a million people fleeing from war in Sri Lanka.

(a) subsequent
(b) temporary
(c) estimated
(d) equivalent

UN은 스리랑카에서의 전쟁으로부터 피난 간 25만 명 정도로 추산되는 사람들의 근거지인 난민촌에 충분히 접근할 것을 요구하고 있다.

estimated a. 대략적인, 추정되는 (to be calculated approximately)

정답 (c)

 **만점 해설** 주어진 문제는 수량과 관련된 형용사의 의미를 묻고 있습니다. 문제의 빈칸 뒤의 "quarter of a million"은 100만 명의 1/4이므로 25만 명이 됩니다. 그러나 문맥상 이 숫자는 정확한 것이 아니라 추정되는 것일 뿐이므로, 정답은 (c)estimated(추정되는)가 가장 적절합니다.

| 필수어휘 |

flee v. 도망치다 (to run away from; evade, escape, avoid, shun)
subsequent a. 뒤이은 (occurring or coming later or after)
temporary a. 일시적인 (lasting, existing, serving, or effective for a time only)
equivalent a. 동등한 (equal in value, measure, force, effect, significance)

"추측" 관련 표현 정리

▷ **rule of thumb** 어림 짐작

▷ **be mere guesswork** 추측에 지나지 않다

▷ **Your guess hit the mark [bull's eye].**
   You hit the spot with that guesswork.
   추측이 들어 맞다

▷ **His speculation was wide of the mark.**
   추측이 빗나갔다

▷ **Give me a wild guess. / Take a guess.**
   대충 추측해 보다

▷ **a ballpark estimate** 거의 근접한 견적

▷ **ballpark figure** 대략적인 수치

40 | 출제유형 | confusing word

While the swine flu raises public-health alarms globally, the prognosis for the world economy will not good if the outbreaks mutate into a __________.

(a) hygiene
(b) endemic
(c) epidemic
(d) pandemic

돼지 독감이 전 세계적으로 공중 위생의 경각심을 일깨우고는 있지만, 만약 질병의 발병이 전국적인 유행병의 단계로 변화한다면 세계 경제의 예후는 좋지 않을 것이다.

pandemic n. 전국적인 유행병 (a disease which is prevalent throughout an entire country, continent or the whole world)

정답 (d)

만점 해설 주어진 문제는 최근 유행하고 있는 전염병과 관련된 용어를 정확하게 이해하고 있는지 묻고 있습니다. "swine flu"가 어떠한 상태로 변하게 되면 "the world economy will not good"으로 된다고 하였으므로, 전세계적인 경제에 영향을 미칠 수 있는 것을 의미하는 단어가 빈칸에 와야 합니다. 따라서 정답은 대륙간 이동하는 대유행병인(전국적인 유행병인) (d)pandemic이 적절합니다.

| 필수어휘 |

prognosis n. 예후 (a forecasting of the probable course and outcome of a disease, esp. of the chances of recovery)
outbreak n. (질병의) 발발 (a sudden beginning of something, especially of a disease or something else dangerous or unpleasant)
mutate v. 변화하다 (to be developed into different characteristics as the result of a change in its genes)
hygiene n. 위생 (conducive to good health; healthful; sanitary)
endemic n. 풍토병 (an disease exclusively or confined to a particular place)
epidemic n. 전염병 (a temporary prevalence of a disease)

"전염병" 관련 어휘 정리

pandemic	**pan+demic** **(= all+people)**	(of a disease) prevalent throughout **an entire country, continent, or the whole world**
epidemic	**epi+demic** **(= among+ people)**	spreading rapidly and extensively by infection and **affecting many individuals in an area** or a population at the same time
endemic	**en+demic** **(= in + people)**	belonging **exclusively or confined to a particular place**

41 | 출제유형 | essential verb

I contacted a variety of experts and __________ ideas from other parents of children with megalomania where there's quite a network.

(a) solicited
(b) refuted
(c) rescind
(d) sterilized

나는 다양한 전문가들과 연락하였고 꽤나 조직이 잘 갖추어진, 과대망상증을 앓고 있는 자녀들의 다른 부모들에게서 견해를 구했다.

solicit v. 간청하다 (to seek for something by entreaty, earnest or respectful request)

정답 (a)

 **만점 해설** 주어진 문제는 필수적으로 알아야 할 동사의 용법을 묻고 있는 문제입니다. 빈칸에 들어갈 적절한 동사를 고르는 것의 단서는 문장의 "contact"입니다. 문맥상, 내가 전문가에게 연락한 이유는 "idea"가 필요하기 때문이므로 '견해를 구하다' 라는 표현이 되어야 자연스럽습니다. 따라서 정답은 (a) solicited가 됩니다.

| 필수어휘 |

megalomania n. 과대망상증 (a symptom of mental illness marked by delusions of greatness, wealth)

refute v. 반박하다 (to prove to be false or erroneous, as an opinion or charge)

rescind v. 무효로 하다 (to invalidate a measure by an action or a higher authority)

sterilize v. 불임으로 만들다 (to destroy the ability of a person or animal to reproduce by removing the sex organs or inhibiting their functions)

42 | 출제유형 | collocation

난이도 ★☆☆   기출빈도 ★★★

I've compiled __________ list of tips for parents who might be ready to hit the beach and test the waters during Autism Awareness Month.

(a) trenchant
(b) exhaustive
(c) contentious
(d) compendious

나는 자폐증 이해 기간의 달 동안에 해변에 놀러 가서 사정을 살펴야 할 부모들을 위한 조언들을 총망라한 자료를 수집하였다.

exhaustive a. 총망라한 (comprehensive or very thorough; complete)

정답 **(b)**

 **만점 해설** 주어진 문제는 "형용사+명사"로 이루어진 collocation을 묻고 있습니다. "exhaustive"는 exhaust(고갈시키다)에서 파생된 형용사입니다. 우리가 주로 알고 있는 '고갈시키는' 이라는 뜻 외에 '철저한, 총망라한' 이라는 의미로 자주 쓰입니다. 따라서 "exhaustive list"는 관련된 정보가 거의 다 포함된 목록을 의미한다는 것을 기억해 둡시다.

| 필수어휘 |

compile v. 모으다, 종합하다 (to bring things together from various places to form a whole)

trenchant a. 효과 있는 (effective; energetic; a trenchant policy of political reform)

contentious a. 다투기 좋아하는 (tending to argument or strife; quarrelsome)

compendious a. 간결한 (containing or stating briefly and concisely all the essentials; succinct)

collocation: "형용사+명사"

▷ **tight budget** 빠듯한 예산

▷ **steady income** 꾸준한 수입

▷ **juvenile crime** 청소년 범죄

▷ **irrefutable proof** 반박할 수 없는 근거

▷ **ground breaking research** 획기적인 연구

▷ **brisk business** 활발한 사업

▷ **tentative explanation** 잠정적인 설명

▷ **full houses** 좌석이 꽉 찬

난이도 ★☆☆　기출빈도 ★★☆

The White House isn't blocking a commission to be formed to look into Wall Street's __________ of judgment that led to the economic collapse, but not empowering it with real teeth.

(a) maturity
(b) endorsements
(c) lapses
(d) criteria

백악관은 경제의 붕괴를 가져온 Wall Street의 판단 실수를 조사하기 위한 위원회가 만들어지는 것을 막지는 않지만, 그 위원회에 실질적인 힘을 실어주는 것은 아니다.

lapse n. 실수 (a slip or error, often of a trivial sort; failure: a lapse of memory)

정답 (c)

만점 해설 주어진 문제는 시험에 자주 등장하는 익숙한 단어의 의미를 묻고 있습니다. 빈칸 뒤의 문장에서 경제를 붕괴상태로 이끈 것(that led to the economic collapse)은 Wall Street의 판단 착오 혹은 실수 임을 짐작할 수 있습니다. 따라서 빈칸에 들어가기에 적절한 것은 '실수'의 의미를 갖는 (c)lapse입니다. 이 외에도 '권리의 소멸, 일탈' 등의 의미로도 자주 쓰인다는 것도 기억해 둡시다.

| 필수어휘 |

commission n. 위원회 (a group of persons authoritatively charged with particular functions)
collapse v. 붕괴하다 (to fall or cave in; crumble suddenly)
empower v. 힘을 불어넣다 (to give power or authority to; authorize)
teeth n. 위력, 맹위 (effective force or power)
maturity n. 성숙함 (the state of being mature; ripeness)
endorsement n. 승인 (approval or sanction)
criteria n. 기준 (a standard of judgment or criticism; a rule or principle for evaluating or testing something)

"lapse" 관련 정리

1. lapse의 어원은 'slip (실수하다, 무너지다)' 이고, collapse는 '함께 무너지다' 는 뜻이다.
2. lapse는 명사로 '도덕적 해이'를 뜻하기도 한다. 'a moral lapse(타락)'
3. 법과 관련하여 lapse는 'expiration(권리의 소멸)', 'termination(종료)'를 뜻한다.
4. lapse가 동사로 쓰일 때에는 다음과 같은 뜻이 있다.
　　ex) He <u>lapsed</u> into a bad habit. (나쁜 버릇이 붙다)
　　ex) We let our subscription to that magazine <u>lapse</u>. (권리가 종료되다)
　　ex) She <u>lapsed</u> into a coma. (~상태에 빠지다)
5. elapse는 'slip or pass by (시간이 경과하다)' 는 뜻이다.
6. relapse는 'fall back into illness after convalescence(병에서 회복하다)' 는 뜻이다.

난이도 ★☆☆　기출빈도 ★★★

Change and rearrange, that is the key to getting out of a(n) __________ and onto the road that leads to where you want to go.

(a) jam
(b) obesity
(c) bout
(d) rut

변화와 재정리는 틀에 박힌 생활에서 벗어나 당신이 원하는 곳으로 이끄는 길로 다가서는 열쇠이다.

rut n. 바퀴 자국 (a furrow or track in the ground, esp. one made by the passage of a vehicle or vehicles)

정답 (d)

> **만점해설**　주어진 문제는 관용 표현을 묻고 있습니다. "rut"은 기본적으로 바퀴가 지나간 후 생긴 자국을 의미하는 단어이며, 여기서 유추한 것으로 "get out of a rut"라고 하면 '판에 박힌 단조로운 삶에서 벗어나다' 라는 관용적인 표현이 됩니다. '혼잡함에서 벗어나다' 라는 의미로 "jam"을 고를 수도 있으므로 주의해야 합니다.

| 필수어휘 |

jam n. 혼잡함 (the act of jamming state or the state of being jammed)

obesity n. 비만 (increased body weight caused by excessive accumulation of fat)

bout n. 기간, 한바탕 (period; session; spell: a bout of illness)

"단조로움과 진부함" 관련 단어 정리

▷ **vegetate**　to live a inactive life 단조로운 생활을 하다

▷ **treadmill**　a monotonous and dreary routine 단조로운 일상

▷ **monotonous work**　lacking in variety; tediously unchanging work 단조로운 일

▷ **hackneyed**　used too frequently; commonplace or banal 낡은, 진부한

▷ **commonplace**　unoriginal; lacking individuality; trite 평범한, 진부한

▷ **stereotyped**　unchangeable; conventionalized, conforming to a stock image or cliche 진부한 생각

45 | 출제유형 | essential verb

난이도 ★☆☆　기출빈도 ★★☆

The country was stripped and _________ years ago and they found nothing in the houses and buildings by the roadside.

(a) plundered
(b) dwindled
(c) scraped
(d) expired

그 지역은 수년 전에 빼앗기고 약탈당했기 때문에, 그들은 길가에 있는 집들과 건물들에서 아무것도 발견할 수 없었다.

plunder v. 약탈하다 (to steal goods violently from a place specially during a war)

정답 **(a)**

> **만점해설**　주어진 문제는 고득점을 위해 반드시 알아야 하는 필수 동사의 의미를 묻고 있습니다. plunder는 주로 "plunder A of B"의 형태로 자주 쓰이며, '약탈하다, 훔치다' 의 의미로 쓰입니다. 문제에서 어떤 행위로 인한 결과가 집과 건물들에서 발견되는 것이 아무것도 없었다고 하므로, 그 행위는 노략질이나 약탈로 인한 것임을 유추할 수 있습니다. 또한 빈칸 앞에서 strip도 '빼앗다' 라는 의미의 유의어가 있으므로, 정답은 (a)입니다.

| 필수어휘 |

strip v. 약탈하다 (to dispossess, rob, or plunder)

dwindle v. 줄다, 감소하다 (to become smaller and smaller; shrink)

scrape v. ~을 문지르다 (to rub against a surface so that slight damage or unpleasant noise is produced)

expire v. 만기가 되다 (to come to an end; terminate something such as a contract, guarantee, or offer)

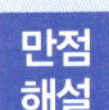

"동사 A of B" 정리

▷ **strip A of B**　A에게서 B를 제거하다, 빼앗다 (strip a person of one's money)

▷ **deprive A of B**　A에게서 B를 빼앗다, 허용하지 않다 (deprive a person of his right to a trial)

▷ **rob A of B**　A에게서 B를 강탈하다, 약탈하다 (rob a traveler of his money)

▷ **divest A of B**　A에게서 B를 빼앗다 (divest a person of one's rights)

난이도 ★☆☆   기출빈도 ★★★

The logical way to avoid feeling like a _________ is not to feast on greasy fast food instead pack a nutritious lunch and some snacks that aren't filled with sugar and preservatives.

(a) briskness
(b) sloth
(c) agility
(d) vigor

무기력함과 같은 감정을 피하는 적당한 방법은 기름진 패스트푸드로 배부르게 하는 것이 아니라 대신에 영양가 있는 점심과 설탕과 방부제로 범벅이 되지 않은 간식으로 배를 채우는 것이다.

sloth n. 나태함, 무기력함 (habitual disinclination to exertion; indolence; laziness)

정답 (b)

 주어진 문제는 문장 속의 논리적 구조를 파악하여 빈칸에 들어가기에 적절한 것을 찾도록 하는 문제입니다. '기름진 음식'(greasy food)과 '영양가 높은 음식'(nutritious lunch) 이 "instead"에 의해 대조적으로 사용되고 있습니다. 문맥상 영양가 높은 음식과 설탕과 방부제로 채워지지 않은 간식을 먹는 것이 무기력함을 피하는 방법이 된다는 의미가 되어야 자연스럽습니다. 따라서 정답은 (b)sloth(무기력함)입니다.

| 필수어휘 |

logical a. 적절한 (following reasonably or necessarily from facts or events)
briskness n. 활발함 (action that is energetic and lively)
agility n. 민첩, 명민함 (the power of moving quickly and easily; nimbleness)
vigor n. 활기, 정력, 힘 (healthy physical or mental energy or power; vitality)

난이도 ★★☆   기출빈도 ★★☆

The news of the four tourists _________ the disease comes on the heels of suggesting preventive measures by authorities, including the use of anti-malarial medication and insect repellents.

(a) developing
(b) spreading
(c) contracting
(d) transmitting

네 명의 관광객이 질병에 걸렸다는 소식은 말라리아 예방 약물 및 구충제를 포함하고 있는 당국의 예방 조치 제안에 바로 뒤이어 발표되었다.

contract v. 병에 걸리다 (to get or acquire, as by exposure to something contagious)

정답 (c)

 주어진 문제는 비슷한 뜻을 가진 어휘의 정확한 용법을 묻고 있습니다. 즉, 병의 종류에 따라 "develop"이나 'contract' 모두 가능합니다. 그러나 용법을 보면, "develop"은 주로 발병 시간이 오래 걸리는 질병에 대하여 이야기 할 때 사용하며, 전염성 있는 병과 관련해서는 "contract"을 주로 사용합니다. 따라서 문제에서는 "anti-malarial medication"이 언급되었으므로 정답은 (c)contracting입니다.

| 필수어휘 |

on the heels of ～의 뒤를 이어
develop v. 발병하다 (to become affected with; develop a rash)
spread v. 퍼뜨리다 (to transmit or be transmitted or distributed)
transmit v. 전염시키다 (to pass or spread disease, infection to another)

48 | 출제유형 | definition

난이도 ★☆☆ 기출빈도 ★★☆

__________ is used to restrict the movement of individuals who are believed to be at risk of carrying a disease even if they are as yet to show symptoms.

(a) Probe
(b) Inspection
(c) Scrutiny
(d) Quarantine

격리는 비록 증상이 아직 나타나지는 않았지만 질병을 옮길 위험이 있다고 여겨지는 개개인의 이동을 제한하기 위해서 실시된다.

quarantine n. 격리 (a strict isolation imposed to prevent the spread of disease)

정답 (d)

만점 해설 주어진 문제는 단어의 "definition"을 묻고 있습니다. 질병을 옮길 수 있는(carrying a disease) 위험성(risk)을 가진 사람의 행동을 제한(restrict)한다는 것이 문제의 내용이므로, 이러한 의미를 갖는 어휘를 골라야 합니다. 따라서 주어진 보기들 중에서 가장 적절한 것은 (d) quarantine(격리) 입니다. 나머지 세 단어는 '정밀한 조사'를 의미합니다.

| 필수어휘 |

probe n. 철저한 조사 (an act of searching into or examining thoroughly; questioning closely)
inspection n. 조사, 검사 (the act of inspecting or viewing)
scrutiny n. 정밀한 조사 (a close, careful examination or study)

"격리"관련 표현 정리

▷ **segregate exceptional children** 장애아를 분리하다
▷ **isolate oneself from society** 사회로부터 멀어지다
▷ **seclude oneself from society** 사회로부터 은둔하다
▷ **divide the sick from others** 환자를 격리시키다

49 | 출제유형 | confusing word

난이도 ★☆☆ 기출빈도 ★★★

Confiscated Bibles that were printed in the two most common Afghan languages are burned amid concern they would be used to try to __________ Afghans.

(a) convert
(b) divert
(c) avert
(d) revert

가장 흔히 쓰이는 두 종류의 아프가니스탄어로 인쇄되어 있는 몰수된 성경책들이 아프가니스탄 사람들을 개종시키는데 사용될 것이라는 염려 속에서 불에 태워졌다.

convert v. 개종시키다 (to cause to adopt a different religion, political doctrine, opinion)

정답 (a)

만점 해설 주어진 문제는 같은 어원을 가진 단어들의 의미를 구분할 수 있는지 묻는 문제입니다. 아프간어로 인쇄된 성경책들이 불에 태워졌다는 내용이므로 종교와 관련하여 쓸 수 있는 단어가 빈칸에 들어가기에 적절합니다. 압수된 성경책들은 아프간 사람들을 개종시키려 했기 때문에 불태워졌다는 것이 논리적으로 자연스럽습니다. 따라서 정답은 '개종시키다'는 의미로 쓰인 (a)convert입니다.

| 필수어휘 |

confiscate v. 몰수하다, 압수하다 (to take away something from someone, usually as a penalty)
divert v. 주의를 돌리다 (to draw off to a different course, purpose, etc.)
   v. 기분을 전환하다 (to distract from serious occupation; entertain or amuse)
avert v. 외면하다 (to turn away or aside)
revert v. 되돌아가다 (to return to a former habit, practice, belief, condition)

"-vert" 단어 정리

▷ **advert** 주의를 돌리다; 언급하다

▷ **controvert** 논쟁하다, 부정하다

▷ **evert** 눈꺼풀을 뒤집다

▷ **invert** 순서를 역으로 하다, 거꾸로 하다

▷ **pervert** 왜곡하다, 더럽히다

▷ **extrovert** 외향적인 사람

▷ **introvert** 내향적인 사람

50 | 출제유형 | logic

난이도 ★★★   기출빈도 ★★☆

Settings that inspire, surroundings that take your breath away, __________ combining French 'savoir faire' with the multi-cultural heritages of Mauritius, endless excursions are just a small part of a magical stay.

(a) gourmet
(b) authenticity
(c) felicity
(d) gastronomy

기분을 들뜨게 하는 자연, 숨이 멎을 듯한 주위 환경, Mauritius의 다문화 유산과 함께 어우러진 프랑스식의 독특한 지역 요리와 다양한 야외 활동은 매혹적인 머무름의 일부분일 뿐이다.

gastronomy n. 특정 지역의 요리법 (a style of cooking, as of a particular region)

정답 (d)

만점 해설 주어진 문제를 풀기 위해서는 비교적 높은 수준의 어휘력과 논리적 사고력을 지니고 있어야 합니다. 지문에서 제시된 settings와 surroundings 모두 '자연 환경'을 의미하는 단어이며 endless excursions는 '무수한 야외활동'을 의미합니다. 빈칸 뒤의 "savoir faire"는 '적당한 기교나 기술'을 의미하는 것으로 프랑스식 기교가 섞인 요리법, 즉 특정 지역과 관련된 것이므로 (d) gastronomy가 정답입니다.

| 필수어휘 |

setting n. 자연 (the surroundings or environment in which something exists or take place)
gourmet n. 미식가 (a connoisseur of fine food and drink; epicure)
authenticity n. 진짜 (the genuineness or truth of something)
felicity n. 큰 행복 (the state of being happy, esp. in a high degree; bliss)

요리관련 표현 정리

▷ **bake** (오븐의 열로) 굽다

▷ **boil** 끓다, 끓이다, 삶다

▷ **simmer** 뭉근히 끓게 하다[삶다], 약한 불로 끓이다

▷ **braise** (고기나 야채를) 볶은 후 소량의 물로 밀폐 용기에서 천천히 삶다

▷ **chop** 잘개 썰다, 다지다

▷ **roast** (오븐에) 굽다, (콩이나 커피를) 볶다

▷ **chop** 잘게 썰다

▷ **dice** 깍둑 썰다

▷ **mince** 다지다

▷ **stew** 앝은 불로 끓이다

▷ **broil** 굽다

▷ **all the delicacies of the season** 계절의 진미

▷ **dainty foods of every kind; all sorts of dainties** 산해 진미

▷ **well-done** 완전히 익힌

▷ **recipe** 요리법

▷ **culinary** 주방의, 요리의

▷ **ingredient** 요리재료

▷ **cuisine** 요리법

▷ **smoked** 훈제의

Reading Comprehension

DIRECTIONS

This part of the exam tests your ability to comprehend reading passages. You will have 45 minutes to complete the 40 questions. Be sure to follow the directions given by the proctor.

1 | 출제유형 | 논리완성

난이도 ★☆☆

Dear Team,

①**March went by without a Lost Time Accident in our factories** and factory project sites. ②**This is the first Zero Accident month of 2009** for the Technical Division, Well Done! Let us make this the first of a long series: 9 more to go for this year plus many more for the years to come. I would like to ③**thank you all for taking our** "**Safety First Plan**" seriously, and encourage everyone to participate fully in the Behavior Based Safety Program that has now been started in every site. Please extend my thanks to all your team. Once again, well done and please keep going.

Best regard,

Campo

    (a) "Educate Workers Program"
    (b) "Globalization Project"
    (c) "Teamwork Enhancement"
    (d) "Safety First Plan"

우리말 해석

모든 팀에게,

저희 공장과 공장 프로젝트 부지에서는 어떤 사고도 일어나지 않고 3월이 지나갔습니다. 기술 부서에서는 2009년 최초로 무사고 달이었습니다. 잘하셨습니다! 이를 무사고 여정의 시초로 삼아 올해 남은 9개월, 그리고 그 이후로도 쭉 이어 가도록 합시다. 여러분 모두 저희 **"안전 우선 방침"**을 잘 따라주셔서 감사드리고, 지금 모든 공장 부지에서 시행되고 있는 행동 기반 안전 프로그램에 모든 분들이 적극 참여해 주시기를 부탁드립니다. 모든 팀 구성원들에게 저의 고마움을 전해주시기를 바랍니다. 다시 한번 말씀 드리지만 수고하셨습니다. 그리고 앞으로도 계속 잘해주시기를 바랍니다.

Campo 드림

    (a) 직원 교육 프로그램
    (b) 세계화 프로젝트
    (c) 협동심 고취
    (d) 안전 우선 방침

정답 (d) 안전 우선 방침

만점 해설 주어진 지문의 빈칸에 들어가기에 적절한 말을 묻는 문제입니다. ① 사고 없이 3월이 지나갔고, ② 2009년 들어 처음으로 무사고 달을 기록했다고 합니다. 빈칸에는 ③ 편지를 받는 분들이 무엇인가에 참여해주셔서 감사하다는 내용입니다. ① ②에서 사고가 없었다고 하므로 안전과 관련된 방침에 적극 참여해주셔서 감사하다는 내용이 가장 적절하겠습니다.

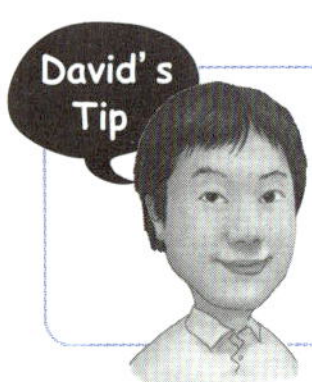

David's Tip

팀원들에게 모두 감사한다는 내용만 보고 (c)를 성급하게 고르지 않도록 조심하세요. '무사고' 는 팀원들 간의 협력이 증가되어 나타난 결과가 아니라 '안전' 과 관련된 것이라는 내용이 더 자연스럽습니다. (c)가 답이 되기 위해서는 '업무의 효율성이 증가했다' 는 내용이 오는 것이 자연스럽겠네요.

| 필수어휘 |

division n. 부서, 분할   policy n. 방침, 정책   encourage v. 장려하다, 촉진하다 (promote, facilitate, precipitate)
participate in ~에 참여하다 (take part in, partake in)

An accident killed a man and his seven-year-old daughter around 6:30 Thursday morning, April 2, 2009 when a wayward truck plowed into five vehicles at the Doma intersection in Daejeon City. Minutes can seem like an eternity to those waiting for help. Every day, police, fire and ambulance vehicles respond to urgent calls. ① **Precious time lost getting there could mean the difference between life and death. Nobody there dared transport the child to the hospital. ② If somebody could have done it earlier, the child might have been saved**. ③ Seconds <u>can save a life</u>.

- **(a) can save a life**
- (b) do not matter
- (c) may fly like an arrow
- (d) will wait for her

우리말 해석

2009년 4월 2일 목요일 아침 6시 30분경에, 대전시의 도마교차로에서 통제력을 잃은 한 트럭이 다섯 대의 차량을 덮쳐 한 남성과 그의 7살 된 딸이 목숨을 잃었습니다. 도움을 기다리는 사람들에게는 몇 분이 영원처럼 길게 느껴지기도 합니다. 매일 같이, 경찰차, 소방차, 구급차들이 긴급 호출을 받고 출동합니다. 사고 현장에 도착하는 데 소요되는 귀중한 시간이 생과 사를 결정할 수 있습니다. 거기에 있던 어느 누구도 아이를 병원으로 이송하려고 하지 않았습니다. 만약 누군가가 좀 더 일찍 아이를 병원에 이송했었더라면, 그 어린 아이는 죽지 않았을 것입니다. 단 몇 초가 **생명을 구할 수 있습니다.**

- **(a) 생명을 구할 수 있습니다.**
- (b) 중요하지 않습니다.
- (c) 굉장히 빠르게 흘러갈 수 있습니다.
- (d) 그녀를 위해 기다릴 것입니다.

정답 (a) 생명을 구할 수 있습니다.

 **만점 해설**　주어진 지문은 비극적인 교통사고에 대한 이야기입니다. ① 사고 현장까지 가는데 소비한 소중한 시간이 생과 사를 갈라놓을 수 있다고 하고, ② 아이를 빨리 병원에 이송했더라면 아이의 목숨을 구할 수 있었다는 이야기입니다. ③ 빈칸 바로 앞에 있는 seconds는 '매우 짧은 시간'을 의미합니다. 앞의 문장 ①과 자연스럽게 연결되기 위해서는 '아주 짧은 시간도 중요하다', 즉 '생명을 구할 수 있다'는 (a)가 정답입니다.

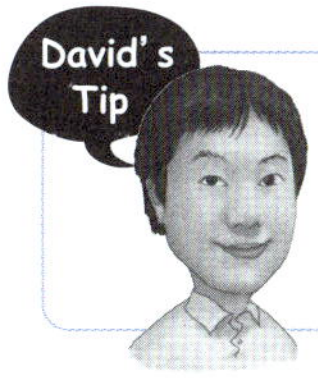

주어진 보기의 (b)와 (d)는 글의 내용과 완전히 상반되는 내용입니다. 그리고 (c)는 '시간은 빠르게 지나간다'는 의미로 본문의 상황과 어울리지 않으므로 정답이 될 수 없습니다.

| 필수어휘 |

wayward a. 말을 안 듣는　　plow into 덮치다　　vehicle n. 차량, 탈 것　　intersection n. 교차로
transport v. 운송하다 (convey, carry, take)

3 | 출제유형 | 논리완성

난이도 ★☆☆

A Liger is an offspring of a lion and a tigress. The liger is a zoo-bred hybrid, as is the tigon, the result of mating a tiger with a lioness. It is probable that neither the liger nor the tigon occurs in the wild, as differences in the behavior and habitat of the lion and tiger make interbreeding unlikely. The liger and the tigon possess features of both parents, in variable proportions, but are generally larger and darker than either. ① **It is thought that most, if not all, male ligers and tigons are <u>sterile</u>; ② the females, however, on occasion, may be able to produce young**.

   (a) reproductive
   (b) sterile
   (c) furious
   (d) gentle

우리말 해석

라이거는 수컷 사자와 암컷 호랑이 사이에서 태어나는 새끼이다. 수컷 호랑이와 암컷 사자를 교배시킨 타이건과 마찬가지로 라이거는 동물원에서 자라는 교배종이다. 사자와 호랑이의 행동과 습성의 차이로 인해 이 둘간의 이종 교배는 거의 일어나지 않기 때문에 라이거나 타이건은 야생에서는 아마 생겨 날 수가 없을 것이다. 라이거와 타이건은 여러 면에서 양쪽 부모의 특징을 가지고 있지만, 일반적으로 부모보다 몸집이 크고 색깔은 어둡다. 모두가 그런 것은 아니지만 대부분의 수컷 라이거와 타이건은 **번식을 하지 못하지만**, 암컷들은 때때로 새끼를 낳기도 한다.

   (a) 생식력이 있는
   (b) 번식을 하지 못하는
   (c) 성질이 사나운
   (d) 성질이 온순한

정답 **(b)** 번식을 하지 못하는

 **만점 해설** 주어진 지문은 교배종인 라이거와 타이건에 관한 이야기입니다. 빈 칸 뒤로 '역접의 의미'를 나타내는 논리접속사인 "however"가 정답에 접근하는 단서가 되겠습니다. 즉 빈 칸 뒤로 ② 암컷들은 번식을 할 수 있으므로, 그와는 반대되는 내용인 수컷들은 ① 번식력이 거의 없다는 것이 논리적으로 적절하기 때문에 정답은 (b)가 되겠습니다.

주어진 보기 (c)와 (d)는 교배종들의 성격에 관한 선택지들이며, 그것에 관한 근거를 본문에서는 전혀 찾을 수 없습니다.

| 필수어휘 |

offspring n. 자손, 새끼   zoo-bred a. 동물원에서 사육되는   hybrid n. 교배종, 잡종   interbreeding n. 이종 교배
proportion n. 비율, 크기   if not all 모두가 그런 것은 아니지만   on occasion 때때로 (occasionally, every now and then)

① **Karma consists of a person's acts and** ② **their** <u>ethical consequences</u>. Human actions lead to rebirth, wherein ③ **good deeds are inevitably rewarded and evil deeds punished**. Thus, neither undeserved pleasure nor unwarranted suffering exists in the world, but rather a universal justice. The karmic process operates through a kind of natural moral law rather than through a system of divine judgment. One's karma determines such matters as one's species, beauty, intelligence, longevity, wealth, and social status. According to the Buddha, ④ **karma of varying types can lead to rebirth as a human, an animal, a hungry ghost, a denizen of hell, or even one of the Hindu gods**.

    (a) mental factors
    (b) various traits
    (c) ethical consequences
    (d) religious influences

우리말 해석

카르마(업보)는 한 사람의 행동과 행동의 **윤리적 대가**로 이루어져 있다. 인간의 행동에 따라 환생이 이루어지는데, 이 과정에서 착한 행동은 반드시 보상을 받고, 나쁜 행동은 벌을 받게 된다. 따라서 부당한 즐거움이나 고통도 이 세상에는 존재하지 않으며, 보편적 정의만 존재한다. 카르마의 과정은 신의 판단 체계를 통해서라기 보다는 일종의 자연적 도덕 법칙을 통해서 이루어진다. 카르마는 사람의 종, 미, 지능, 수명, 부, 사회적 지위와 같은 것들을 결정한다. 부처(석가모니)에 따르면, 다양한 유형의 카르마가 인간, 동물, 굶주린 귀신, 지옥행, 심지어는 힌두 신으로의 환생으로 이어진다고 한다.

    (a) 정신적 요소
    (b) 다양한 특징
    (c) 윤리적 대가
    (d) 종교적 영향

정답 (c) 윤리적 대가

 **만점 해설**　주어진 지문은 "karma(업보)"에 관한 내용입니다. 빈칸이 들어있는 문장을 보면 ① 카르마는 개인의 행동과 ② 그것의 _____로 이루어져 있다고 합니다. 즉, 빈 칸에는 카르마를 구성하는 요소가 필요합니다. 그것에 관한 근거로서, 빈칸 뒤에 이어지는 내용을 보면 ③ 환생을 할 때 좋은 행동은 보상받고 나쁜 행동은 벌을 받는다고 합니다. ④ 에서 다양한 카르마에 따라 신이 되기도 하고 동물도 되는 것에서 카르마는 개인들의 행동에 대한 '윤리적 결과' 로 구성되어 있다는 것을 알 수 있습니다.

문장 ②에서 "their"이 지칭하는 것은 복수 명사로서 개인들의 행동입니다. 개인들의 행동에 따른 (a)정신적 요소, (b)다양한 특징, (d)종교적 영향은 지문에 전혀 언급되어 있지 않으므로 정답이 될 수 없습니다.

| 필수어휘 |

karma n. 업보, 숙명　　inevitably adv. 필연적으로　　deed n. 행위　　underserved a. 받을 가치가 없는

unwarranted a. 정당화되지 않은　　divine a. 신의, 신성한　　species n. 종, 종류　　longevity n. 장수, 수명

denizen n. 주민, 거류자, 동식물

5 | 출제유형 | 논리완성

난이도 ★★☆

Dear All,

① **We are currently experiencing technical problems at the Staff shop**. We will go slow with the processing of each and every transaction and might even stop every now and then to check and recheck that every sale of the product is accounted for. Due to this predicament, may we request that ② **you keep your receipts** ③ **so that in case a problem arises we will be able to** <u>trace the details of your purchases</u>. There might be some changes in the normal process of how we do things. We apologize for the inconvenience that it might cause each one of us. Please note that Staff shop will open on Saturday, 04 March 2009 from 8:00 to 3:00 p.m. in lieu of Monday, 6 April 2009. Wherein we will close down to repair and upgrade the staff shop system. Thank you for bearing with us.

   (a) make another receipt for you

   (b) trace the details of your purchases

   (c) apply a major upgrade to the system

   (d) open on the date we promised

우리말 해석

모든 분들에게,

Staff 매장에서는 현재 기술적인 문제들을 겪고 있습니다. 저희는 모든 거래 내역 처리를 천천히 시간을 가지고 할 것이며 모든 제품의 판매를 철저히 확인하기 위해서 때때로 문을 닫을 수도 있습니다. 이런 상황 때문에 문제가 발생할 경우에 대비하여, **고객님의 구매 내역을 확인할 수 있도록** 영수증을 보관하시기를 부탁 드립니다. 일을 처리하는 일반적인 과정에 약간의 변화가 생길 수도 있으며, 이로 인해 야기되는 불편함에 대해서 사과드리는 바입니다. Staff 매장은 2009년 4월 6일 월요일 대신 3월 4일 일요일 오전 8시에서 오후 3시까지 영업을 합니다. 그 안에는 매장 시스템 복구와 업그레이드를 위해 문을 닫을 예정입니다. 양해해 주셔서 감사합니다.

   (a) 다른 영수증을 발급하기 위하여

   (b) 고객님의 구매 내역을 확인할 수 있도록

   (c) 시스템에 중요 업그레이드를 하기 위해

   (d) 약속한 날에 개업할 수 있게 하기 위해

정답 (b) 고객님의 구매 내역을 확인할 수 있도록

 **만점 해설** 주어진 지문은 Staff 매장에서 발생한 기술 문제가 해결되는 과정에서 일어날 수 있는 일들에 대하여 양해를 구하는 내용입니다. 빈칸에 들어갈 수 있는 적절한 말을 찾기 위한 단서로 ① 매장에 기술적인 문제가 있기 때문에 ② 따라서 영수증을 보관하기를 부탁하고 있습니다. ③에서 영수증 보관의 목적이 언급되었습니다. 영수증은 기술적 오류가 발생하였을 경우에, 구매 내역을 확인할 수 있는 좋은 증거가 되므로 정답으로 적절하겠습니다.

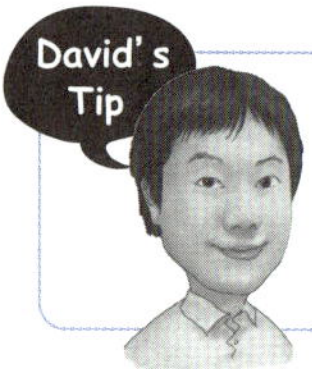 David's Tip

지문의 문장 ③에서 so that ~ 은 "~할 수 있도록"이라는 목적을 나타내는 표현입니다. 영수증을 보관하는 목적과 (a), (b), (d)의 내용은 관련이 없는 내용이므로 정답이 될 수 없겠습니다.

| 필수어휘 |

currently adv. 현재   technical a. 기술적인   transaction n. 거래, 매매   account for 차지하다, 설명하다 (explain)
predicament n. 곤경 (plight)   in lieu of ~대신에 (instead of)   wherein prep. 그 안에, 그 사이에

Toward the end of the 5th century BC, a group of traveling teachers called Sophists became famous throughout Greece. The Sophists played an important role in developing the Greek city-states from agrarian monarchies into commercial democracies. As Greek industry and commerce expanded, a class of newly rich, economically powerful merchants began to wield political power. Lacking the education of the aristocrats, they sought to prepare themselves for politics and commerce by paying the Sophists for instruction in public speaking, legal argument, and general culture. ① **Although the best of the Sophists made valuable contributions to Greek thought**, ② **the group as a whole acquired a reputation for deceit, insincerity, and demagoguery**. ③ **Thus the word sophistry has come to signify <u>these moral faults</u>**.

    (a) prominent politicians
    (b) philosophical teachers
    (c) great achievements
    (d) these moral faults

우리말 해석

기원전 5세기가 끝날 무렵 Sophist라고 불리는 떠돌이 선생님들은 그리스 전역에서 유명해졌다. Sophist들은 군주제의 농경국가였던 그리스를 민주주의의 상경국가로 개발시키는데 중요한 역할을 하였다. 그리스의 산업과 상업이 발달함에 따라 새로이 부를 획득하고 경제적으로 힘있는 상인들이 정치적 권력을 행사하기 시작했다. 귀족적인 교육을 받지 못하였기에, 상인들은 소피스트들에게 돈을 내고 대중연설, 법정 논쟁, 그리고 일반적인 문화들을 통해 정치와 상업에 대해 공부하였다. 뛰어난 소피스트들은 그리스 사상에 귀중한 공헌을 하였음에도 불구하고, 이들은 불성실하고 사기를 치고 민중선동적이라는 불명예도 얻었다. 그래서 sophistry라는 단어는 **이러한 도덕적 결함들**을 의미하게 되었다.

    (a) 뛰어난 정치가들
    (b) 철학적 스승들
    (c) 위대한 업적들
    (d) 이러한 도덕적 결함들

정답 **(d)** 이러한 도덕적 결함들

만점 해설　주어진 지문은 "Sophistry(궤변)"라는 말의 의미를 추론하는 문제입니다. ③ 그러므로(Thus)라는 말에서 그 의미에 대한 힌트가 바로 앞 문장인 ②에 있다는 것을 알 수 있습니다. ① 소피스트들의 긍정적인 역할도 있지만 전반적으로는 ② 부정적인 이미지라고 합니다. 따라서 거짓말, 사기(deceit), 불성실(insincerity), 민중선동(demagoguery)을 요약할 수 있는 (d)도덕적 결함이 가장 적절하겠습니다.

David's Tip

소피스트들이 상인들에게 여러 가지 교육을 시켰다는 점 때문에 오답인(b)의 함정에 빠져서는 안됩니다. 빈 칸이 시작하는 단어가 인과관계를 나타내는 '그러므로'(Thus)입니다. 따라서 바로 앞에 빈 칸에 대한 이유가 나와 있으며, 소피스트들의 긍정적인 역할도 있었지만 전반적으로 부정적인 이미지를 가졌다는 것이 글의 요지입니다.

| 필수어휘 |

agrarian a. 농지의, 농업의　　wield v. 휘두르다, 사용하다　　commerce n. 상업　　aristocrat n. 귀족
acquired a. 획득한　　deceit n. 사기, 책략　　insincerity n. 불성실, 위선　　demagoguery n. 민중 선동, 악선전
sophistry n. 궤변, 억지이론　　signify v. 의미하다 (mean, indicate)　　fault n. 결점, 흠 (flaw, blemish)
infallible a. 절대 확실한, 절대 오류가 없는　　institute v. 세우다, 설립하다

7 | 출제유형 | 논리완성   난이도 ★★☆

In early February 2005 George W. Bush's ① **State of the Union address outlined specific aspects of <u>his domestic policy</u>**. Bush said it was necessary to restructure ② **the tax system** and ③ **the social security system**, which he said was headed 'to bankruptcy.' Bush's recommendations for overhauling social security system included ④ **the possible creation of so-called 'personal accounts'** in which workers would be permitted to invest their payroll taxes in the stock market. That plan proved to be one of the most controversial, and ultimately unsuccessful, domestic initiatives in either of his two terms as president. It was almost immediately attacked by many of his Democratic foes and by some Republicans normally prone to supporting the president. As Bush traveled around the country to drum up support for the plan, polls showed a largely negative public reaction.

     (a) his tax reformation will
     (b) his aggressive personality
     (c) his domestic policy
     (d) his favor for Republicans

우리말 해석

2005년 2월 초, George W. Bush의 연두 교서는 **그의 국내 정책**의 구체적 내용을 요약해 보여주었다. 그는 '파산으로 향해 가는' 세금 제도와 사회 보장 제도를 재구조화할 필요가 있다고 말했다. Bush의 사회 보장 제도에 대한 대대적인 제안에는 노동자들이 지불급여세를 주식 시장에 투자를 할 수 있는 일명 '개인 계좌'를 만들자는 안이 포함되어 있었다. 이 계획은 그의 2번의 임기 기간 중, 가장 논쟁을 일으켰고, 결국 실패로 돌아간 다소 진취적인 의안이었다. 그 안은 곧바로, 반대당인 민주당과 대체로 대통령을 지지하는 공화당원들의 일부로부터 비난을 받았다. 이 안에 대한 지지를 얻기 위해 미국 전역을 순회하고 있었을 때에도, 여론 조사에 따르면 국민들은 대체로 이 정책에 대해 부정적인 반응을 보였다고 한다.

     (a) 그의 세금 개혁 의지
     (b) 그의 호전적인 성격
     (c) 그의 국내 정책
     (d) 공화당에 대한 그의 편애

정답 **(c)** 그의 국내 정책

만점 해설 주어진 문제는 부시 대통령의 ① 연두교서의 내용에 관한 문제입니다. 빈칸 뒤에서 구체적인 내용들이 언급되었는데, ② 세금 제도, ③ 사회 보장제도, ④ 개인계좌 개설이라는 정책이 차례대로 나옵니다. 이 정책들의 공통된 특징은 국내 정책들이므로 정답은 (c)가 되겠습니다.

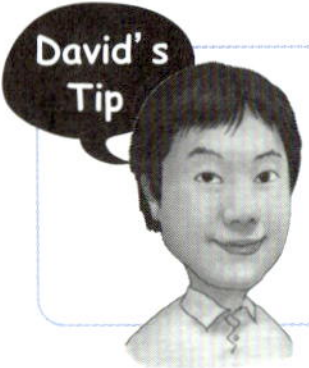

David's Tip

빈칸 바로 뒤에 세금 이야기가 이어져서 오답인 (a)를 고르는 경우가 있습니다. 하지만 '연두교서'에서 발표한 내용이 세금개혁뿐 아니라 ③ 사회보장제도 개혁도 있습니다. 또한 사회보장제도의 개혁 내용의 ④ 구체적인 정책도 언급되고 있습니다. 따라서 모든 정책을 포함할 수 있는 정답 (c)를 골라야 합니다.

| 필수어휘 |

the State of the Union address (대통령) 연두 교설   aspect n. 측면, 양상   social security system 사회 보장제
overhauling a. 철저한, 정밀한   controversial a. 논쟁적인   ultimately adv. 결국 (eventually)
initiative n. 의안 제출권, 국민 발의권   foe n. 적 (enemy)   prone to ~하는 경향이 있는   poll n. 여론 조사, 투표, 선거

①**Millions of people across Asia have trouble <u>getting enough shuteye</u>**. With recent research linking ② **lack of sleep to health problems** from hypertension to weight gain, there's more reason than ever to make over your sleep habits. ③ **Stay away from saboteurs** like caffeine, nicotine, and alcohol and ④ **trying to stick to a regular sleep-wake schedule** are tips that people normally hear and say. On the other hand, experts say that one of the most important things to do to have a good night sleep is ⑤ **to let go of your worries**. Anxieties often seem magnified in the still of the night and dealing with them is a big help to sleep. Writing down all your worries and anxieties, schedules of deadlines, do's and don't's of the day and the next day before putting your head on the pillow can make you feel more manageable and relaxed.

(a) controlling health weight
(b) treating drug abuse
(c) getting enough shuteye
(d) managing job-related stress

우리말 해석

아시아 수백만 명의 사람들은 **충분한 수면을 취하는데** 어려움을 겪고 있다. 수면 부족이 고혈압에서부터 체중 증가에 이르는 건강상의 문제들과 관련 있다는 최근에 연구에 따르면 그 어느 때보다도 수면 습관을 바꾸어야 할 이유들이 더 많이 있는 것이다. 카페인, 니코틴, 알코올과 같은 잠을 방해하는 물질들을 피하고 규칙적인 수면–기상 시간을 지키라는 것은 우리가 흔히 듣는 말들이다. 한편 전문가들에 따르면 숙면을 취하기 위해서 해야 할 가장 중요한 것들 중에 하나는 걱정거리들을 놓아 버리는 것이라고 한다. 걱정은 대개 조용한 밤에 더 커지는 경향이 있으며 이런 걱정들을 다루는 것은 수면에 큰 도움이 된다. 잠자리에 들기 전에 모든 근심 걱정, 마감 기한 스케줄, 당일과 그 다음날 해야 할 일과 하지 말아야 할 것들을 적어두면 더 처리하기가 쉽고 마음도 편해진다.

(a) 건강한 몸무게 유지하는 것
(b) 약물 남용을 치료하는 것
(c) 충분한 수면을 취하는 것
(d) 일과 관련된 스트레스 관리하는 것

정답 (c) 충분한 수면을 취하는 것

 주어진 지문의 내용을 통해서 ① 많은 아시아 인들이 겪고 있는 공통 문제를 추론하는 문제입니다. ② 수면 부족에 의해 생길 수 있는 건강상의 위험과, 뒤에 이어지는 ③ ④ ⑤ 에서 숙면을 취하기 위한 충고들이 나열되었으므로 아시아인들이 잠을 잘 자고 있지 못하다는 것을 알 수 있습니다. 따라서 정답은 (c)가 되겠습니다.

주어진 보기 (a)와 (b)는 빈칸 뒤에서 잠을 잘 못자서 생기는 건강상의 문제로 제시된 질환의 치료에 대한 이야기 입니다. (a)와 (b)에서 언급된 체중이나 약물 문제는 모두 숙면을 취하지 못할 때 생기는 것이므로 정답이 되기에는 부적절합니다.

| 필수어휘 |

have trouble ~ing ~하는데 어려움을 겪다   shuteye n. 수면   hypertension n. 과도한 긴장, 고혈압
make over 고치다   saboteur n. 파괴 공작원   stick to 고수하다, 지키다 (cling to, adhere to)
magnify v. 확대하다 (enlarge, intensify)   manageable a. 다루기 쉬운, 처리하기 쉬운

9 | 출제유형 | 논리완성   난이도 ★★★

<u>Tolerance</u> is not the bridge to build a lasting friendship; neither is it the adequate basis for a healthy, happy, and rewarding marriage. In the relations among nations, it is merely the beginning of the ideal relationships we want to establish among the nations on earth. Ultimately, with individuals as with nations, we want to build a world in which ① **respect is mutual**, and based on ② **a real understanding of differences** as well as similarities, and on this ground, where men and nations will ③ **complement each other** for the good of all mankind.

     (a) Indulgence
     (b) Justice
     (c) Greed
     (d) Tolerance

우리말 해석

관용은 영원한 우정으로 가는 다리도 아니고, 건강하고, 행복하며, 보람 있는 결혼을 위한 적합한 기초도 아니다. 그것은 나라간의 관계에 있어서, 우리가 지구상에서 국가간에 맺으려고 하는 이상적인 관계의 시작일 뿐이다. 궁극적으로, 나라와 마찬가지로 개인들간에도 우리는 상호 신뢰하며, 비슷한 점뿐만 아니라 차이점도 진정으로 이해하면서, 이 기반 위에서 사람과 나라가 모든 인류를 위해서 서로 보완해줄 수 있는 세상을 만들기를 원한다.

     (a) 탐닉
     (b) 정의
     (c) 탐욕
     (d) 관용

정답 (d) 관용

> **만점 해설** 주어진 지문에서 전반적으로 다루고 있는 개념을 추론하는 문제입니다. ① 상호 존중하고, ② 차이점에 대해 이해해 주며, ③ 서로를 보완해주는 속성을 요약할 수 있는 것이 빈칸에 들어가야 합니다. 따라서 다른 사람의 다른 점도 너그러이 봐줄 수 있다는 개념을 가진 '관용'이 정답으로 가장 적절하겠습니다.

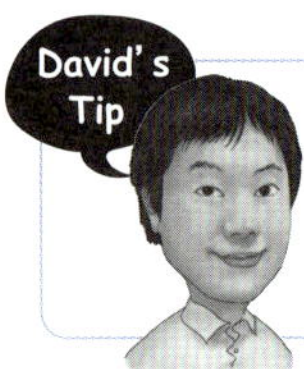

지문의 두 번째 문장에서 국가간 이상적인 관계의 시작이라는 점에서 부정적인 개념의 (a)와 (c)는 정답이 될 수 없음을 알 수 있습니다.

| 필수어휘 |

tolerance n. 인내심, 관용   adequate a. 적절한, 적합한 (proper, appropriate)   rewarding a. 보람 있는, ~할 가치가 있는
establish v. 설립하다, 확립하다   mutual a. 상호의 (reciprocal)   complement v. 보완하다 (complete, supplement)
for the good of ~을 위해서

One type of surface mining is called placer mining. Sometimes ① **heavy metals such as gold are found in soil deposited by streams and rivers**. The soil is picked up by a power shovel and transferred to a long trough. Water is run through the soil in the trough. This carries soil practices away with it. ② **The metal particles are heavier than the soil and sink to the bottom, where they can be recovered**. The finishing-off process of mining is called mineral concentration. In this process ③ **the desired substances are removed from the waste in various ways**. One technique is to bubble air through a liquid in which ore particles are suspended. Chemicals are added that make the minerals cling to the air bubbles. ④ **The bubbles rise to the surface with the mineral particles attached**, and ⑤ **they** can <u>**be skimmed off and saved**</u>.

(a) contain more minerals
(b) start a chemical transformation
(c) be skimmed off and saved
(d) hold heavy metals such as gold

우리말 해석

지표 채굴의 한 유형은 사광 채굴이라 불린다. 때때로 금과 같은 중금속은 냇가와 강에 의해 침전된 흙에서 발견된다. 그 흙은 동력 삽에 의해 퍼내지고 긴 수조로 옮겨진다. 물은 수조에서 흙을 통해 흘러간다. 이것은 흙의 입자들을 물과 함께 수반한다. 금속 입자들은 흙보다 무거워서 그것들이 발견된 바닥에 가라앉는다. 채굴의 마무리 단계는 광물 채광이라 불린다. 이 절차에서 얻고자 하는 물질은 다양한 방법으로 버려지는 물질로부터 옮겨진다. 한 가지 방법은 금속 입자가 떠도는 액체에서 공기 거품을 일으키는 것이다. 광물이 공기 방울에 달라 붙도록 하는 화학 물질이 더해진다. 그 방울은 붙어진 광물과 함께 표면으로 올라가서 **걷어 내어 지고 모아질 수 있다.**

(a) 더 많은 광물을 가질 수 있다
(b) 화학 반응을 시작할 수 있다
(c) 걷어 내어지고 모아질 수 있다
(d) 금 같은 중금속을 붙들 수 있다

정답 (c) 걷어 내어지고 모아질 수 있다

만점 해설　주어진 지문은 사금을 채굴하는 방식에 대한 설명문입니다. ① 금이 진흙에 섞여 있습니다. 분리하기 위해서 ② 일단 물을 이용해서 한 벌 걸러냅니다. ③ 거기서 다시 한 번 원하는 물질(desired substance=gold)을 얻기 위해 다양한 방법들이 있다고 하네요. 그 중 하나가 ④ 거품을 일으켜 광물이 붙어 나오게 하는 것입니다. ⑤의 They가 바로 우리가 원하는 광물입니다. 물방울과 함께 표면에 나오면 건져 낸다는 내용으로 이어지는 것이 자연스럽기 때문입니다.

David's Tip　글 전체 논리가 원하는 사금 같은 광물을 혼합물에서 걸러내는 과정을 설명하고 있습니다. 오답인 보기들은 광물이나 화학반응의 내용으로 그럴싸하게 포장하고 있지만 광물 채취와는 관련이 없습니다.

| 필수어휘 |

mine v. 채굴하다 (dig up, excavate)　　deposit v. ~을 퇴적시키다, 침전시키다　　power shovel 동력 삽　　trough n. 수조
mineral concentration 광물 채광　　ore n. 원석　　suspend v. ~을 띄우게 하다, 띄우다　　cling to ~에 달라붙다, 점착하다
skim off ~을 걷어내다

11 | 출제유형 | 논리완성
난이도 ★☆☆

Dear Mr. Jellicoe,

The Board has now met and ① **discussed your application for a rise in pay**. ② **I regret to inform you** that on this occasion it has <u>been turned down</u>. As you will know, work in the transport business has been slack recently, and ③ **our finances are, unfortunately, not able to stretch to pay increases** before the annual review in August. The Board has asked me to pass on the message that in ④ **better conditions your application might have been looked upon favorably**. We are all aware of your efforts on behalf of the company, and emphatically do not want you to feel that you are not appreciated. I hope you will be able to accept this disappointment for the time being. Let us hope that August will bring you better news.

Yours sincerely,

Bob Driver

Haulage Manager

(a) been approved
(b) not yet been submitted to the Board
(c) been sent for further review
(d) been turned down

우리말 해석

친애하는 Mr. Jellicoe씨에게,

위원회가 막 소집되어 임금 상승에 관한 당신의 요청서에 대해 토의했습니다. 당신의 요청서가 **거절되었다는** 사실을 알리게 되어서 유감으로 생각합니다. 귀하도 알게 되겠지만, 최근 운송업이 불경기에 처해있고, 불행히도, 8월에 있는 연례 인사고과 전에는 우리회사의 재정상황으로는 임금 상승이 어렵습니다. 위원회는 상황이 더 나았다면 당신의 요청이 받아들여질 수도 있었다는 점을 전해달라고 하였습니다. 우리 모두는 우리 회사를 대표하는 당신의 노력을 인식하고 있으며, 당신이 가치를 제대로 인정받고 있지 않다고 느끼지 않기를 간절히 희망합니다. 당분간은 당신이 이 실의를 받아들일 수 있으시기를 바랍니다. 8월 달에 더 나은 소식을 전할 수 있기를 소망하겠습니다.

Haulage 담당자

Bob Driver 드림

(a) 승인되었다는
(b) 위원회에 아직 제출되지 않았다는
(c) 상세한 검토를 위해 보내졌다는
(d) 거절되었다는

정답 **(d)** 거절되었다는

만점 해설 주어진 지문은 임금상승을 신청한 직원에 대해 그 결과를 통보하는 글입니다. ① 위원회가 임금상승 지원서에 대한 토의를 했다고 합니다. ② 그 결과를 전달하는데 유감스럽다(regret)는 말을 하는 것을 보아서는 부정적인 내용이 필요합니다. ③ 게다가 불경기 때문에 임금인상이 불가능하다고 하고 ④ 더 나은 상황이라면 들어줄 수도 있었다는 말로 보아 임금인상 신청이 거절되었음을 쉽게 알 수 있습니다.

David's Tip 주어진 보기의 (b)도 부정적인 내용이긴 하지만 이미 위원회에서 토의를 마쳤고, 그 결과를 전달하는 글이므로 위원회에 아직 회부가 되지 않았다는 내용은 오답입니다.

| 필수어휘 |

slack a. 불경기의   stretch v. 늘이다, 펴다, 뻗다   pass on ~을 전하다   on behalf of ~을 대신(대표)하여
appreciate v. ~을 바르게 판단(평가)하다, 가치를 인정하다   for the time being 당분간은, 우선은

The word renaissance means "rebirth." The preceding era, which began with the collapse of the Roman Empire around the 5th century, became known as the Middle Ages to indicate its position between the classical and modern world. Scholars now recognize that there was considerable cultural activity during the Middle Ages, as well as some interest in classical literature. **① A number of characteristics of Renaissance art and society had their origins in the Middle Ages**. Many scholars claim that much of the cultural dynamism of **② the Renaissance also had its roots in medieval times** and that changes were progressive rather than abrupt. **③ Nevertheless**, the Renaissance represents <u>**change from**</u> the Middle Ages, **④ with enough unique qualities to justify considering it as a separate period of history**.

(a) change from

(b) a crisis to

(c) a reproduction of

(d) a step towards

우리말 해석

르네상스라는 말은 "재탄생"을 의미한다. 르네상스 이전의 세계는 5세기경 로마 제국 몰락과 함께 시작되었는데 고대와 현대 사이에 있다고 하여 '중세 시대' 로 알려져 있다. 현재 학자들은 중세 시대에는 고전 문학에 대한 관심뿐만 아니라 상당한 문화적 활동도 있었음을 인정한다. 르네상스 시대의 많은 예술적, 사회적 특징들은 중세 시대에서 기인한 것이다. 많은 학자들은 르네상스의 상당한 문화적 역동성을 중세 시대에 그 기원을 두고 있고, 변화는 갑작스럽게 일어난 것이 아니라 연속적으로 일어났다고 주장한다. 그럼에도 불구하고 르네상스는 그 시대를 독립된 역사적 시기라고 충분히 간주할 만큼 많은 독특한 특징들을 가지며 중세시대에서 **변화**되었다는 것을 보여준다.

(a) 변화

(b) 위기

(c) 복제판

(d) 발걸음

정답 **(a)** 변화

만점 해설　주어진 지문의 내용을 통해 르네상스의 특징을 유추하는 문제입니다. ① 에서 르네상스 예술과 사회의 많은 특징이 중세에 기원을 두고 있다고 하고, ② 에서도 중세에 뿌리를 두고 있다고 합니다. 하지만 ③ 에서 글의 흐름이 반전됩니다. ④ 르네상스는 독립적인 역사의 시대로 인정받을 수 있을 정도로 독특한 특징을 가진다고 하였기 때문에 중세에 기원을 두고 있지만 중세에서 새롭게 변했다는 사실을 추론할 수 있습니다.

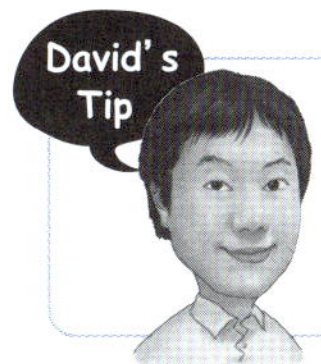

주어진 보기 (c)는 '중세시대의 복제판' 이라고 하였는데, 빈 칸 앞부분에서 중세에 기원을 두었다는 내용이 중심 내용이라면 정답이 될 수 있는 보기입니다. 그러나 문장③에서 글의 흐름이 반전되었으므로 빈 칸에는 그와 반대되는 내용이 필요합니다.

| 필수어휘 |

preceding a. 이전의, 앞선　　recognize v. 인식하다, 인정하다　　considerable a. 상당한 (c.f. considerate 사려 깊은)

dynamism n. 역동성, 활력　　progressive a. 점진적인, 연속적인　　abrupt a. 갑작스러운 (sudden, unexpected)

13 | 출제유형 | 논리완성   난이도 ★★☆

If you've ever thought that there is nothing you can do as an individual to reduce your carbon footprint, a recent UK study has news for you. The study found that over 40% of CO_2 emissions in the UK are due to individual actions-that is, 2/5th of the UK's greenhouse gas emission results from UK residents conducting their day to day activities. ① **It is clear that choices we make as individuals** — driving our cars, traveling by airplane, heating our homes — ② **can have a big impact upon the environment**. And to help you understand the impact of these choices, CO-SH&E in conjunction with Climate Neutral consultants, ③ **brings you the personal climate change calculator** which can help you determine <u>**how big your carbon footprint actually is**</u>.

    (a) what to do to increase your carbon footprint
    (b) where to look for to find greenhouse gas
    (c) how big your carbon footprint actually is
    (d) why carbon footprint can harm our world

우리말 해석

탄소발자국을 줄이기 위해 개인이 할 수 있는 일이 아무것도 없다고 생각한다면 최근에 영국에서 발표한 연구결과를 보자. 이 연구는 영국에서 배출되는 이산화탄소의 40%가 넘는 양이 개인의 행동 때문이라는 것을 보여준다. 다시 말해 영국의 온실 가스배출의 5 분의 2가 영국 국민들이 일상생활을 하는 데에서 비롯된다고 한다. 우리가 개인적으로 하는 행동들 — 운전을 하거나 비행기로 여행을 가거나 난방을 하는 것들 — 이 환경에 막대한 영향을 끼친다는 것이 분명하다. 이런 결정들이 미치는 영향에 대한 이해를 돕기 위해 Climate Neutral의 고문들과 함께 CO-SH&E는 **당신의 탄소발자국 양이 실제로 얼마나 큰 지**를 계산할 수 있게 도와주는 개별 기후변화측정기를 제공하고 있다.

    (a) 탄소발자국을 증가시키기 위해 무엇을 해야 할 지
    (b) 온실가스를 찾기 위해 어디를 살펴 보아야 할 지
    (c) 당신의 탄소발자국이 실제로 얼마나 큰 지
    (d) 왜 탄소발자국이 우리 세계에 해가 되는 지

정답 (c) 당신의 탄소발자국이 실제로 얼마나 큰 지

 주어진 지문은 온실가스 문제와 관련하여 나누어주는 개별 기후변화 측정기의 용도에 대한 내용입니다. ① 우리 개인이 일상생활에서 내리는 결정들이 환경에 지대한 영향을 미칠 수 있다고 합니다. ② 에서 그 영향력을 정확히 이해할 수 있도록 ③ 개별 기후변화측정기를 제공한다고 합니다. 따라서 개별 기후변화측정기는 개인의 선택이 환경에 얼마만큼의 영향을 미치는 지 측정하는 용도임을 알 수 있습니다.

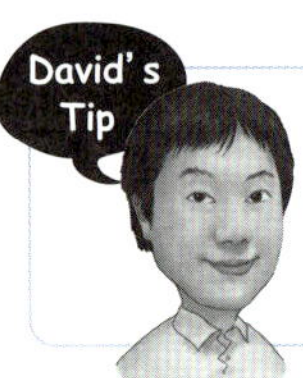

주어진 지문의 내용에서 온실가스에 대한 이야기인 것은 사실이지만, '개별 기후변화측정기' 는 온실가스를 찾는 용도가 아니라 얼마나 많은 양의 온실가슬 배출하는 지를 측정하는 기기이므로 (b)는 정답이 될 수 없습니다.

| 필수어휘 |

reduce v. 줄이다 (lower, lessen, curtail)　　**carbon footprint** 탄소발자국 (개인이 활동하며 생산하는 이산화탄소의 양)
emission n. 발산, 방사, 배출 (v. emit, give off)　　**conduct** v. 처신하다, 행동하다　　**conjunction** n. 연합, 합동, 공동
consultant n. 상담역, 고문

난이도 ★★★

In recent years widespread ① **harvest failure, uncontrollable inflation and runaway oil and wheat prices** have hit rich and poor countries alike with devastating force. At the same time, the Third World was undergoing a profound change, especially with ② **the staggering rises in the cost of fuel and food**. The developing countries have split into two categories: those that can generate wealth by exporting natural resources and those desperately poor countries that still have to import oil and food grains. But then, there were the ③ **utterly impoverished international indigents whose plight only worsened** - countries like India, Pakistan, Bangladesh, Ethiopia, Haiti, and others. These constitute what is now being called the "Fourth World" — countries with ④ **burgeoning populations, few natural resources, and an undeveloped industrial base**. <u>Apocalyptic famine is an imminent possibility in any of them</u>.

(a) The governments of these countries are optimistic about their future.

(b) Apocalyptic famine is an imminent possibility in any of them.

(c) Those countries are trying hard to get better by exporting natural resources.

(d) Therefore people in those countries have opportunities for higher education.

우리말 해석

최근 몇 년간 광범위한 흉작, 통제 불가한 인플레이션, 급등하는 석유, 밀가루 가격들은 부유한 나라나 가난한 나라 할 것 없이 엄청난 타격을 입혔다. 동시에 제 3세계는 특히, 연료비와 식품비의 급등으로 큰 변화를 겪었다. 개발 도상국들은 두 부류로 나뉘어졌다. 즉 천연 자연을 수출해서 부를 창출하는 국가와 어쩔 수 없이 석유와 곡물을 여전히 수입해야만 하는 빈국으로 나뉘었다. 하지만 인도, 파키스탄, 방글라데시, 에티오피아, 하이티 같은 나라들처럼 어려움만 더 커진 국제적 빈곤국도 생겨났다. 이런 국가들은 이제 "제 4 세계"라고 명명되었는데, 급속한 인구 증가와, 희박한 천연자원, 그리고 열악한 산업기반이 그 특징을 이룬다. **이들 국가들에서는 아주 끔찍한 기근 발생할 가능성이 매우 높다.**

(a) 이들 국가의 정부들은 그들의 미래에 대하여 긍정적이다.

(b) 이들 국가에서는 아주 끔찍한 기근이 발생할 가능성이 매우 높다.

(c) 이러한 국가들은 자연 자원을 수출함으로써 어려움을 극복하고 있다.

(d) 그러므로 이들 국가의 국민들은 더 나은 교육에 대한 기회를 갖는다.

정답 (b) 이들 국가에서는 아주 끔찍한 기근이 발생할 가능성이 매우 높다.

만점 해설 주어진 지문을 읽고 국제적인 빈곤 국가들에 대한 내용을 추론하는 문제입니다. ① 세계 경제에 악영향을 미친 요인들이 나열되었습니다. ② 에서 특히 연료비와 식품비가 많이 올랐다고 합니다. ③ 그리고 정말 못사는 나라들, 문제가 해결되지 않고 오히려 악화되는 나라의 이야기가 이어집니다. ④ 인구는 늘고, 자연자원도 별로 없으며, 산업 기반마저도 미미하다면 이 나라들에 대한 부정적인 내용이 자연스럽습니다.

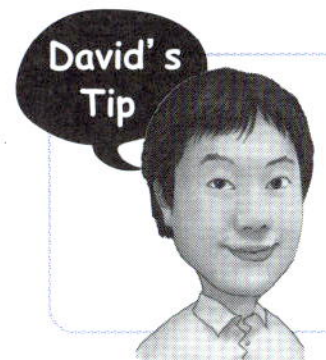

(c)에서 어려움을 이겨내려고 자연자원을 수출한다고 했는데 자연자원이 풍부하지 못하고 오히려 수입하는 최빈국들의 이야기이므로 (c)는 적절하지 않습니다.

| 필수어휘 |

runaway a. (가격이) 급등하는   devastating a. 압도적인, 황폐화시키는   staggering a. 압도적인 (overwhelming, stunning)

utterly adv. 완전히 (completely, absolutely)   impoverished a. 가난하게 된   indigent n. 궁핍, 궁핍한 자

plight n. 곤궁, 궁지 (trouble, predicament)   burgeoning a. 빠르게 증가하는   apocalyptic a. (세계 종말을) 예언하는, 종말의

famine n. 기근, 굶주림

15 | 출제유형 | 접속어

난이도 ★★☆

The chromosomes in the nucleus contain instructions for all cell activities. It wasn't until the electron microscope was developed in the 1930s that scientist could study chromosomes in living cells and watch them divide. They found that before cells divide, the chromosomes are copied so that each new cell receives all the chromosomes it needs to function. Chromosomes are made up of DNA and proteins. ① **DNA provides detailed instructions to the cell about every function of life**. <u>For example</u>, ② **it directs the cell to divide to make more cells and to perform various other activities**. DNA contains the codes that determine physical characteristics such as flower color in plants and hair color in humans.

(a) For example
(b) Moreover
(c) In fact
(d) Thereby

우리말 해석

핵에 있는 염색체는 모든 세포의 활동에 대한 지침을 가지고 있다. 1930년대에 전자 현미경이 발명되고 나서야 과학자들은 살아있는 생명체 세포 안에 있는 염색체와 세포가 분열되는 것을 관찰할 수 있었다. 과학자들은 세포 분열 이전에 염색체가 복제되어 모든 새로운 세포가 염색체를 받아 작동할 수 있도록 한다는 사실을 알아냈다. 염색체는 DNA와 단백질로 구성되어 있다. DNA는 생명의 모든 활동에 대하여 세포에 구체적인 지시를 내린다. **예를 들어**, DNA는 다양한 여러 활동을 할 수 있도록 세포를 분열시키도록 명령을 내린다. DNA는 꽃의 색깔이나 인간의 머리카락 색깔 같은 물리적인 특징을 결정하는 암호를 가지고 있다.

(a) 예를 들어
(b) 게다가
(c) 사실
(d) 그것에 의하여

정답 **(a)** 예를 들어

　주어진 지문에서 빈 칸에 들어갈 적절한 접속사를 묻는 문제입니다. ① DNA의 역할은 세포에 구체적인 명령을 내리는 것이라고 합니다. 빈 칸 뒤에서 그 구체적인 예로서 ② DNA가 세포에 분열을 하도록 명령을 내린다는 내용이 언급되었습니다. 따라서 빈 칸에서는 앞의 일반적 진술에 대한 구체적 예를 나타내는 예시 기능의 "For example"이 가장 적절합니다.

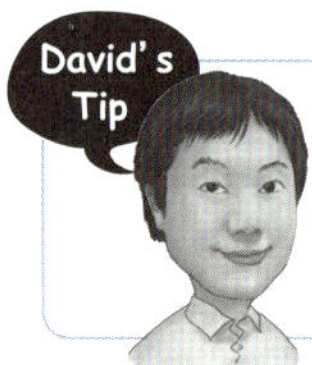

(d)의 thereby는 '그것에 의하여, 그렇게 함으로써 (by that means)'의 의미입니다. 즉 (d)가 ① DNA가 명령을 내린다 뒤에 들어가려면 ②의 내용이 "(명령을 내림으로써) 생명 유지에 도움을 준다." 는 내용으로 이어질 때 적절한 접속어가 되겠습니다.

| 필수어휘 |

chromosome n. 염색체　　nucleus n. 세포핵, 핵　　contain v. 가지다, 보유하다　　function v. 작동하다
be made up of ~ ~으로 구성되다 (consist of, comprise)　　protein n. 단백질
instruction n. 지시, 명령 (direction, guidance)　　direct v. 지시하다, 명령하다　　determine v. 결정하다
characteristic n. 특징

Dan Brown's bestselling novel "The Da Vinci Code" ① **rocked not just the literature community**, but the entire world that up to this day, his bestselling book has been the topic of much criticism and debate. What made his book one of the most controversial books of the twenty-first century was that, in his book, ② **Brown introduced the claim that is contrary to the teachings of the Roman Catholic Church**, Jesus Christ had married Mary Magdalene and through her, fathered a royal bloodline that extends to the modern day by introducing in his novel the Priory of Sion, a secret society whose main purpose was to protect not just this secret that the Roman Catholic Church has exhaustively aimed to purge throughout time, but also the descendants of Christ and Mary Magdalene. <u>However</u>, ③ **officials from the Roman Catholic Church opposed the information presented in his novel**.

    (a) Thus
    (b) Indeed
    (c) In addition
    (d) However

우리말 해석

Dan Brown의 베스트 셀러 소설 『The Da Vinci Code』는 문학계뿐만 전 세계를 뒤흔들었다. 오늘날까지도 베스트 셀러인 이 책은 많은 비평과 토론의 대상이 되고 있다. 그의 책이 21세기에 가장 논쟁의 대상이 되도록 만든 것은 저자인 Brown이 로마 가톨릭 교회에서 가르치는 것과 대조되는 주장을 했기 때문인데, 예수 그리스도가 Mary Magdalene와 결혼하였고 그녀를 통해 현대까지 이어진 왕족 혈통의 자손을 나았다는 주장을 소설 속에서 비밀 단체인 Priory of Sion을 소개함으로 이야기했다. 이 단체는 가톨릭 교회가 오랜 세월 동안 철저히 지워버리고자 한 이 비밀을 지키는 것뿐 아니라 그리스도와 Mary Magdalene의 후손들까지 보호하는 것을 목표로 한다고 한다. **그러나** 로마 가톨릭 교회의 관계자들은 그의 소설에 제시된 정보에 이의를 제시했다.

    (a) 그러므로
    (b) 분명히
    (c) 게다가
    (d) 그러나

정답 **(d)** 그러나

만점 해설 주어진 지문의 내용을 읽고 빈 칸에 들어가기에 적절한 접속어를 묻는 문제입니다. ① 다빈치 코드가 전세계에서 논란을 일으켰다고 합니다. ② 그 이유로 가톨릭 교회의 가르침과 상반되는 주장을 했기 때문이라고 하고, 뒤이어서 작가의 주장이 계속됩니다. 빈 칸 다음으로는 ③ 로마 가톨릭의 관계자들의 대응이 작가의 생각과는 다르다는 내용으로 이어지고 있기 때문에 '역접'의 의미를 나타내는 접속사 "However"가 정답으로 가장 적절합니다.

(a)의 thus(그러므로)는 인과관계를 나타내는 접속어입니다. 작가가 주장하였기 때문에 반대를 하였다는 말은 정답으로 적절하게 보일 수 있지만 논리적으로 틀린 내용입니다. "Thus" 앞에 가톨릭 교회가 그 말에 반대하게 된 근거가 제시되어야 논리적으로 자연스럽기 때문입니다. 즉 "역사적 사료에도 Brown의 주장을 뒷받침 하는 내용이 없다." 또는 "Brown의 주장에는 결함이 있다."와 같은 내용이 있을 때 정답이 될 수 있겠습니다.

| 필수어휘 |

criticism n. 비평, 비판　　controversial a. 논란의 여지가 있는　　bloodline n. 혈통　　exhaustively adv. 철저하게, 남김없이
father v. ~의 아버지가 되다, ~을 낳다 (기르다)　　purge v. 정화하다, 제거하다 (clean out, erase)
descendant n. 자손, 후예 (offshoot, posterity)

17 | 출제유형 | 중심내용　　　　　　　　　　　　　　　　　　　　　　난이도 ★★☆

Underestimating the Americans, Hitler launched his last reserves west into the Ardennes country of Belgium and Luxembourg in the Battle of the Bulge (December 1944-January 1945). He felt that despite massive Allied gains, a hard blow would cause popular support for the war in America to collapse, and would lead to the disintegration of the coalition arrayed against him. ① **All he accomplished, however, was to draw away troops needed in the east, allowing the Soviet army's winter offensive to roll all the way to the gates of Berlin.** Hitler decided to remain in the city, hoping to inspire its defenders and anticipating a breakup of the Allies' alliance. ② **When neither of these hopes was realized,** ③ **he appointed Karl Dönitz, the head of the navy and a devoted Nazi, as his successor.** ④ **He then married his mistress Eva Braun and committed suicide in Berlin on April 30, 1945.**

Q. What is the best title of the passage?

(a) The End of Hitler
(b) Karl Dönitz: Hitler's Successor
(c) Defeat of the Allies
(d) Hitler and His Mistress

우리말 해석

미국을 과소 평가한 Hitler는 Bulge 전투(1944년 12월–1945년 1월)에서 그의 마지막 예비부대를 벨기에와 룩셈부르크의 접견지인 Ardennes 지방으로 서진시켰다. Hitler는 연합군의 막대한 승리에도 불구하고, 강력한 공격 한 번이 전쟁에 대한 미국인의 지지를 무너뜨릴 것이며, 그와 대치하던 연합군의 붕괴를 유발할 것이라 생각했다. 그러나 그가 이룬 것이라고는 동쪽 지방에서 필요했던 군대를 이동시켰고 그 결과로 소비에트 군대가 겨울 공세를 몰아 Berlin 입구로 들어가도록 허락한 것이었다. Hitler는 연합군의 동맹이 깨질 것을 예상하며 수비군에 용기를 불어넣고자 도심지역에 남기로 결정했다. 이 모든 것이 희망이 수포로 돌아가자 Karl Dönitz를 해군장 및 독일공산당위원, 즉 자신의 후계자로 임명하였다. 이후 그는 그의 정부였던 Eva Braun과 결혼했으며 1945년 4월30일 Berlin에서 자살하였다.

|질문| 지문의 제목으로 가장 적절한 것은 무엇인가?

(a) 히틀러의 최후
(b) Karl Dönitz : 히틀러의 후계자
(c) 연합군 패배
(d) 히틀러와 그의 정부

정답 (a) 히틀러의 최후

만점 해설　주어진 지문의 제목을 묻는 문제입니다. 문장 ①과 ②에서 2차 세계 대전 말에 히틀러의 어려운 상황이 먼저 묘사되었고, 이어서 그가 ③ 후계자를 정한 후에, 결국에는 ④ 결국 자살을 하게 되었다는 이야기가 지문의 마지막에 나옵니다. 따라서 '히틀러의 최후'가 가장 적절한 제목이 되겠습니다.

David's Tip

지문의 후반부에서 Karl Dönitz를 후계자를 임명하였다는 내용이 언급되었습니다. 그러나 지문의 제목이라고 하기에는 부족한 보기입니다. 적절한 제목을 찾는 문제나 주제를 묻는 문제에서 정답은 주어진 지문의 내용을 전반적으로 요약한 것입니다. Karl Dönitz를 후계자로 정한 것은 히틀러가 "마지막"을 준비하는 과정의 하나의 언급된 것이지 글의 중심 내용이라고 할 수 없습니다.

| 필수어휘 |

underestimate v. 과소평가하다　　reserve n. 예비군대; v. 예약,예비하다　　massive a. 막대한, 대량의
disintegration n. 분열　　coalition n. 연합　　array n.(v) 배치(하다)　　offensive n. 공격, 공세; a. 화나게 하는
anticipate v. 예상하다

A new study shows that ① **eating purple corn is a powerful weapon in the fight against colon cancer cells.** Experts say that the vegetable's pigment ② **not only completely stops cancer cells growing, but also kills some 20 percent of them** without affecting healthy cells. ③ **The secret?** ④ **The colorful pigment of a purple corn—the anthocyanin** gives vegetables and fruits their rich red, purple and blue colors. Only very little anthocyanin is absorbed into the bloodstream but a large proportion travels through the gastrointestinal tract where those tissues absorb the compound. ⑤ **Anthocyanin can also be found in blueberries, raspberries, red apples, eggplant, rhubarb, red cabbage, and blackcurrants.**

Q. What is the passage mainly about?

(a) The secret of the different colors of the corn
(b) The beneficial effect of eating foods rich in anthocyanin
(c) Methods to treat colon cancer cells effectively
(d) A new study that leads to the discovery of anthocyanin

우리말 해석

새로운 연구는 보라색 옥수수의 섭취가 결장암 세포에 대항하는 강력한 무기라는 것을 보여준다. 전문가들은 채소의 색소가 암세포의 증식을 완전히 차단할 뿐만 아니라 건강한 세포에 영향을 미치지 않으면서 약 20%의 암세포를 죽인다고 한다. 비밀은 무엇일까? 바로 보라색 옥수수의 풍부한 색채의 색소가 바로 그것이다. 안토시아닌은 채소와 과일에 풍부한 적, 청, 보라색을 띄게 한다. 매우 적은 양의 안토시아닌이 혈관을 통해 흡수되지만 대부분이 위장 경로를 통해 이동하게 되어 합성물질이 그 조직으로 흡수된다. 안토시아닌은 블루베리, 라즈베리, 빨간 사과, 가지, 대황, 적채, 까막 까치밥 열매 등에서도 발견된다.

|질문| 지문은 주로 무엇에 관한 내용인가?

(a) 옥수수의 다양한 색깔의 비밀
(b) 안토시아닌이 풍부한 음식을 섭취하여 얻는 이득
(c) 결장암 세포를 효과적으로 대처하는 방법들
(d) 안토시아닌의 발견을 이끄는 새로운 연구

정답 (b) 안토시아닌이 풍부한 음식을 섭취하여 얻는 이득

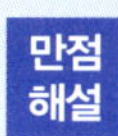

만점 해설 주어진 지문의 주제를 묻는 문제입니다. 글의 전반부에서 ① 보라색 옥수수가 결장암과 싸우는 데 도움을 준다고 하고 ② 암세포 증식을 억제할 뿐 아니라 암세포를 없애는 효과도 있다고 합니다. ③ 비밀은 ④ 바로 안토시아닌 때문이라고 하며 ⑤ 안토시아닌이 풍부한 음식들이 열거됩니다. 따라서 글의 내용을 가장 잘 요약한 (b)가 정답입니다.

안토시아닌이 결장암 치료에 좋다고 언급된 앞 부분만을 읽고 오답 (c)의 함정에 빠져서는 안 됩니다. 또한, (c)가 정답이 되기 위해서는 주어진 글이 결장암 세포에 대처하는 방법들 (화학요법, 약물용법 등)에 관한 자세한 내용이 언급되어야 하는데 그렇지 않기 때문에 정답이 될 수 없습니다.

| 필수어휘 |

colon cancer 결장암　　pigment n. 색소　　absorb v. 흡수하다　　bloodstream n. 혈관　　gastrointestinal a. 위장의
compound n. 합성물질 복합체

19 | 출제유형 | 중심내용

난이도 ★☆☆

Dear Miss Pearse,

Following our interesting discussion last Wednesday, ① **I am pleased to offer you the post of Sales Manager in our EFL division**, starting Monday, November 5, 2008.

I enclosed two copies of our statement of Terms and Conditions of Employment for the post. Kindly sign the bottom copy and return it to us as soon as possible to confirm acceptance of this offer. Please do not hesitate to contact me if you have any questions. I also enclosed a check of $12.50 for your travel expenses for the interview.

I look forward to welcoming you to the company, and hope that your career in our EFL division will be long, pleasant, and rewarding.

Yours Sincerely,

Norbert Frampton

Q. What is the purpose of the letter?

(a) To offer a job
(b) To apply for a job
(c) To pay for services
(d) To request for a loan

우리말 해석

Pearse양에게,

지난 수요일에 가졌던 우리의 흥미로운 논의에 따라 2008년 11월 5일 월요일 부로 당신에게 EFL부서의 영업부장직을 권하게 되어 기쁩니다.

채용에 대한 계약서의 복사본 2부를 동봉합니다. 우리의 제의를 수락한다는 확인으로서 최대한 빠른 시일 내에 복사본의 아래 부분에 서명하여 돌려 보내주십시오. 문의 사항이 있으시면 언제든지 저에게 연락해주시기 바랍니다. 그리고 면접 시의 교통비로 12.5달러를 동봉합니다.

당신을 회사에서 환영하게 될 것을 고대하며, EFL 부서에서의 재직 기간이 당신에게 오랫동안 즐겁고 보람되기를 기원합니다.

Norbert Frampton 드림

|질문| 편지의 목적은 무엇인가?

(a) 일자리를 제의하기 위해
(b) 구직하기 위해
(c) 서비스에 대한 지불을 위해
(d) 대출을 신청하기 위해

정답 (a) 일자리를 제의하기 위해

만점해설　편지의 목적을 묻는 문제입니다. 지문의 앞 부분 ①에서 "offer you the post of Sales Manager"라는 말에서 수신자에게 일자리를 제의하고 있다는 것이 명시적으로 드러나 있습니다. 따라서 정답은 (a)가 되겠습니다.

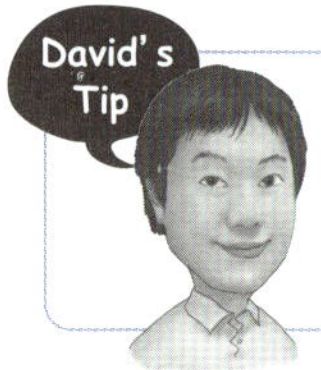

David's Tip

편지의 목적을 묻는 문제에서는 먼저 발신자와 수신자를 확인하고, 발신자의 바램, 감정 상태 등에 주의를 기울여 글을 읽는 것이 필요합니다. 이 문제에서도 정답의 근거가 되는 문장이 "I am pleased to offer~"로 시작하는 문장인 것을 확인하면 보다 쉽게 정답에 접근할 수 있습니다.

| 필수어휘 |

enclose v. 동봉하다　　Terms and Conditions 약관, 계약조건　　post n. 자리, 근무처, 지위　　acceptance n. 수락

①**Messiah, in theology, means the Anointed One, the Christ.** It was the Hebrew name for the promised deliverer of humankind, ②**assumed by Jesus and given to him by Christians.** ③**The English word is derived from the Hebrew māshīah,** meaning "anointed." ④**In the Greek version of the Hebrew Bible, the Septuagint, this word is translated by the word Christos, from which "Christ" is derived.** ⑤**Hence the name Jesus Christ identifies Jesus as the Messiah,** although Jewish religion asserts that the Messiah is yet to come. The concept of the Messiah combines the Hebrew ideal of a Davidic king with the priestly tradition exemplified by Moses.

Q. What is the purpose of the passage?

    (a) To discuss the religious controversy over the term, Messiah
    (b) To highlight the conflicts between Christians and Jews
    (c) To assert that Jesus Christ is the Messiah
    (d) To foretell the coming of the messiah, Jesus Christ

우리말 해석

신학에서 메시아는 기름 부음 받은 자, 즉 그리스도를 뜻한다. 메시아는 약속된 인류의 구원자의 히브리어 이름이었으며 예수가 가진 이름이자 기독교들에 의해 부여된 것이다. 영어 단어는 '기름 부음을 받은 자'라는 뜻의 히브리어 māshīah에서 유래했다. 히브리 성경의 그리스어 판 Septuagint에서 이 단어는 "Christ"의 유래가 된 Christos라는 단어로 번역되었다. 따라서 유대교에서 메시아는 아직 오시지 않았다고 주장할 지라도 예수 그리스도(Jesus Christ)라는 이름이 예수가 메시아임을 확인해준다. 메시아의 개념은 다윗의 자손 왕이라는 히브리 개념과 모세에 의해 예증된 성직 전통이 결합된 것이다.

|질문| 지문의 목적은 무엇인가?

    (a) 메시아라는 단어에 대한 종교적인 논쟁을 논의하기 위해서
    (b) 기독교인과 유대교인 사이의 갈등을 강조하기 위해서
    (c) 예수 그리스도(Jesus Christ)가 메시아라는 점을 주장하기 위해서
    (d) 예수 그리스도, 메시아의 출현을 예언하기 위해서

정답 (c) 예수 그리스도(Jesus Christ)가 메시아라는 점을 주장하기 위해서

만점 해설 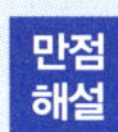 주어진 지문이 쓰여진 목적을 묻는 문제입니다. 글의 구조를 보면 첫 문장 ①에서 "메시아"가 예수를 가리킨다고 합니다. 그리고 이어지는 ②에서 그리스도인들이 그 명칭을 주었다고 합니다. ③과 ④에서는 "메시아"의 히브리어 기원과 그 말이 그리스어로 "그리스도"라는 의미로 쓰였기 때문에 ⑤ '예수가 곧 메시아이다'는 내용으로 이어집니다. 따라서 이 글이 쓰여진 목적은 예수 그리스도가 곧 '메시아'임을 주장하기 위해서가 가장 적절하겠습니다.

주어진 글 후반부에 유대인들은 메시아가 아직 오지 않았다는 내용이 언급되었지만, 그것을 논의하기 위해서 쓰여진 글이라고 하기에는 부족합니다. 즉, '예수가 메시아가 맞다, 아니다'는 다양한 의견이 있다는 점을 설명하기 위해 쓴 글이 아니기 때문입니다. 오히려 유대인과 반대 입장에서 '예수 그리스도가 메시아이다.'는 주장을 하고 있습니다. 따라서 오답인 (a)를 고르지 않도록 주의하세요.

| 필수어휘 |

theology n. 신학   deliverer n. 인도인, 구조자   be derived from ~에서 유래하다   priestly a. 성직의

21 | 출제유형 | 내용일치

난이도 ★★☆

> The physical build of the Filipino, notwithstanding the strong racial crossing with westerners, remains decidedly Oriental. The mestizo even retains some characteristics of the white ancestor, but his build, his nervous system, his bodily movements deflects very sensibly towards the Oriental. Even the children of pure Western parents soften into a mild complexion. ① **The phenomenon**, that to a certain extent experienced by all the residents in this part of the world some time after their arrival, and which was called "aplatanamiento" by the old Spaniards, ② **is a natural consequence of the nutrition and of the physical milieu.**

Q. Which of the following is correct according to the passage?

(a) The mestizos have milder complexion than the people who migrated to the Philippines.

(b) Spanish children in the Philippines are suffering from disorders related with nervous system.

(c) Filipinos are endowed with Western ideas and education but remain strongly Oriental.

(d) Food and environment played an important role in deciding the physical traits of some people in the Philippines.

우리말 해석

필리핀인의 신체적 체격은 서양인과의 강한 인종적 교차성에도 불구하고 분명히 아시아인으로 남는다. 메스티조 또한 백인 조상의 어떤 특성을 가지고 있음에도 불구하고 그 신체골격과 신경체계, 신체 운동은 매우 두드러지게 아시아계로 편향된다. 순수한 백인 부모의 자녀들조차도 어느 정도 부드러운 색을 띠는 피부를 점차 가지게 된다. 이런 현상은 (서양의 이민자들이) 이 지역에 도착 이후 어느 정도 시간이 지나면 모두 경험을 한다. 옛날에 스페인들이 "aplatanamiento"로 부르기도 했던 이 현상은 영양섭취와 물리적인 환경에 의해 자연적으로 발생한 결과이다.

| 질문 | 지문의 내용과 일치하는 것은?

(a) 메스티조는 필리핀으로 이주한 사람들에 비해 연한 피부 빛을 가지고 있다.

(b) 필리핀에 사는 스페인 아동들은 신경계와 관련된 장애에 의해 고통 받는다.

(c) 필리핀인은 서양식 관념들과 교육을 받고 있으나 강력하게 아시아적인 특성을 가진다.

(d) 음식과 환경은 어떤 필리핀인들의 신체적인 특성들을 결정짓는 데에 중요한 역할을 했다.

정답 **(d)** 음식과 환경은 어떤 필리핀인들의 신체적인 특성들을 결정짓는 데에 중요한 역할을 했다.

 주어진 지문의 내용과 일치하는 것을 묻는 문제입니다. 필리핀 사람들의 신체적 특징과 필리핀으로 이주한 사람들이 피부색이 변하는 현상에 대한 내용입니다. 정답이 되는 근거가 되는 문장으로, ① 피부색이 바뀌는 현상이 ② 영양섭취와 환경 때문에 자연적으로 발생하고 있다고 합니다.

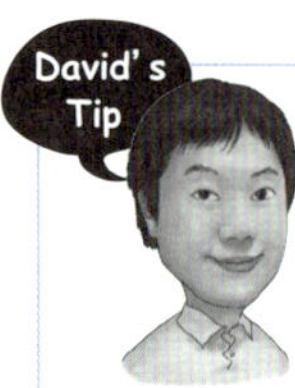 주어진 글의 전반부에서 서양인과 인종적으로 교차되었다는 내용이 언급되었습니다. 그러나 (c)의 서양적 관념과 교육은 글에서 언급되지 않았습니다. 유전자적으로 서양의 영향을 받았다는 것이지 서양식 교육이 신체 특징에 영향을 미친 것은 없으므로 정답이 될 수 없습니다.

| 필수어휘 |

racial a. 인종의　　decidedly adv. 분명히, 확고하게 (absolutely, by all means)　　deflect v. 편향하다, 기울다
complexion n. 피부 빛깔 (skin coloring, skin tone)　　phenomenon n. 현상　　consequence n. 결과, 귀결
milieu n. 환경 (environment, atmosphere, ambience)

① **Ibsen's title for the play** described the predicament of Nora as a plaything who was pleasing to the eye and whose role was to add charm in the home, just like the role of a doll. In the last scene, she confronts her husband regarding this and that, like a doll in a doll house. Nora's role was to entertain and please her husband by following every single order that he gives, performing every trick to entertain him while at the same time remaining helpless and unable to survive on her own. ② **In the case of Wilson's "The Piano Lesson,"** the play focused on the discrimination being experienced by African-Americans as a result of slavery and other acts of degradation as a form of legacy that African-Americans continued to live with during the twentieth century.

Q. What is the best title for this passage?

(a) Last Scenes in the Play
(b) An Analysis of Two Plays
(c) Wilson's "The Piano Lesson"
(d) Predicaments of Two People

우리말 해석

Ibsen의 연극 제목은 눈요기 감인 노리개로서 그 역할이 마치 단지 인형과 같이 가정에서 즐거움을 더하는 역할인 Nora의 비참함을 묘사하였다. 마지막 장면에서 그녀는 마치 인형의 집에서의 인형과 같이 남편에게 이것 저것 따지고 든다. Nora의 역할은 힘없고 스스로 생존하지 못하는 상태인 채로 남편의 명령 하나하나를 전부 따르고 거기에 있는 모든 계략을 해냄으로 그를 즐겁게 하고 기쁘게 하는 것이다. Wilson의 "피아노 수업"이라는 연극의 경우에는 20세기를 살아왔던 아프리카계 미국인의 유산의 한 형태인 노예제도와 그 밖의 신분하락 행위의 결과로 아프리카계 미국인이 경험하는 차별에 초점을 맞추었다.

|질문| 지문의 제목으로 가장 적절한 것은?

(a) 연극의 마지막 장면들
(b) 두 연극의 분석
(c) Wilson의 "피아노수업"
(d) 두 인물의 곤경

정답 (b) 두 연극의 분석

만점 해설 주어진 지문의 제목을 추론하는 문제입니다. 이와 같이 제목을 묻는 문제에서는 글의 전반적인 내용을 포괄할 수 있는 보기를 정답으로 고르는 것이 중요합니다. 글 전반부에서는 ① Ibsen의 연극을 설명하고 후반부에서는 ② Wilson의 연극에 대해 설명하므로 두 개의 다른 연극 내용을 분석하고 있다고 보는 것이 가장 적절합니다.

David's Tip

주어진 보기 중 (a)연극의 마지막 장면들은 글의 내용에 비해 너무 포괄적인 제목입니다. (a)는 글의 내용에서 연극들의 마지막 장면들의 종류와 그 특징들이 나열될 때 적합한 제목입니다.

| 필수어휘 |

predicament n. 곤경 비참함 (hardship, plight)　　　plaything n. 장난감, 노리개 (toy, amusement)　　　confront v. 대면하다
discrimination n. 차별　　　degradation n. 하락, 타락

23 | 출제유형 | 내용일치

난이도 ★★☆

Are you aiming for the top? It's hard to get there in any business—in a career in hospitality management, it's really tough. No other profession requires so many skills. At the world's first hotel school in Lausanne, Switzerland, we only accept students with the drive to succeed. You'll spend four years combining theory with practice in all areas of hotel management. You'll study not only finance, marketing law and human resources, but also kitchen, service and housekeeping. And ① **you'll do two six-month paid internships.** No one will be better trained. No one will have a better chance to go all the way.

ECOLE HOTELIERE DE LAUSANNE

Q. Which of the following is correct according to the ad?

(a) The school owns the first hotel in the world.
(b) A student of this school can have chances to make money while studying.
(c) The school focuses only on practice.
(d) Building a career in hospitality management is not so demanding.

우리말 해석

최고가 되길 원하십니까? 어떠한 사업에서든지—서비스 경영직에서 얻기 힘든 것입니다. 정말로 힘들죠. 다른 어떤 전문직에서도 이만큼 많은 기술을 필요로 하지는 않을 겁니다. 스위스 Lausanne에 있는 세계 최초의 호텔 학교인 저희 학교에서는 오직 성공을 하고자 하는 학생만을 받고 있습니다. 당신은 호텔 경영의 모든 영역에 걸쳐 이론과 실제를 결합한 4년의 시간을 보내게 될 것입니다. 당신은 회계, 마케팅 법률 및 인사 관련에 대해 공부할 뿐 아니라 주방, 서비스 및 객실 관리에 대해서도 배우게 될 것입니다. 그리고 6개월의 유급 인턴직을 두 차례 하게 될 것입니다. 그 누구도 더 나은 훈련을 받지는 못할 것입니다. 향후 누구보다 더 나은 기회를 가지게 될 것입니다.

에꼴 호텔리어 데 로잔

|질문| 다음 중 광고의 내용과 일치하는 것은?

(a) 이 학교는 세계 최초의 호텔을 소유하고 있다.
(b) 이 학교의 학생은 공부하는 동안 돈을 벌 수 있는 기회를 가질 수 있다.
(c) 이 학교는 오직 실전에만 중점을 두고 있다.
(d) 서비스경영 경력을 쌓는 것은 별로 어려운 일이 아니다.

정답 **(b)** 이 학교의 학생은 공부하는 동안 돈을 벌 수 있는 기회를 가질 수 있다.

 **만점 해설** 주어진 지문을 읽고 내용과 일치하는 사실을 묻는 문제입니다. 주된 내용은 호텔 학교에 대한 광고로서 이론과 실제를 결합하여 호텔과 관련된 다양한 영역을 공부할 수 있다고 하였습니다. 지문의 후반부 ①에서 "paid internship"(유급 인턴직)을 두 번이나 수행한다고 했으므로 공부하는 중에 돈을 벌 수 있는 기회를 가질 수 있다는 내용이 정답으로 적절하겠습니다.

 **David's Tip**

주어진 글에서 '세계 최초의 호텔 학교'라는 부분이 초반부에 언급되었습니다. 그러나 (a)최초의 호텔을 소유하고 있다는 내용은 글에서 언급된 내용이 아닙니다. 선택지의 일부분이 글의 내용과 일치하는 경우에 성급하게 정답으로 오인하는 경우가 생기므로 꼼꼼히 선택지를 확인하셔야 합니다.

| 필수어휘 |

hospitality n. 접객 서비스, 친절히 접대함 　 profession n. 전문직, 직업 (vocation, occupation)
combine v. 결합하다, 통합하다 　 demanding a. 많은 것을 요구하는, 어려운 (difficult, challenging, arduous)

From the start, Hollywood has been fascinated by wild beasts — elephants, tigers, lions, apes, rhinos, and any other species that could be worked into a film. **① Few Hollywood adventures with wildlife have had much connection with the real thing. ②Film makers generally swing to the extreme or to another:** either **③they make wild animals seem tamer than they are**, or **④they make them seem wilder than they are.** Two species that have gotten distorted reputations are the gorilla and the wolf. Until recently, the movies have pictured both as villains. It is part of movie folklore that gorillas are vicious animals, dangerous when they are encountered, always ready to attack humans out of sheer blood lust. It is only in relatively recent years that ethnologists — scientists who study animals in their native environments — have made a concerted effort to change the old images.

Q. Which of the following is correct according to the passage?

(a) Wild animals in most Hollywood movies were far from the real thing.
(b) Ethnologists are creating distorted reputations for wildlife.
(c) Tigers, rhinos, wolves, and gorillas are tamed animals in reality
(d) Hollywood films were reluctant to star wild animals.

우리말 해석

초기부터 Hollywood 는 야생동물들 — 코끼리, 호랑이, 사자, 유인원, 코뿔소 및 영화에서 작업이 될 만한 어떤 다른 종류의 동물들에 매료 되어왔다. Hollywood 영화에서 나오는 야생동물과의 모험은 실제와는 많이 달랐다. 영화 제작자들은 일반적으로 양극단을 오고 간다. 즉, 야생동물을 실제보다 온순하게 연출하거나 더 야생적으로 연출한다. 왜곡된 평판을 갖게 된 두 종류의 동물로는 고릴라와 늑대가 있다. 최근까지도 영화들은 그 두 동물을 악당으로 그려냈다. 고릴라는 맞서게 될 때 사악하고 위험한 동물이며, 언제든지 피를 반드시 피를 부르는 욕망으로 인간을 공격할 준비가 되어있다는 것은 영화계의 오랜 속설 중 하나다. 비교적 최근에 들어서야 민족학 학자들(자연환경에서의 동물을 연구하는 과학자)이 옛날의 잘못된 이미지들을 바꾸기 위한 협력을 했다.

|질문| 다음 중 지문의 내용과 일치하는 것은?

(a) 대부분의 Hollywood 영화들의 야생동물은 실제모습과 매우 동떨어져 있다.
(b) 민족(인종)학자들은 야생동물들의 왜곡된 평판을 만들어왔다.
(c) 호랑이, 코뿔소, 늑대 및 고릴라는 실제로 유순한 동물들이다.
(d) Hollywood 영화는 야생동물을 영화에 출연시키길 꺼려했다.

정답 (a) 대부분의 Hollywood 영화들의 야생동물은 실제모습과 매우 동떨어져 있다.

 **만점 해설** 주어진 지문의 내용과 일치하는 것을 묻는 문제입니다. ① 야생동물의 본 모습을 제대로 그린 영화는 거의없다고 했습니다. 게다가 ②에서 영화제작자들이 양극단적인 입장을 취했다고 합니다. 야생동물은 본래 모습보다 ③ 너무 온순하게 그리거나, ④ 너무 사납게 그렸다고 합니다. 따라서 Hollywood 영화에서 보이는 야생동물의 모습이 왜곡되어 있다는 것이 정답입니다.

 **David's Tip** ①에서 "few"는 부정적인 의미를 가지고 있습니다. 마찬가지로 "little"도 역시 부정적인 의미를 가지므로 "few"나 "little"이 포함된 문장은 부정적으로 해석해야 합니다. 이와는 반대로 "a few"나 "a little"은 긍정적인 의미이며, 그 수량이 "약간 있다"정도로 해석해야 합니다.

| 필수어휘 |

fascinate v. 매료시키다　　　tame a. 온순한 (domesticated, compliant)　　　distort v. 왜곡하다 (deform, falsify)
folklore n. 관습, 속설, 민속학　　　villain n. 악역, 악당　　　vicious a. 사악한　　　sheer a. 절대적인, 완전한

25 | 출제유형 | 내용일치
난이도 ★★☆

The Great Barrier Reef is one of the most popular natural wonders of the world. It has now become a natural park in Australia and is considered the largest of its kind in the world. The Great Barrier Reef was first discovered by Captain James Cook in the 1700s when he came across its southern tip at Lady Elliot Island. He referred to it as a huge wall of Coral Rock. ① **Its labyrinth whose formation was ascribed to animals inhabiting the sea** was unbelievably complicated. Initially, the Great Barrier Reef was viewed by explorers as a navigation hazard that should be feared and avoided. But it is now regarded as a geological wonder which ② **scientists have considered a seemingly never ending realm of underwater flora and fauna.**

Q. What is true of the Great Barrier Reef?

(a) It is the largest island in the world.
(b) Captain James Cook is credited for conquering it.
(c) It has various types of underwater organisms.
(d) It was discovered in the 17th Century.

우리말 해석

대보초(Great Barrier Reef)는 세계에서 가장 인기 있는 자연 불가사의 중 하나이다. 현재는 호주의 자연공원이 되었으며 세계에서 가장 큰 공원으로 여겨진다. 대보초는 1700년대에 James Cook 선장에 의해 그가 Lady Elliot 섬의 남쪽 끝을 횡단했을 때 발견되었다. 그는 이것을 거대한 산호바위 벽이라고 명했다. 대보초의 생태는 바다에 서식하는 동물들로 인해 그 구조가 믿을 수 없을 만큼 복잡하였다. 원래 대보초는 두려워하고 피해야 하는 항해의 위험요소로 간주되었다. 하지만 지금은 경이로운 자연의 모습으로 여겨지고 있고, 과학자들은 해저 식물과 동물의 끝없는 왕국으로 보고 있다.

|질문| 대보초에 관한 내용 중 옳은 것은 무엇인가?

(a) 세계에서 가장 큰 섬이다.
(b) James Cook 선장이 이것을 정복했다고 알려진다.
(c) 다양한 종류의 해저 생물을 가지고 있다.
(d) 17세기에 발견되었다.

정답 (c) 다양한 종류의 해저 생물을 가지고 있다.

만점 해설 주어진 지문의 대보초에 대한 내용과 일치하는 것을 묻는 문제입니다. 정답의 근거가 되는 부분은 지문의 중반 ①에서 그 복잡한 구조가 바다에 사는 동물들에 의해 만들어졌다고 하고, ②에서 과학자들은 대보초가 해저 동식물의 끝없는 왕국이라고 생각한다는 내용이 언급되었습니다. 따라서 다양한 해저 동식물이 서식하고 있다는 (c)가 정답으로 가장 적절하겠습니다.

David's Tip 주어진 글의 초반에서 James Cook 선장에 의해서 대보초가 발견되었다는 내용이 나옵니다. 따라서 대보초를 정복(conquer)한 것이라는 (b)의 내용은 지문의 내용과 일치하지 않으므로 정답이 될 수 없습니다.

| 필수어휘 |

labyrinth n. 미로, 복잡한 것 (maze, complexity)　　formation n. 형성, 구성　　navigation n. 항해, 여로
hazard n. 위험 (risk, peril, jeopardy)　　realm n. 영역, 분야, 왕국　　flora and fauna 식물과 동물, (한 지역의) 동식물상

Antimatter is a substance composed of subatomic particles that have the mass, electric charge, and magnetic moment of the electrons, protons, and neutrons of ordinary matter but for which the electric charge and magnetic moment are opposite in sign. The antimatter particles corresponding to electrons, protons, and neutrons are called positrons(e+), antiprotons (p), and antineutrons(n); collectively they are referred to as antiparticles. The positron has a positive charge; the antiproton a negative charge and the antineutron, though electrically neutral, has a magnetic moment opposite in sign to that of the neutron. ① **Matter** and ② **antimatter** ③ **cannot coexist at close range** for more than a small fraction of a second because ④ **they collide with and annihilate each other,** releasing large quantities of energy in the form of gamma rays or elementary particles.

Q. Which of the following is correct according to the passage?

(a) Subatomic particles hardly have electrical charges.
(b) Antimatter releases huge energy when extremely heated.
(c) Molecules are made up mainly of positrons and antiprotons.
(d) Antimatter tends to destroy matter when encountered with it.

우리말 해석

반물질이란 보통 물질의 전자, 양자, 및 중성자의 질량, 전하 및 자기모멘트를 가지고 있으나 전하와 자기모멘트가 반대 신호를 가지고 있는 소립자로 구성된 물질이다. 전자, 양자 및 중성자에 반응하는 소립자를 양전자(e+), 반양성자(p), 그리고 반중성자(n)라고 부르며 공통적으로 그들을 반입자라고 한다. 양전자는 양전하를 가지고 있고 반중성자는 음전하를 가지며 전기적으로 중성인 반중성자는 중성자와 반대되는 신호의 자기모멘트를 가진다. 물질과 반물질은 아주 짧은 시간 동안에도 근접한 위치에 존재할 수 없다. 왜냐하면 서로 충돌하고 파괴시키며, 감마선 또는 소립자의 형태로 많은 양의 에너지를 방출시키기 때문이다.

|질문| 다음 중 지문의 내용과 일치하는 것은?

(a) 소립자는 전하를 거의 띄지 않는다.
(b) 반물질은 과열될 때 엄청난 에너지를 방출한다.
(c) 분자는 주로 양전자와 반양성자로 구성된다.
(d) 반물질은 물질과 만나면 물질을 파괴하는 경향이 있다.

정답 **(d)** 반물질은 물질과 만나면 물질을 파괴하는 경향이 있다.

만점 해설 주어진 지문의 내용과 일치하는 것을 묻는 문제입니다. 주된 내용은 물질과 반물질의 특성에 관한 것으로 설명문입니다. 정답의 근거가 되는 문장을 보면, 지문의 후반 ① 물질과 ② 반물질은 ③ 서로 근처에 같이 있을 수 없다는 내용이 나옵니다. 그 이유로 가까이 있으면 ④ 서로를 파괴하는 속성이 있기 때문이라는 내용이 이어집니다. 따라서 반물질은 물질과 만나면 물질을 파괴하는 속성이 있다는 (d)가 정답으로 가장 적절합니다.

David's Tip

주어진 글과 같은 설명문에서는 각각의 개념을 우리말로 해석하지 않고 정답을 골라낼 수 있는 훈련을 해야 합니다. 특히 자신이 잘 모르는 분야의 내용인 경우에는 우리말로 바꾸려고 하지 말고, 각각의 용어를 영어 그대로 읽고 그 용어들의 특성을 이해하여 개념을 정리하여 정답에 접근하도록 합시다.

| 필수어휘 |

antimatter n. 반물질   subatomic a. 소립자의   electric charge 전하   magnetic moment 자기모멘트
electron n. 전자   proton n. 양자   neutral a. 중립의   neutron n. 중성자   collide v. 충돌하다
annihilate v. 파괴하다, 초토화시키다 (destroy completely, exterminate, eradicate, obliterate)

27 | 출제유형 | 내용일치   난이도 ★☆☆

Annie,

Yes, of course Annie, go for it and you have a good Christmas. I leave it up to you to contact them. I just finished today and ①**all my men will fly out tomorrow along with me.** ②**I am flying to Brisbane for a few days to see my kids and make a story or two with them.** I haven't seen them for a year since mom died last year on August 1, days before her 100th birthday. So I guess it will be good to make a trip, although 6 or 7 days in the city won't do me any good, as I hate the city. Hope you are well and doing what you went there for. Best Christmas wishes for you and give my best regards to your mom.

Love and good tidings for Christmas,
David

Q. Which of the following is correct according to the letter?

     (a) Annie is too busy to enjoy the coming holiday.
     (b) David is afraid that he may not be able to see his children.
     (c) Annie's mom passed away last year on August 1.
     (d) David is going to make a trip tomorrow.

우리말 해석

Annie에게,

그래, 물론 Annie야, 그렇게 하도록 하렴. 좋은 크리스마스 보내고. 그들에게는 네가 알아서 연락하렴. 난 방금 하루를 마무리했고, 내일 우리 모두는 비행기로 떠날 거야. Brisbane에 가서 며칠 동안 아이들을 보고, 아이들과 이야기 한 두 가지를 만들어야지. 난 아이들을 작년 어머니가 100번째 생일을 앞두고 8월 1일에 돌아가신 이후로 일년간 만나지 못했단다. 그래서 이번엔 좋은 여행이 될 거라 생각해. 비록 내가 도시를 싫어하다 보니 도시에서 6일이나 7일 동안 있는 건 별로지만 말이야. 잘 지내길 바란다. 그리고 그곳에 가게 된 목적대로 하렴. 네게 최고의 크리스마스가 되길 빌고 너의 어머니에게도 안부 전해줘.

사랑과 크리스마스의 기쁜 소식을 담아
David으로부터

|질문| 다음 중 편지의 내용과 일치하는 것은?

     (a) Annie는 곧 오게 될 휴가를 즐기기에는 너무 바쁘다.
     (b) David은 그의 아이들을 볼 수 없을까 걱정이다.
     (c) Annie의 어머니는 작년 8월1일에 돌아가셨다.
     (d) David은 내일 여행을 갈 것이다.

정답 (d) David은 내일 여행을 갈 것이다.

> **만점 해설** 주어진 편지의 내용과 일치하는 것을 묻는 문제입니다. 편지의 초반부에서 David은 ① 내일 동료들과 비행기로 떠난다고 하며, 뒤이어 떠나는 이유에 관하여 ② Brisbane으로 아이들을 보러 가는 것이라고 하였습니다. 따라서 편지의 내용과 일치하는 것은 'David이 내일 여행을 떠난다' 는 (d)가 정답이 되겠습니다.

주어진 글과 같은 서신은 항상 발신자와 수신자를 먼저 확인하는 습관을 들이세요. (c)는 Annie의 어머니가 돌아가셨다는 내용이지만, 편지의 내용을 보면 발신인인 David의 어머니가 돌아가셨다는 내용입니다. 또한, 마지막 문장에서 수신인인 Annie의 어머니에게도 안부를 전하는 말에서 (c)가 정답이 될 수 없음을 알 수 있습니다.

| 필수어휘 |

go for it 힘내라, 해봐   do someone good 득이 되다   do someone harm 해가 되다
give best(=kind, kindest) regards to ~ ~에게 안부를 전하다

Because ① **for many years** ② **the frog leg had been the most sensitive detector of differences in electrical potential,** final acceptance of the view that currents can be generated by living tissues had to await the construction of galvanometers sensitive enough to measure the minute currents generated in muscles and the small potential differences across nerve membranes. Galvanometers were built by the great German 19th-century electrophysiologist Du Bois-Raymond, professor of physiology in Berlin. His investigations of muscular current and electrical potential of nerves depended upon a galvanometer of his own devising that required 3.17 miles (5.10 kilometers) of wire wound in 24,000 turns. Research in this subject, called neurophysiology, grew in stature with increased understanding of both electrical phenomena and cellular physiology; it served as one point of origin for biophysics.

Q. Which of the following is true according to the article?

　　(a) We can detect electricity using a frog leg.
　　(b) A galvanometer is made from frog legs.
　　(c) Galvanometers are not as sensitive as frog legs.
　　(d) Neurophysiology originated from biophysics.

우리말 해석

오랜 시간 동안 개구리의 다리는 전위의 차이를 감지하는 가장 민감한 탐지기였기 때문에, 전류가 살아있는 세포조직에 의해 발생될 수 있다는 의견이 최종적으로 받아들여진 것은 근육에서의 미세한 전류 및 신경막을 거치는 작은 전위차를 측정할 수 있을 정도로 민감한 검류계가 탄생하고 나서였다. 검류계는 베를린의 생리학교수였던 19세기 독일 전기생리학자 Du Bois-Raymond에 의해 만들어졌다. 근육 전류와 신경 전위에 대한 그의 조사는 2만4천 번을 돌려 감은 3.17마일(5.10킬로미터)의 철사가 들어가는 직접 만든 검류계에 의존했다. 신경생리학으로 불리는 본 연구는 전기적 현상과 세포 생리학 모두에 대한 이해가 증가되면서 성장하게 되었다. 그리고 이것이 생물물리학의 한 시초가 되었다.

　　|질문| 다음 중 지문의 내용과 일치하는 것은?

　　(a) 우리는 개구리 다리로 전기를 감지할 수 있다.
　　(b) 개구리다리로부터 검류계가 만들어졌다.
　　(c) 검류계는 개구리 다리만큼 민감하지가 않다.
　　(d) 신경생리학은 생물물리학으로부터 유래되었다.

정답 (a) 우리는 개구리 다리로 전기를 감지할 수 있다.

만점 해설　주어진 지문의 내용과 일치하는 것을 고르는 문제입니다. 주된 내용은 신경생리학에 이야기입니다. ① 오랜 기간 동안 ② 개구리의 다리가 전위 차를 감지하는 가장 민감한 장치였다고 합니다. 따라서 개구리 다리를 이용해서 전기를 감지할 수 있다는 것이 정답으로 가장 적절하겠습니다.

David's Tip　글의 마지막 부분에서 신경생물학이 생물물리학의 기원으로서의 역할을 했다고 합니다. (d)에서는 두 대상이 모두 나오고 있지만 서로의 관계를 혼동하고 있으므로 오답입니다.

| 필수어휘 |

electrical potential 전위　　　current n. 전류　　　galvanometer n. 검류계　　　membrane n. (세포의) 막
physiology n. 생리학　　　devise v. 고안하다, 연구하다

29 | 출제유형 | 중심내용　　　　　　　　　　　　　　　　　난이도 ★☆☆

Attention!

There will be a Behavioral-Based Safety Training on 16-17 February 2010 at the training center. This will be facilitated by Mr. James Galang of MaintPro consultancy. We encourage all management staff to participate in this training in addition to the list of participants that we have right now. Behavioral-based safety is our program for 2010 ① to address all the unsafe behavior in our workplace. The training would include topics on the use of behavioral psychology to promote safety. Data from observations would be used for problem solving and continuous improvement. An effective safety management system requires management support as well as people involvement.

Q. What is the main purpose of the Behavioral-Based Safety Training?

　(a) To boost morale of the personnel.
　(b) To explain what behavioral psychology is.
　(c) To attract more clients to the company.
　(d) To help make the workplace free from danger.

우리말 해석

주목하세요!

행동기반 안전교육이 2010년 2월 16~17일에 훈련센터에서 있을 예정입니다. 본 교육은 MaintPro 컨설트사의 James Galang씨의 도움으로 진행됩니다. 저희가 현재 가지고 있는 참석자 명단에 있는 분들뿐만 아니라 모든 관리직 직원이 본 교육에 참석하기를 권합니다. 행동기반 안전은 근무공간에서 안전하지 못한 모든 행동들을 다루는 2010년 저희의 프로그램입니다. 본 교육은 안전을 촉진하기 위해 행동심리학을 활용한 주제들도 포함되어 있습니다. 관찰을 통한 자료는 문제해결과 지속적인 개선을 위해 사용될 것입니다. 효과적인 안전 관리 시스템은 직원들의 참여뿐 아니라 경영진의 지원도 필요합니다.

　|질문| 행동기반 안전 교육의 주된 목적은 무엇인가?

　　(a) 직원들의 사기를 고취하기 위해서
　　(b) 행동심리학이 무엇인지 설명하기 위해
　　(c) 회사에 더 많은 고객을 유치하기 위해
　　(d) 위험이 없는 근무공간을 만들도록 돕기 위해

정답 (d) 위험이 없는 근무공간을 만들도록 돕기 위해

만점 해설　주어진 지문의 내용과 일치하는 것을 고르는 문제입니다. 회사에서 낸 공고이며, 주된 내용은 앞으로 실시하게 될 안전교육의 목적이 무엇인지 묻고 있습니다. 지문의 중반부의 ①에서 이 교육을 실시하는 목적이 명확하게 언급되어 있으므로 정답은 (d)가 가장 적절합니다.

David's Tip

주어진 글에서는 교육의 이름에서 안전 교육이라는 것을 알 수 있습니다. 하지만 문제를 풀 때, 항상 본문의 내용에 근거하여 정답을 고르도록 합니다. 또한, 주의할 것은 '배경 지식'은 매우 중요한 자산이지만 답을 고를 때 사용해서는 안 됩니다. 배경 지식은 지문을 친숙하고 정확하게 읽어내는데 도움을 주는 부수 요소로만 사용하는 것이 바람직합니다.

| 필수어휘 |

participate in ~ ~에 참가하다 (take part in, partake in)
address v. 역점을 두어 다루다, (어려운 문제를) 해결하려 애쓰다 (treat, deal with, tackle)
behavioral psychology 행동심리학　　promote v. 촉진, 장려하다 (encourage, precipitate, facilitate)
observation n. 관찰, 감독　　morale n. 사기, 의욕

Biologists are now engaged in a debate about the rate at which evolution proceeds. Following Darwin's lead, ① **most biologists have assumed that species formation is a slow, gradual process that goes on all the time.** Their hypothesis that evolution occurs at a slow, constant rate is known as gradualism. ② **Recently, some biologists have challenged gradualism, arguing that species formation occurs rapidly after major environmental upheavals.** (Keep in mind that a rapid occurrence in geological time lasts may thousands of years.) Short periods of rapid species formation have been followed by long periods during which little evolution occurred. The hypothesis that evolution occurs at such irregular rates is known as punctuated equilibria.

Q. Which of the following is correct according to the passage?

　(a) Biologists have recently agreed on the rate at which evolution takes place.
　(b) Gradualism refers to a hypothesis that species formation occurs rapidly.
　(c) Punctuated equilibria is more widely accepted by biologists than gradualism.
　(d) There is no solid evidence yet to prove either of hypotheses above.

우리말 해석

생물학자들은 현재 진화 진행의 속도에 대한 논쟁에 휘말렸다. 다윈의 주도 이후에 대부분의 생물학자들은 종의 형성은 항상 진행되는 느리고 점진적인 과정이라고 생각해왔다. 진화는 느리고 지속적인 속도로 발생하는 것이라는 그들의 가설은 점진진화설이라고 불린다. 최근에 몇몇의 생물학자들이 종의 형성이 주요한 환경 격변 이후에는 빠르게 발생한다고 주장하며 점진진화설에 도전하고 나섰다. (지질학적 시간에서 빠른 발생이라는 것은 수 천 년이 걸린다는 뜻임을 명심하라.) 단기간내의 종이 빠르게 형성된 후에는 진화가 거의 발생하지 않은 오랜 기간이 있어 왔다. 진화가 그와 같이 불규칙적인 속도로 발생한다는 그 가설은 단속평형설로 알려져 있다.

|질문| 다음 중 본문의 내용과 일치하는 것은?

　(a) 생물학자들은 최근 진화가 발생하는 속도에 대해 의견합치를 보았다.
　(b) 점진진화설이란 종의 형성이 빠르게 발생된다는 가설을 말한다.
　(c) 단속 평형설은 점진진화설보다 생물학자들 사이에서 더 널리 수용되고 있다.
　(d) 위의 가설들 어느 것도 아직까지는 증명할 수 있는 확실한 증거가 없다.

정답 **(d)** 위의 가설들 어느 것도 아직까지는 증명할 수 있는 확실한 증거가 없다.

만점 해설　주어진 지문의 내용과 일치하는 것을 묻는 문제입니다. 진화에 대한 생물학자들의 두 가지 입장(점진주의와 단속 평형설)에 관한 사실 확인 문제입니다. ①에서 대부분의 생물학자들이 점진주의를 주장해 왔다며 전통적인 주장과, ②에서 그와는 다른 주장이 최근에 제기되고 있다고 합니다. 그리고 어느 주장이 우세에 있다거나 확실하게 판명 났다는 이야기가 없으므로 (d)가 정답입니다.

David's Tip

(b)는 점진진화설을 언급하고 있기는 하지만, 내용은 단속 평형설에 대한 것입니다. 이번 문제처럼 본문에 대비되는 개념이 제시될 때는 각각을 잘 구분하여 특성들을 분류하는 것이 필요합니다.

| 필수어휘 |

biologist n. 생물학자　　hypothesis n. 가정, 가설　　gradualism n. 점진주의, 점진진화설
upheaval n. 급변, 격동 (major change, cataclysm)　　geological a. 지질학의　　irregular a. 불규칙적인, 비주기적인
punctuated equilibria 단속 평형설

31 | 출제유형 | 내용일치   난이도 ★★★

BPI Asset Management prides itself for being the only one in the investment fund category that has been bestowed the Gold Award for two consecutive years in the Reader's Digest Trusted Brands Awards in 2009. ① **The company's professional team of fund management experts and seasoned practitioners is truly committed to blazing a trail in the financial investment category.** The unparalleled experience of 155 years has made the company the leader in trust and fund management. So whatever your investment goals are, it pays to put your money in a name you can trust BPI. To know more about BPI Asset Management's products and services, please call 888-5555. BPI Asset Management: Put Your Trust in Our Name!

Q. Which of following is correct according to the advertisement?

(a) BPI Asset Management has been awarded the Gold Award for the first time.
(b) BPI has been the leader in investment category for 155 years.
(c) BPI seeks to open up new fields in financial investment category.
(d) BPI requires its clients to give a call to open an account.

우리말 해석

BPI 자산관리사는 2009년 Reader's Digest의 신뢰브랜드상에서 2년간 연속으로 황금상을 수상받은 투자자금 부문에서 유일한 회사라는 것에 대해 자랑스럽게 생각합니다. 우리 회사의 자금관리전문가들과 경험 많은 전문가들로 구성된 팀은 금융 투자 부문에서 새로운 시장을 개척하는데 헌신하고 있습니다. 타사와 견줄 데 없는 155년의 경험은 회사를 신탁과 자금 관리에서 지도자 역할을 하게 했습니다. 그러므로 고객님의 목표가 무엇이든지 간에 귀하가 신뢰할 수 있는 이름 BPI에 돈을 투자하면 이득을 얻을 것입니다. BPI 자산관리 상품에 대한 보다 많은 정보와 서비스를 원하신다면 888-5555로 연락하십시오. BPI 자산관리사: 귀하의 신뢰를 우리의 이름에 투자하십시오.

|질문| 다음 중 광고문의 내용과 일치하는 것은?

(a) BPI 자산관리사는 처음으로 황금상을 수상받았다.
(b) BPI는 155년 동안 투자부문에서 리더였다.
(c) BPI는 금융 투자 부문에서 새로운 영역을 개척하고자 한다.
(d) BPI에 계좌를 개설하기 위해서는 전화를 해야 한다.

정답 (c) BPI는 금융 투자 부문에서 새로운 영역을 개척하고자 한다.

만점 해설 주어진 BPI 자산관리회사의 광고의 내용과 일치하는 것을 묻는 문제입니다. 정답의 단서가 되는 문장을 보면, 지문 전반부 ①에서 BPI 소속 전문가 팀이 금융 투자 분야에 길을 만드는 데 헌신하고 있다는 내용이 나옵니다. 따라서 새로운 분야를 개척한다는 (c)가 정답으로 가장 적절합니다.

주어진 문제와 같은 '내용일치' 문제에서 오답들은 일부분만 글에 일치하는 경우가 많습니다. 따라서 꼼꼼하게 선택지의 내용을 비교하는 것이 중요합니다. 특히 (b)에서 155년이라는 숫자는 본문에서 언급되었지만, 본문에 따르면 155년의 경험 덕분에 다른 경쟁사와 비교할 수 없는 우위를 가지고 있다는 내용입니다. 그러나 (b)155년 동안 최고의 회사였다는 내용은 본문만으로는 알 수 없으므로 정답이 될 수 없습니다.

| 필수어휘 |

bestow v. 수여하다   **consecutive** a. 연속적인   **seasoned** a. 경험이 많은, 맛이 밴
commit A to B A를 B에 헌신하다 (devote A to B, dedicate A to B)   **blaze a trail** 길을 만들다, 새로운 시장을 개척하다
unparalleled a. 비교할 수 없는, 견줄 나위 없는 (unrivaled, unequaled, incomparable)

While many have applauded ① **the efforts of the U. S. Government in regulating the proliferation of illegal immigrants to the United States,** these efforts have also been the center of much criticism. One such criticism is that despite the setting up of fences by the United States Border Patrol around key crossing points for illegal immigrants such as the one located in El Paso, Texas, many illegal immigrants were able to pass through these borders and enter the United States. It has been viewed to be ineffective due to the lack of sufficient funding and staff. The efforts of the Border Patrol have also been criticized to be a move to discriminate against the needs of the needy while protecting those who have already been considered one of the most privileged in the world.

Q. Which of the following is NOT true according to the passage?

(a) The efforts of the U. S. Government have caused a decline of illegal immigrants.

(b) Insufficient funding and staff may have made it possible for illegal immigrants to cross the borders.

(c) Some people have viewed the United States Border Patrol to be discriminatory.

(d) Regulations regarding illegal immigrants have been subjected to criticism.

우리말 해석

많은 이들이 미국 정부의 미국 내 불법 이민자들의 확산을 막는 노력에 박수를 보냈지만, 이러한 노력은 또한 많은 비난의 중심에 있어왔다. 그러한 비난 중의 하나는 미국 국경 순찰대에 의해 El Paso, Texas에 위치한 것과 같은 불법 이민의 주요 횡단 지점에 철조망이 설치되었다 하더라도 많은 불법 이민자들이 이러한 경계선을 넘어 미국으로 입국할 수 있었다는 것이다. 불충분한 자금과 인력의 문제 때문에 이러한 방법은 비효율적이라 생각되어 왔다. 국경 순찰대의 업무 노력은 세계에서 가장 혜택을 입은 것으로 이미 간주되는 이들을 보호하는 반면에, 도움이 필요한 자들을 차별하는 것이 아니냐는 비난이 있어 왔다.

|질문| 다음 중 본문의 내용과 일치하지 않는 것은?

(a) 미국 정부의 노력은 불법 이민의 감소를 초래해왔다.

(b) 불충분한 자금과 인력은 불법 이민자들이 국경을 넘는 것이 가능하도록 만들어 왔다.

(c) 어떤 이들은 미국 국경 순찰대가 차별적이라고 간주해 왔다.

(d) 불법 이민에 대한 통제는 비난의 대상이 되어왔다.

정답 (a) 미국 정부의 노력은 불법 이민의 감소를 초래해왔다.

만점 해설 주어진 지문의 내용과 일치하지 않는 것을 묻는 문제입니다. 주된 내용은 미국 국경 순찰대의 불법이민을 막는 행위가 비난을 받은 이유에 대한 것입니다. ①에서 미국 국경수비대가 불법이민을 막기 위해 노력을 해왔다고 합니다. 하지만 그 결과로 정작 불법이민자 수의 증감에 대한 부분은 지문에서 전혀 언급되어 있지 않습니다. 따라서 내용과 일치하지 않는 것은 (a)입니다.

주어진 지문의 초반부의 문장 ① 앞에서 '국경수비대의 노력에 국민들이 환호해왔다' 는 내용이 나옵니다. 그러나 이 부분을 불법 이민자 수가 줄어들어서라는 것으로 연결해서는 안 됩니다. 경제 발전을 위한 정책을 국민들이 칭찬한다고 해서 그 정책이 꼭 성공한다고 단정할 수 없기 때문입니다.

| 필수어휘 |

applaud v. 갈채를 보내다, 칭찬하다   regulate v. 규제하다   proliferation n. 급증, 확산   illegal a. 불법의

discriminate v. 차별하다   privileged a. 혜택 받은

regarding prep. ~에 관하여 (concerning, with respect to, with regard to)

33 | 출제유형 | 추론

난이도 ★★☆

Robotized homes, ones not requiring constant attention by their owners, are ① **a distinct possibility in the next century.** Glass-dome solar houses are already on the design of imaginative architects. In such a house, the round living quarters could be engineered to rotate under the dome to take advantage of the sun's energy, which can be converted to heat and electricity. Electronic robot sun trackers would keep the house facing directly into or away from the sun, as desired by the owners. Inside this future home, other robotic devices would perform such chores as raising and lowering curtains, locking doors automatically at night, sliding doors open and shut, and switching TV channels at the command of the owner's voice. ② **A number of robotics engineers predict that time will come when rented or purchased radio controlled robots will take care of household tasks** like cooking, sweeping, lawn mowing, bed-making and even baby-sitting.

Q. What can be inferred from the passage?

(a) Many people are living in robotized homes, enjoying the convenience of technology.
(b) People may be able to rent some robots to do house chores in the future.
(c) Robots will be able to do whatever human beings want.
(d) Glass-dome solar houses provide the sunlight 24 hours a day.

우리말 해석

주인의 계속적인 관심을 필요로 하지 않는 로봇화된 집들은 다음 세기에 거의 확실히 등장할 것이다. 유리돔 태양열 집들은 이미 상상력 있는 건축가들의 설계 작업에 있다. 이러한 집에서, 둥근 거주 공간은 태양 에너지를 활용하기 위해 돔 아래에서 회전하도록 설계될 수도 있으며, 이것은 난방 및 전기로 변환될 수도 있다. 전기로봇 태양 추적기는 집 주인의 요구에 따라 집이 태양을 직접 바라보거나 등지도록 유지할 수 있을 것이다. 이러한 미래의 집 내부에는 다른 로봇 장비들이 커튼을 올리거나 내리기, 밤에 자동으로 문 잠그기 문을 열고 닫도록 움직이기, 주인의 목소리에 따라 TV채널 바꾸기와 같은 잡일들을 수행해 줄 것이다. 많은 로봇공학자들은 임대하거나 구입한 무선조종 로봇들이 요리, 청소, 잔디 깎기, 침대정리, 심지어 아기 돌보기와 같은 살림을 담당할 날이 올 것이라고 예측한다.

| 질문 | 지문에서 추론할 수 있는 것은 무엇인가?

(a) 많은 사람들이 로봇화된 집에서 살며 기술의 편리함을 누리고 있다.
(b) 사람들은 미래에 집안일을 해줄 로봇을 임대할 수 있을 것이다.
(c) 로봇은 사람이 원하는 것이면 무엇이든 할 수 있다.
(d) 유리돔 태양열 집들은 하루에 24시간 태양빛을 제공받는다.

정답 **(b)** 사람들은 미래에 집안일을 해줄 로봇을 임대할 수 있을 것이다.

만점 해설 미래에 로봇화된 집에 대한 글을 읽고 추론하는 문제입니다. 지문의 초반 ① 에서 로봇화된 집이 다음 세기에 나타날 가능성이 매우 높다고 하였습니다. 그리고 후반부의 ②에서는 아주 많은 수의 로봇 공학자들이 임대하거나 구입한 로봇들이 집안일을 할 시대가 올 것이라고 예측하고 있습니다. 따라서 미래에는 집안 일을 해주는 로봇을 임대할 수도 있다는 (b)가 지문을 통해 추론할 수 있는 정답입니다.

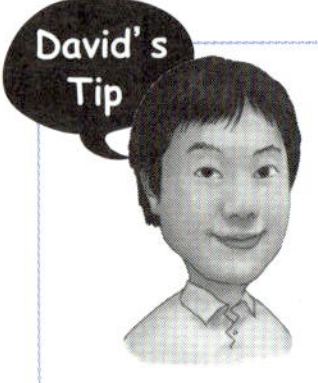

주어진 지문에는 로봇화된 집이 우리의 일상 생활에 가져다 줄 수 있는 편리함들이 다양한 예를 통해 언급되었습니다. 그러나 모두 가능할 수 있는 미래 시점에서 묘사된 것입니다. 따라서 (a)사람들이 로봇화된 집에서 현재 살고 있다는 것은 정답이 될 수 없습니다.

| 필수어휘 |

distinct a. 뚜렷한, 틀림 없는   living quarters 거주 공간, 집안   rotate v. 회전하다
take advantage of ~ ~을 활용하다, 이용하다 (utilize, make use of, capitalize on, tap into)   convert v. 변환하다

Fear and anxiety are emotions experienced by an individual that bring about discomfort. These two forms of emotions inhibit an individual from learning new things in life that can possibly lead him or her to a more enjoyable and gratifying life. **① Individuals who experience ② fear and ③ anxiety exhibit a number of physical symptoms** which include increase in heart rate, shortness of breath, diarrhea, inability to eat and sleep, profuse sweating, frequent urination and tremors. Individuals who are fearful are able to recognize the event or object that causes them to feel uncomfortable. On the other hand, individuals suffering from anxiety are unable to identify the reason or reasons for their feelings of discomfort. Anxious people also exhibit certain psychological traits that are not exemplified by a fearful person.

Q. Which of the following is correct according to the passage?

(a) People who are fearful do not feel any disturbance.
(b) Anxious people know the reason for the feelings of discomfort.
(c) People with fear or anxiety show similar physical symptoms.
(d) Fear and anxiety are the same emotions that cause discomfort.

우리말 해석

공포와 불안은 개인에게 고통을 가져오는 감정의 경험이다. 이 두 감정의 형태는 더 즐겁고 만족스러운 삶으로 이끌 수 있는 삶의 새로운 것들을 배울 수 있는 것을 방해한다. 공포와 불안을 경험하는 개인은 심장 박동 증가, 호흡의 짧아짐, 설사, 먹고 자는 것의 불가능함, 과도한 땀 흘림, 소변이 자주 마렵고 떨리는 증상을 포함하는 여러 신체적 증상들을 보인다. 공포를 느끼는 사람들은 그들을 불편하게 만드는 사건이나 대상을 인식할 수 있다. 반면에 불안으로 고통 받는 사람들은 불편한 감정의 원인을 파악할 수 없다. 또한 불안해하는 사람들은 공포를 느끼는 사람에게는 나타나지 않는 특정한 심리학적 특성들을 보인다.

|질문| 다음 중 지문의 내용과 일치하는 것은?

(a) 공포를 느끼는 사람들은 어떠한 마음의 동요도 느끼지 않는다.
(b) 불안한 사람들은 불편함을 느끼게 하는 원인을 알고 있다.
(c) 공포나 불안을 느끼는 사람들은 비슷한 신체적인 증상들을 보인다.
(d) 공포와 불안은 불편함을 조성하는 같은 감정이다.

정답 (c) 공포나 불안을 느끼는 사람들은 비슷한 신체적인 증상들을 보인다.

 만점 해설　주어진 지문의 내용과 일치하는 것을 묻는 문제입니다. 이 글은 공포와 불안에 관한 공통점과 차이점에 대한 설명문입니다. 지문의 초반부 ①에서 보면 ② 공포와 ③ 불안함을 가지고 있는 사람들은 다양한 증상들을 보인다고 하면서 그 구체적인 증상을 나열하고 있습니다. 지문의 후반에서 공포를 느끼는 사람과 불안으로 고통 받는 사람들의 차이로 원인을 인식하는 것과 그렇지 못하다는 것이 언급되었습니다. 따라서 공포나 불안함을 느끼는 사람들의 신체적 증상은 비슷하다는 (c)가 정답입니다.

지문의 첫 번째 문장에서 '공포와 불안은 불쾌함을 유발하는 감정이라고 한 것에서 두 감정이 공통점을 지닌다는 것이 언급되었습니다. 또한 비슷한 신체적 증상도 나타나기는 하지만 글 후반부에서 그 불편함을 일으키는 원인을 아는지 모르는지에 따라서 공포와 불안함은 다른 감정임을 알 수 있습니다. 따라서 (d)의 같은 감정이다라는 부분은 정답이 될 수 없습니다.

| 필수어휘 |

bring about 야기하다, 가져오다 (cause, result in, evoke)　　discomfort n. 불편한 마음　　diarrhea n. 설사
profuse a. 과도한, 넘치는 (abundant, excessive)　　tremor n. 떨림 불안　　trait n. 특성, 특질 (characteristic, feature, attribute)
exemplify v. 예증하다, 예시하다

35 | 출제유형 | 추론 난이도 ★★★

The role of anabolic steroids found in the human body is to retain nitrogen gas in the body. This allows the body to develop muscles. It also aids in the production of red blood cells in the body. Since synthetic anabolic steroids are based on the chemical make-up of the male testosterone, however, ① **these steroids may have masculinizing effects that may become permanent on the part of the individual.** For women, the consumption of synthetic anabolic steroids would bring about an increase in the growth of body hair, deepening in voice, and a decrease in breast size. On the other hand, male consumers of synthetic anabolic steroids may suffer from a decrease in sperm production, a decrease in the size of the testes and the development of breast tissue.

Q. What can be inferred from the passage?

(a) Men can increase their manliness by consuming anabolic steroids.
(b) Anabolic steroids are detrimental to both men and women.
(c) Anabolic steroids give off nitrogen gas into the bloodstream.
(d) Side-effects of synthetic anabolic steroids can last for good.

우리말 해석

인체에 대한 anabolic steroid의 역할은 체내에 질소를 유지하는 것이다. 이것은 몸이 근육을 발달하도록 한다. 또한 적혈구 생산을 돕기도 한다. 하지만 합성 anabolic steroid는 남성 테스토스테론의 화학 구성체를 기반으로 하고 있기 때문에 남성화 효과가 영구적으로 나타나기도 한다. 여성에 있어서 합성 anabolic steroid의 사용은 체모의 성장을 촉진시키고 목소리를 깊어지게 하며 가슴 크기가 줄어들게도 한다. 반면에, 합성 anabolic steroid를 사용하는 남성은 정액 생성이 감소하고 고환의 크기가 감소하며 가슴 조직 발달하는 것 등으로 고통받게 될 것이다.

|질문| 지문에서 추론할 수 있는 것은 무엇인가?

(a) 남성들은 anabolic steroid를 섭취함으로써 남성다움을 강화할 수 있다.
(b) anabolic steroid는 남성이나 여성 모두에게 유해하다.
(c) anabolic steroid는 혈관에다 질소를 방출시킨다.
(d) 합성 anabolic steroid의 부작용은 영구적으로 나타날 수 있다.

정답 (d) 합성 anabolic steroid의 부작용은 영구적으로 나타날 수 있다.

 **만점 해설** 주어진 지문에서 추론할 수 있는 것을 묻는 문제입니다. 이 글의 주된 내용은 anabolic steroid의 역할과 합성 anabolic steroid의 부작용에 대한 것입니다. ①에서 보면 합성 anabolic steroid의 남성화 작용은 영구적으로 나타날 수도 있다고 했으므로 그 부작용이 영원할 수 있다고 한 (d)가 정답입니다.

David's Tip

주어진 글에서 언급되는 소재는 두 가지입니다. 즉, "anabolic steroid"와 "synthetic(합성) anabolic steroid"입니다. 두 가지를 구분하지 못했다면 (b)를 정답으로 고를 수 있습니다. 그러나 후반부에 나오는 부작용은 모두 "synthetic(합성)anabolic steroid"에 관한 이야기이므로 정답이 될 수 없습니다.

| 필수어휘 |

anabolic steroid n. 단백 동화 스테로이드, 근육 증강제   nitrogen n. 질소   synthetic a. 합성의
masculinize v. 남성화시키다   sperm n. 정자   for good 영원히 (permanently, forever)

Among Asians, funerals are considered as a major passage in life which surpasses weddings in terms of priority, expense and significance. This is because majority of Asian cultures consider ancestor worship as a cornerstone of their cultural belief, social structure and religious practices. They believe that through the phenomenon of death, the deceased is considered a beneficent ancestor and ① **the ritual of the funeral would complete the transition from being a member of the family to becoming an ancestor who will be worshipped.** Many tribes believe that ② **their ancestors are able to influence the lives of their descendants.** As such, ③ **it is the goal of the descendants to find ways through the practice of various rituals in mourning and burial so that their ancestors may look kindly on them and protect them.** This protection does not end with the immediate family of the deceased. Rather, it extends down through generations. Furthermore, mourning ritual exemplified in funerals gives the family of the deceased the opportunity to display their duty, devotion and respect to the deceased.

Q. What can be inferred from the passage?

(a) Asians celebrate the death of a family member because of their belief in reincarnation.
(b) In Asia, funerals have more meaning than just saying good-bye to the deceased.
(c) Because of the importance of funerals in Asia, some families hold funerals many times.
(d) Asians do not think a wedding is an important rite of passage in their life.

우리말 해석

동양인 사이에서 장례식은 순위, 비용 및 의미에 있어 결혼식을 능가하는 삶의 주요 통과의례로 여겨진다. 대대수의 동양 문화에서 조상 숭배는 그들 문화적 신념, 사회 구조 및 종교적 실천에 있어 초석으로 생각되기 때문이다. 그들은 죽음이라는 현상을 통해 고인은 선행을 베푸는 조상으로 생각되며 장례 의식은 고인이 가족 구성원에서 숭배 받는 조상으로의 변화를 완성하는 것으로 여겨진다. 많은 부족들은 그들의 조상이 그들의 자손들의 삶에 영향을 미칠 수 있다고 믿는다. 그렇기 때문에 숭배뿐 아니라 다양한 애도 의식과 매장 의식의 실행을 통해 조상들이 후손들을 자상히 봐주며 해를 끼치지 않도록 하는 방법을 찾는 것이 자손들의 목표이다. 이러한 보호는 고인의 직계가족에서 그치지 않는다. 오히려 세대에 걸쳐 전달된다. 게다가 장례식에서 보여진 애도 의식은 고인 가족의 의무, 헌신과 고인에 대한 존경을 보여주는 기회를 준다.

|질문| 지문에서 추론할 수 있는 것은 무엇인가?

(a) 동양인은 윤회를 믿기 때문에 가족이 죽으면 의식을 치른다.
(b) 동양에서는 장례식은 고인에 대해 단순한 작별인사 하는 것 이상의 의미를 가진다.
(c) 동양에서는 장례식이 중요하기 때문에 어떤 가족은 장례식을 여러 차례 치르기도 한다.
(d) 동양인들은 결혼을 중요한 통과 의례로 생각하지 않는다.

정답 **(b)** 동양에서는 장례식은 고인에 대해 단순한 작별인사 하는 것 이상의 의미를 가진다.

만점 해설 주어진 동양의 장례식에 대한 글을 읽고 추론할 수 있는 것을 묻는 문제입니다. 동양에서는 ① 장례식을 통해 고인을 가족의 일원에서 숭배의 대상으로 변화시킨다고 합니다. ② 돌아가신 조상이 후손들에게 영향을 미칠 수 있고, 그렇기 때문에 ③ 여러 가지 추모의 의식을 통해 조상들이 후손들을 잘 돌보아 주도록 하는 것이 목표라고 합니다. 따라서 장례식은 동양에서 단순한 작별인사 이상의 의미를 갖는다는 (b)가 정답입니다.

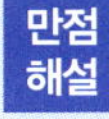

David's Tip 동양에서 장례식이 굉장히 중요한 통과 의례로서 결혼식보다 더 중요하다는 내용이 글 전반부에 나와 있습니다. (d)는 장례식에 비해서 그 중요도가 떨어진다는 의미에서 결혼식이 중요하지 않다는 것이므로 정답이 될 수 없습니다.

| 필수어휘 |

surpass v. 능가하다   significance n. 의미, 중요성   beneficent a. 인정 많은   cornerstone n. 초석, 토대
the deceased n. 고인   descendant n. 후손   reincarnation n. 윤회

37 | 출제유형 | 추론

난이도 ★★☆

Omega-3 is vital for fetal brain development and now its deficiency in the womb can lead to blood pressure problems in adulthood. Doctors also believe that if kids ① **don't get enough omega-3, they may engender learning psychiatric and behavioral problems later on.** A study done at the University of South Australia found that ② **fish oil supplements reduced hyperactivity, inattention and impulsiveness in half the children taking it.** It also helped children who suffered from ADHD (Attention Deficit Hyperactivity Disorder) symptoms. Get more omega-3 to kids by ③ **giving them fish in foods they enjoy, such as a seafood pizza.** Through this, children will be able to get the nutrients that they need and enjoy at the same time.

Q. What can be inferred about the Omega-3 according to the passage?

(a) Omega-3 is occurring chiefly in fish oils and other marine plants and animals.
(b) Omega-3 abundance could lead to insanity of a child.
(c) Omega-3 is the only and the most important nutrient for a child.
(d) Omega-3 deficiency and abundance could lead problems to the growth of a child.

우리말 해석

오메가 3는 태아 두뇌개발에 필수적이며 오메가 3의 자궁 내 결핍은 태아의 성인기에 혈압문제를 유발할 수 있다. 의사들은 또한 아동들이 오메가 3를 충분히 섭취하지 못했을 경우 이후에 학습 병리 및 행동 문제를 유발할 수 있다고 믿고 있다. South Australia 대학의 한 연구에서는 생선 기름 보충제를 섭취한 아동들에게서 과잉행동, 주의력 결핍, 충동성이 절반으로 줄어들었던 결과를 발견하였다. 오메가 3는 또한 ADHD(주의력 결핍 과잉 행동 장애) 증상으로부터 고통 받는 아동들에게 도움이 된다. 해산물 피자와 같은 아동들이 좋아하는 음식에 생선을 넣음으로써, 아동들이 오메가 3를 섭취하도록 하자. 이를 통해 아동들은 맛있는 음식을 먹으면서 필요한 영양소를 섭취할 수 있게 된다.

|질문| 지문에서 오메가 3에 대하여 추론 할 수 있는 것은 무엇인가?

(a) 오메가 3는 주로 생선 기름이나 다른 해양 식물 및 동물에 많이 있다.
(b) 오메가 3의 과잉은 아동에게 정신장애를 일으킬 수 있다.
(c) 오메가 3은 아동들에게 유일하고도 가장 중요한 영양소이다.
(d) 오메가 3의 결핍 및 과잉은 아동의 성장에 문제를 야기한다.

정답 (a) 오메가 3는 주로 생선 기름이나 다른 해양 식물 및 동물에 많이 있다.

만점 해설 오메가 3에 관한 글을 읽고 추론할 수 있는 것을 묻는 문제입니다. 지문의 초반의 내용에서 오메가 3가 부족하면 ① 학습 병리 및 행동 문제가 발생한다고 합니다. 하지만, ② 생선 기름 보충제를 섭취한 아동의 절반의 그런 문제가 사라졌습니다. 뒤이어 ③ 해산물 피자 같은 음식도 아이들에게 오메가 3을 공급하는 좋은 방법이라는 내용을 종합하면 생선 기름이나 해산물 등에 오메가 3가 풍부하다는 (a)를 추론할 수 있습니다.

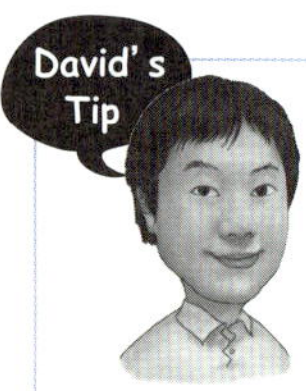

오메가 3가 아주 중요한 영양소이지만, (c)의 "유일하고 가장 중요한"은 지문의 내용으로 추론 할 수 있는 것이 아닙니다. 특히 "the only, the sole, always, every, must"와 같이 매우 제한적인 의미를 갖는 단어가 선택지에 포함되어 있다면 정답이 될 수 있는지 다시 한 번 확인해야 합니다.

| 필수어휘 |

fetal a. 태아의 (c.f. fetus 태아)   engender v. 생성하다   psychiatric a. 정신병리의   hyperactivity n. 과잉 행동
inattention n. 주의력 결핍 산만함   impulsiveness n. 충동성

Like the South African leader Nelson Mandela, Aung San Suu Kyi has become an international symbol of heroic and peaceful resistance in the face of oppression. For the Burmese people, Ms. Suu Kyi, 63, represents their best and perhaps sole hope that one day there will be an end to the country's military repression. (a) As a pro-democracy campaigner and leader of the opposition National League for Democracy party (NLD), she has spent more than 11 of the past 19 years in some form of detention under Burma's military regime. (b) In 1991 she was awarded the Nobel Peace Prize for her efforts to bring democracy to Burma. **(c) She was charged with breaching terms of her house arrest.** (d) At the presentation, the Chairman of the Nobel Peace Prize Committee, Francis Sejested, called her "an outstanding example of the power of the powerless".

우리말 해석

남아프리카의 지도자 Nelson Mandela처럼, Aung San Suu Kyi 는 압제에 반하여 영웅이고 평화적으로 저항한 세계적인 상징이 되었다. 버마인들에게는 63세의 수지여사는 언젠가는 국가군사의 압제의 종말이 올 것이라는 그들의 최선의 또한 아마도 유일한 희망을 대변한다. (a)민주주의 찬성 운동가이자 민주국민동맹 야당 지도자로서 그녀는 버마의 군사정권 아래 지난 19년간 열한 번이 넘게 억류 당해왔다. (b)그녀는 1991년 버마에 민주주의를 불러온 그 노력에 대해 노벨 평화상을 수여받았다. **(c)그녀는 자택 감금 위반으로 기소되었다.** (d)수상식에서, 노벨 평화상 위원회장인 Francis Sejested는 그녀를 "힘없는 자의 힘을 보여준 놀라운 예"라고 그녀를 칭했다.

정답 (c)

 주어진 글을 읽고 흐름 상 어색한 문장을 고르는 문제입니다. 이 글은 버마의 민주 투사 아웅산 Suu kyi 여사를 소개한 글입니다. (b)에서 노벨 평화상 수상했다는 이야기가 먼저 나오고, (d)에서 그 수상식에서 있었던 일이 이어지고 있습니다. 하지만 (c)의 자택 감금 조건 위반으로 기소되었다는 내용은 글의 흐름과 어울리지 않을 뿐만 아니라 자택 감금 조건을 위반하였거나 기소되었다는 근거도 지문의 내용으로는 찾아볼 수 없습니다.

[아웅산 수지 여사의 소개] [아웅산 수지 여사가 버마인에게 주는 의미] [(a) 아웅산 수지 여사의 민주적 노력과 투옥]
[(b) 그 노력의 대가로 노벨 평화상 수상] [(d) 수상식에서 찬사를 받음]
[(c) 자택 감금 위반으로 기소됨] : (b)에서 (d)로 이어지는 연결을 어색하고 만들고 있습니다.

| 필수어휘 |

oppression n. 억압, 압제 (repression)   (the) opposition n. 야당 (c.f. the ruling party = the party in power 여당)
detention n. 억류, 감금 (imprisonment, confinement, incarceration)   regime n. 제도, 정권
breach v. (법규, 규칙) 위반하다 (violate, infract)

39 | 출제유형 | 일관성
난이도 ★★☆

The peculiar element in public administration is that everything a government does is the business of the public. (a) Every citizen has the right to know how tax money is spent and to criticize public officials whose decisions he or she does not agree with. **(b) Because the legislature and the general public are directly concerned, no public organization can ever be exactly the same as a private one.** (c) As has often been said, public officials live in a "goldfish bowl." (d) This means that public officials are subject to constant outside scrutiny.

우리말 해석

행정부의 특이한 요소는 국가가 하는 모든 것은 공공 사업이라는 것이다. (a) 모든 시민들은 세금이 어떻게 쓰여지는지 알 권리가 있으며 자신들이 동의하지 않는 결정을 내린 공무원을 비난할 권리가 있다. **(b) 의회와 대중들이 직접적으로 관계 있기 때문에 어떤 공공조직도 사립조직과 완전히 같을 수 없기 때문이다.** (c) 종종 말해진 것처럼, 공무원들은 "어항"에 살고 있다. (d) 이것은 공무원들이 지속적인 외부 조사의 대상이라는 것을 의미한다.

정답 (b)

만점 해설 주어진 글을 읽고 흐름 상 어색한 문장을 고르는 문제입니다. 이 글의 주된 내용은 정부의 모든 일들은 대중과 관련되어 있으므로 대중의 감시를 받는다는 것입니다. (b)의 대중의 감독과는 관련 없이 정부 조직이 일반 사조직과 다르다는 차이점은 주어진 글의 주된 논지에서 벗어난 어색한 문장이므로 정답입니다.

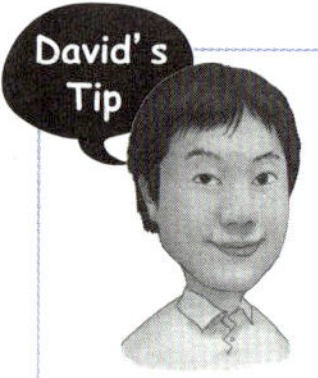

[행정부 업무의 특이성: 공공성] [(a) 공공성에 따른 국민들의 알 권리와 감독권] [(c) 공무원들이 감시 받고 있다는 이야기를 어항에 비유] [(d) 앞 문장에서 한 비유의 내용을 설명하면 글의 논점 되풀이]
[(b) 공공기관이 사조직과 다른 이유]: 글의 핵심은 사조직과 공공기관을 비교하는 것이 아니라 공공기관의 공익성 때문에 공무원들이 감시를 받는다는 것입니다.

| 필수어휘 |

public administration 행정부　　peculiar a. 특이한 기괴한　　legislature n. 입법부　　scrutiny n. (면밀한) 조사

Few institutions seem as foreign to the modern age as that of concubines. (a) The concubine was a part of the household. **(b) Possessing a large number of concubines became a status symbol.** (c) She co-habited with the man of the house, or with his son, but her status was that of a secondary wife, a captive or a slave. (d) She was subservient to the wife, who was her mistress; nevertheless, it was dishonorable to sell a concubine, especially if she had borne the man of the household any children.

우리말 해석

현대시대에 첩에 관한 제도처럼 생소하게 보이는 법은 없을 것이다. (a) 첩은 가족구성원의 하나였다. **(b) 많은 수의 첩을 거느리는 것은 신분의 상징이었다.** (c) 첩은 남자의 집에서 혹은 그의 아들의 집에서 함께 거주하였지만, 그녀의 신분은 둘째 부인이나 혹은 포로나 노예와 같은 지위였다. (d) 그녀는 자신의 주인인 본처에 비해 부차적인 존재였지만, 그럼에도 불구하고 그녀가 남자(주인)의 아이를 출산하는 경우, 첩을 파는 것은 불명예스러운 일이었다.

정답 (b)

만점 해설 주어진 글을 읽고 흐름 상 어색한 문장을 고르는 문제입니다. 이 글의 주된 내용은 과거에 존재하였던 첩에 관한 제도를 설명하는 것입니다. (b)에서 많은 첩은 곧 신분의 상징이 되었다고 합니다. 나머지는 첩의 입장에서 첩에 관한 제도를 설명하지만, (b)는 남편(주인)의 입장에서 많은 수의 첩을 갖는 것의 의미를 이야기하므로 글의 일관성을 해치고 있습니다.

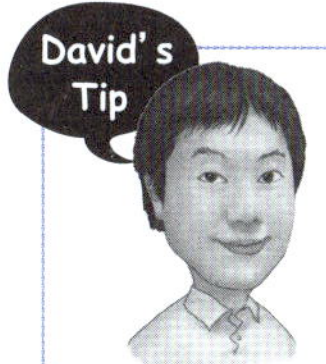

[첩에 관한 제도: 과거의 것] [(a) 가족 구성원으로서의 첩] [(c) 첩의 거주지와 신분] [(d) 아이를 낳았을 경우 어느 정도 높아지는 첩의 위상]

[(b) 첩을 소유하는 것의 의미]: 글의 핵심은 첩의 입장에서 가족에서 어떤 존재였는지를 밝히는 것입니다. 또한 (b)가 자연스럽기 위해서는 뒤에 이어지는 내용으로 권력자들이 많은 수의 첩을 가지고 있었다는 부연 내용들이 언급되어야 자연스럽습니다. 그러나, 사회적 신분과 관련되어 언급되는 설명이 없기 때문에 나머지 선택지들 사이에서 가장 어색한 내용입니다.

| 필수어휘 |

institution n. 제도, 협회　　concubine n. 첩　　household n. 가족구성원　　captive n. 포로　　subservient a. 부차적인
dishonorable a. 불명예스러운

I'm Yours

Jason Mraz

Well you done done me and you bet I felt it
I tried to be chill but you're so hot that I melted
I fell right through the cracks
and now I'm trying to get back

Before the cool done run out
I'll be giving it my bestest
Nothing's going to stop me but divine intervention
I reckon it's again my turn
towin some or learn some
I won't hesitate no more, no more
It cannot wait I'm yours

Well open up your mind and see like me
Open up your plans and damn you're free
Look into your heart and you'll find love love love
Listen to the music of the moment people dance and sing
We are just one big family
It's your God-forsaken right to be loved love loved love loved

So I won't hesitate no more, no more
It cannot wait I'm sure
There's no need to complicate
Our time is short
This is our fate, I'm yours

I've been spending way too long checking my tongue in the mirror
And bending over backwards just to try to see it clearer
My breath fogged up the glass
And so I drew a new face and laughed
I guess what I'm saying is there ain't no better reason
To rid yourself of vanity and just go with the seasons
It's what we aim to do
Our name is our virtue but

I won't hesitate no more, no more
It cannot wait I'm yours
Well open up your mind and see like me
Open up your plans and damn you're free
Look into your heart and you'll find the sky is yours
Don't please, don't please, don't please, don't
There's no need to complicate
Because our time is short
This is our fate, I'm yours

싸이월드 클럽에 오셔서 팝송을 감상하세요!
http://club.cyworld.com/CalvinTEPS

TEPS Final Vocabulary

DAY 1

☐	01	attain	v. 달성하다
☐	02	champion	v. 옹호하다
☐	03	derive	v. 얻다, 끌어내다
☐	04	bully	v. 괴롭히다, 못살게 굴다
☐	05	due	a. 지불 기일이 된
☐	06	desirable	a. 바람직한, 유용한
☐	07	flexibility	n. 융통성, 탄력성
☐	08	flimsy	a. 얇은, 부서지기 쉬운
☐	09	boost	v. 증가시키다
☐	10	weigh	v. 무게를 달다, 고찰하다
☐	11	credit standing	신용상태
☐	12	fragile	a. 부서지기 쉬운, 약한
☐	13	frivolous	a. 천박한, 사소한
☐	14	giveaway	n. 경품, 무료견본
☐	15	inauguration	n. 취임, 창업
☐	16	irreversible	a. 철회할 수 없는
☐	17	jaywalk	v. (길을) 무단 횡단하다
☐	18	keen	a. 예리한
☐	19	myth	n. 사회적 통념, 신화
☐	20	mind	v. 조심하다, 돌보다

DAY 2

☐	01	mount	v. 준비하다, 착수하다
☐	02	obligation	n. 의무
☐	03	outcome	n. 결과, 성과
☐	04	offensive	a. 불쾌한, 무례한
☐	05	relative	a. 상대적인, 관계 있는
☐	06	routine	n. 판에 박힌 일
☐	07	reasonable	a. 도리에 맞는, 온당한
☐	08	redundant	a. 여분의, 과다한
☐	09	return	n. 수익, 대답
☐	10	assess	v. 평가하다
☐	11	sudden	a. 갑작스런, 불시의
☐	12	suffice	v. 만족시키다, 충분하다
☐	13	suspend	v. 중지하다, 정화시키다
☐	14	unusual	a. 보통이 아닌, 드문
☐	15	ventilation	n. 통풍, 환기
☐	16	verify	v. 입증하다, 증거를 대다
☐	17	remainder	n. 나머지, 남은 사람
☐	18	victim	n. 희생자, 피해자
☐	19	vary	v. 다양하다
☐	20	wage	n. 임금, 급료

DAY 3

☐	01	oral tradition	구전으로 전하는 이야기
☐	02	single occupancy	단독점유
☐	03	scrape a living	근근이 먹고 살다
☐	04	at one's leisure	여가에
☐	05	crack a joke	농담하다
☐	06	do the laundry	세탁을 하다
☐	07	make a guess	대충 짐작하다
☐	08	exercise caution	조심하다
☐	09	make a choice	선택하다
☐	10	aspect	n. 측면, 일면
☐	11	amenity	n. 쾌적함, 편의 시설
☐	12	camouflage	v. 위장하다
☐	13	celestial	a. 하늘의
☐	14	cozy	a. 아늑한, 기분 좋은
☐	15	confident	a. 기밀의
☐	16	care	n. 돌봄, 주의
☐	17	circumvent	v. 일주하다, 우회하다
☐	18	contagious	a. 전염성의
☐	19	counterpart	n. 상대, 대응물
☐	20	digress	v. 빗나가다

DAY 4

☐	01	envoy	n. 사절, 공사
☐	02	enter	v. 들어가다, 입학하다
☐	03	faucet	n. 수도꼭지
☐	04	frightened	a. 깜짝 놀란
☐	05	greet	v. 반갑게 맞이하다
☐	06	handle	v. 처리하다 n. 손잡이
☐	07	hinder	v. 방해하다, 저지하다
☐	08	influence	v. 영향을 미치다
☐	09	irresistible	a. 저항할 수 없는
☐	10	invaluable	a. 매우 소중한
☐	11	incompatible	a. 양립할 수 없는
☐	12	majority	n. 대다수
☐	13	mug	v. 습격하다
☐	14	smuggle	v. 밀수하다
☐	15	maltreat	v. 학대하다, 혹사하다
☐	16	notify	v. 통고하다
☐	17	odor	n. 냄새, 악취
☐	18	owe	v. 빚지다, ~의 덕택으로 알다
☐	19	outlet	n. 대리점, 판로
☐	20	pile	n. 더미, 다수, 대량

TEPS Final Vocabulary

DAY 5

☐ 01	profession	n. 직업, 전문직
☐ 02	preserve	v. 보존하다, 유지하다
☐ 03	pseudonym	n. 필명, 익명
☐ 04	revolve	v. 회전하다, 초점을 맞추다
☐ 05	racial	a. 인종의, 민족의
☐ 06	shabby	a. 초라한, 낡아빠진
☐ 07	skip	v. 건너뛰다, 거르다
☐ 08	seclude	v. 차단하다, 격리하다
☐ 09	brevity	n. 간결성
☐ 10	baffle	v. 당황하게 하다
☐ 11	amass	v. 모으다, 축적하다
☐ 12	bear a burden	부담을 지다
☐ 13	clear customs	세관을 통과하다
☐ 14	odd job	임시직
☐ 15	no strings attached	부대조건 없음
☐ 16	be tied up	~에 묶이다
☐ 17	in every respect	모든 면에서
☐ 18	jet lag	시차로 인한 피로
☐ 19	pros and cons	찬반양론, 갑론을박
☐ 20	for ages	오랫동안

DAY 6

☐ 01	brisk	a. 활발한, 경기가 활기 있는
☐ 02	brittle	a. 깨지기 쉬운
☐ 03	brew	v. 양조하다, 우러나다
☐ 04	chivalrous	a. 기사도의, 용감한
☐ 05	counterfeit	a. 가짜의 v. 위조하다
☐ 06	cost-efficient	a. 비용절감의
☐ 07	consult	v. 참조하다, 상의하다
☐ 08	drawback	n. 결점, 장애
☐ 09	demographic	a. 인구통계의
☐ 10	deter	v. 그만두게 하다, 저지하다
☐ 11	envelo	v. 둘러싸다
☐ 12	fret	v. 초조하게 하다, 안달하다
☐ 13	gratification	n. 만족
☐ 14	hasty	a. 성급한
☐ 15	inject	v. 주사하다, 삽입하다
☐ 16	impeccable	a. 결함 없는, 완벽한
☐ 17	mishap	n. 재난, 사고
☐ 18	nature	n. 성질, 본성, 특성
☐ 19	obsession	n. 강박관념, 집착
☐ 20	perfunctory	a. 마지못해 하는

DAY 7

☐ 01	perceive	v. 인식하다, 인지하다
☐ 02	reluctant	a. 꺼리는, 내키지 않는
☐ 03	superficial	a. 피상적인
☐ 04	sore	a. 아픈
☐ 05	terminally	adv. 종말에, 말단에
☐ 06	transparent	a. 투명한
☐ 07	trivial	a. 사소한
☐ 08	upholstery	n. 실내 장식재료
☐ 09	waterproof	a. 방수의
☐ 10	statue	n. 조각상
☐ 11	standoff	n. 교착상태, 막힘
☐ 12	typical	a. 전형적인
☐ 13	undermine	v. 해치다, 손상시키다
☐ 14	hedge	n. 장벽, 장애
☐ 15	coalesce	v. 유착하다, 합동하다
☐ 16	entrench	v. 참호를 파다
☐ 17	corporate ladder	계층적 서열
☐ 18	consumer goods	소비 제품
☐ 19	try on	입어 보다
☐ 20	make a mess	어지르다, ~을 망치다

DAY 8

☐ 01	chip in	기부하다
☐ 02	flight	n. 비행, 항공편
☐ 03	exceed	v. 초과하다, 넘다
☐ 04	era	n. 시대, 연대
☐ 05	ambivalent	a. 서로 병존하지 않는
☐ 06	breach	n. 위반, 침해, 불이행
☐ 07	contract	v. 걸리다
☐ 08	charge	v. 청구하다, 책임을 지우다
☐ 09	cohesive	a. 결합력 있는, 밀착하는
☐ 10	composition	n. 구성, 구조, 작문
☐ 11	charity	n. 자선, 자선기금
☐ 12	chant	v. 성가를 부르다
☐ 13	cover	v. 다루다, 포함하다
☐ 14	demolition	n. 폭파, 파괴
☐ 15	defensive	a. 방어적인, 수비의
☐ 16	see off	전송하다
☐ 17	give a ride	태워주다
☐ 18	estimate	n. 견적, 평가
☐ 19	endeavor	v. 노력하다
☐ 20	for a change	기분전환으로

DAY 9

☐	01	decline	v. 거절하다, 쇠퇴하다
☐	02	damage	n. 손해, 손상
☐	03	ensure	v. 안전하게 하다
☐	04	environmental	a. 환경의
☐	05	favorable	a. 호의적인, 유리한
☐	06	heavily	adv. 몹시, 심하게
☐	07	insist	v. 주장하다, 우기다
☐	08	knowledge	n. 지식
☐	09	land	v. 착륙하다, 상륙하다
☐	10	maintain	v. 유지하다, 주장하다
☐	11	manned	a. 사람을 태운, 유인의
☐	12	mixture	n. 혼합물
☐	13	locate	v. 찾다, 위치가 ~이다
☐	14	lift	v. 들어올리다
☐	15	obvious	a. 명백한
☐	16	occasion	n. 경우, 일, 기회
☐	17	plunge	v. 뛰어들다, 추락하다
☐	18	pressed	a. 쪼들리는, 몰리는
☐	19	spot	v. 찾다, 발견하다
☐	20	stopover	n. 단기체류, 도중하차

DAY 10

☐	01	teem	v. 풍부하다, 가득 차다
☐	02	transmit	v. 부치다, 전하다
☐	03	ward	v. 물리치다, 피하다
☐	04	tax return	납세 신고서
☐	05	dairy farm	낙농장
☐	06	be indebted to	~에 신세를 지다
☐	07	fall in for	~을 대신하다
☐	08	cast a ballot	투표하다
☐	09	have an eye for	~에 대한 안목이 있다
☐	10	tag along	뒤에 따라오다
☐	11	take by surprise	~에 놀라다
☐	12	line up	줄 서다
☐	13	put a side	따로 챙겨두다
☐	14	agility	n. 민첩함
☐	15	abrupt	a. 갑작스런
☐	16	avoid	v. 피하다
☐	17	adversity	n. 역경, 불운
☐	18	blow	n. 일격 v. 불다
☐	19	complex	a. 복잡한
☐	20	contain	v. 포함하다

DAY 11

☐	01	comprehensive	a. 포괄적인, 이해력 있는
☐	02	decent	a. 적당한, 단정한
☐	03	dominant	a. 지배적인
☐	04	discrete	a. 분리된, 따로의
☐	05	definitely	adv. 확실하게, 명확하게
☐	06	eligible	a. 적격의, 적임의
☐	07	expertise	n. 전문적 기술, 지식
☐	08	grave	a. 중대한, 심각한
☐	09	legend	n. 전설, 구전
☐	10	mature	a. 숙성한, 익은
☐	11	moderate	a. 적절한, 온건한
☐	12	move	v. 제출하다, 제의하다
☐	13	neglect	v. 무시하다, 소홀히 하다
☐	14	reliable	a. 믿을 만한
☐	15	resolve	v. 해결하다
☐	16	overcome	v. 극복하다
☐	17	panic	n. 당황, 공포
☐	18	blatant	a. 뻔뻔스러운
☐	19	sufficient	a. 충분한
☐	20	stable	a. 안정된, 착실한

DAY 12

☐	01	overrule	v. 무효로 하다, 기각하다
☐	02	quote	n. 시세, 거래가격
☐	03	vital	a. 중대한, 생명에 관한
☐	04	coincidence	n. 우연
☐	05	charter	v. 전세 내다
☐	06	denounce	v. 비난하다, 고발하다
☐	07	disparage	v. 얕보다, 헐뜯다
☐	08	down-to-earth	a. 현실적인, 실제적인
☐	09	dabble	v. 취미 삼아 해보다
☐	10	enhance	v. 향상시키다, 강화하다
☐	11	exhilarating	a. 기분을 돋우는
☐	12	function	n. 행사, 기능
☐	13	independent	a. 독립적인
☐	14	under warranty	보증 기간 중인
☐	15	throw a party	파티를 열다
☐	16	draw up	작성하다
☐	17	be astonished at	~으로 놀라다
☐	18	make a choice	선택하다
☐	19	file a complaint	고소하다
☐	20	on behalf of	~을 대신하여

DAY 13

☐	01	abortion	n. 낙태
☐	02	all-time	a. 전대미문의, 사상최고의
☐	03	appropriate	a. 적절한 v. 전유하다
☐	04	blunder	n. 실수, 실패
☐	05	benefactor	n. 은인, 보호자, 기부자
☐	06	betrayal	n. 배신
☐	07	biblical	a. 성경의, 성경에 나온
☐	08	arrange	v. 준비하다, 조정하다
☐	09	altogether	adv. 전적으로, 완전히
☐	10	affair	n. 사건, 사무
☐	11	bargain	n. 싼 물건, 거래
☐	12	congenial	a. 알맞은, 성미에 맞는
☐	13	claim	v. 요구하다, 주장하다
☐	14	elaborate	a. 정교한, 공들인
☐	15	external	a. 외부의, 대외적인
☐	16	fake	n. 위조품 a. 가짜의
☐	17	harmful	a. 해로운
☐	18	interrupt	v. 가로막다, 저지하다
☐	19	sterilize	v. 살균하다, 불임케 하다
☐	20	sanitary	a. 위생의

DAY 14

☐	01	lofty	a. 매우 높은, 고상한
☐	02	monopoly	n. 독점, 전매
☐	03	liable	a. 책임 있는, ~하기 쉬운
☐	04	voucher	n. 상품권, 할인권
☐	05	rusty	a. 녹이 슨, 색이 바랜
☐	06	session	n. 회의, 수업
☐	07	deflate	v. 공기를 빼다
☐	08	calamity	n. 큰 재난, 불행
☐	09	curfew	n. 야간 외출 금지, 소등명령
☐	10	steer	v. 조종하다, 이끌다
☐	11	census	n. 인구조사
☐	12	spur	v. 박차를 가하다
☐	13	corrupt	a. 타락한, 부패한
☐	14	sparingly	a. 절약하여, 삼가서
☐	15	marital	a. 결혼의
☐	16	sizable	a. 상당한 크기의, 꽤 큰
☐	17	shield	n. 방패, 보호물
☐	18	fluorescent	a. 형광성의, 휘황한
☐	19	picky	a. 까다로운
☐	20	constipate	v. 변비에 걸리게 하다

DAY 15

☐	01	attire	n. 복장, 차림새
☐	02	axis	n. 굴대, 축
☐	03	assuage	v. 완화하다, 진정시키다
☐	04	appreciate	v. 감사하다
☐	05	bear	v. 책임을 지다
☐	06	crucial	a. 결정적인, 중대한
☐	07	code	n. 암호, 규약, 법전
☐	08	dull	a. 흐린, 분명치 않은
☐	09	downhearted	a. 낙담한, 기가 죽은
☐	10	lowbrow	n. 교양이 낮은 사람
☐	11	competitive	n. 경쟁적인, 치열한
☐	12	reach a consensus	합의에 이르다
☐	13	hatch an egg	알을 낳다
☐	14	apply paint	페인트칠을 하다
☐	15	critical phase	중요한 단계
☐	16	clear an obstacle	장애물을 치우다
☐	17	tryout for	~에 대한 입단 테스트
☐	18	pose a problem	문제를 지니다
☐	19	in a coma	혼수상태에 빠진
☐	20	a large viewership	폭 넓은 시청자 층

DAY 16

☐	01	estate	n. 소유지, 재산
☐	02	vivacious	a. 활기 있는, 쾌활한
☐	03	dispel	v. 없애다
☐	04	eminence	n. 명성, 탁월
☐	05	indiscriminate	a. 무차별의, 난잡한
☐	06	tangible	a. 유형의, 명백한
☐	07	failure	n. 실패, 실패자
☐	08	inclination	n. 경향, 기질, 의향
☐	09	force	v. 강요하다
☐	10	incumbent	n. 현직자, 재임자
☐	11	mentor	n. 조언자, 스승, 교사
☐	12	measure	n. 대책, 수단, 척도
☐	13	modest	a. 겸손한
☐	14	provocative	a. 성나게 하는, 자극하는
☐	15	tenure	n. 보유, 보유기간
☐	16	curb	v. 억제하다
☐	17	cast	v. 퍼주다, 던지다, 주다
☐	18	discharge	v. 방출하다, 해방하다
☐	19	offer	v. 제공하다, 제의하다
☐	20	second	v. 재청하다, 찬성하다

DAY 17

☐	01	prolific	a. 다산의, 다작의
☐	02	wield	v. 휘두르다, 미치다
☐	03	suitable	a. 적당한, 어울리는
☐	04	swindle	v. 사취하다, 속이다
☐	05	term	n. 기간, 조건, 용어
☐	06	sovereign	a. 주권을 가진, 독립의
☐	07	tamper	v. 함부로 변경하다
☐	08	trespass	v. 침입하다, 침해하다
☐	09	arable	a. 경작할 수 있는
☐	10	advocate	v. 옹호하다, 주장하다
☐	11	amusement	n. 즐거움, 재미
☐	12	bound	a. 꼭~하게 되어 있는
☐	13	consistent	a. 일관된, 모순이 없는
☐	14	to no avail	보람 없이
☐	15	take a recess	쉬다
☐	16	step out	잠시 외출하다
☐	17	rosy view	낙관론, 장밋빛 전망
☐	18	without peer	비길 데 없이
☐	19	run low on	～이 거의 다 떨어지다
☐	20	snow flurry	눈보라

DAY 19

☐	01	logical	a. 논리적인
☐	02	mutual	a. 상호간의, 공동의
☐	03	nullify	v. 무효로 하다
☐	04	occupy	v. 차지하다, 전념하다
☐	05	torment	n. 고통, 고문
☐	06	reign	n. 지배, 통치
☐	07	rudimentary	a. 기초의, 미발달의
☐	08	solid	a. 고체의, 단단한
☐	09	self-esteem	n. 자존심, 자부심
☐	10	salient	a. 현저한, 두드러진
☐	11	jewelry	n. 보석류
☐	12	subscribe	v. 구독하다, 기부하다
☐	13	strike	v. 체결하다
☐	14	trailer	n. 영화예고편
☐	15	tidy	a. 정돈된, 말쑥한
☐	16	wire	v. 전송하다, 전신
☐	17	up for something	내놓은
☐	18	educated guess	경험에 근거한 추측
☐	19	illegal substance	불법 약물
☐	20	out of blue	갑자기, 불시에

DAY 18

☐	01	defective	a. 결함이 있는, 불완전한
☐	02	degenerate	v. 퇴보하다, 타락하다
☐	03	detest	v. 혐오하다, 몹시 싫어하다
☐	04	disorganized	a. 조직이 문란한
☐	05	default	n. 태만, 불이행
☐	06	drastic	a. 철저한, 과감한
☐	07	draw	v. 끌어내다, 얻다
☐	08	enmeshed	a. 말려든, 곤란에 빠진
☐	09	estranged	a. 소원해진, 멀어진
☐	10	eloquent	a. 능변의, 감명적인
☐	11	elective	a. 선거의
☐	12	eccentric	a. 별난, 괴벽스러운
☐	13	genesis	n. 기원, 발생
☐	14	inspiration	n. 영감, 고무, 격려
☐	15	infant	n. 유아 a. 유아의
☐	16	grumble	v. 투덜거리다, 불평하다
☐	17	grudge	v. 인색하게 굴다
☐	18	incidental	a. 부수적으로 일어나는
☐	19	instill	v. 서서히 불어넣다
☐	20	intensity	n. 강도, 세기

DAY 20

☐	01	bankrupt	a. 파산한
☐	02	cease	v. 그만두다
☐	03	faltering	a. 비틀거리는
☐	04	cogent	a. 적절한
☐	05	cautious	a. 조심성 있는
☐	06	demeanor	n. 처신, 태도
☐	07	delineate	v. 윤곽을 그리다
☐	08	delve	v. 탐구하다
☐	09	epidemic	a. 유행성의
☐	10	evade	v. 피하다
☐	11	enterprise	n. 기업
☐	12	flavor	n. 풍미
☐	13	harness	v. 이용하다
☐	14	inflict	v. 가하다
☐	15	intended	a. 의도된
☐	16	room for something	～할 여지, 공간
☐	17	write off	아무렇게나 쓰다
☐	18	wind up ~ing	결국 ～하게 되고 말다
☐	19	slip one's mind	잊어버리다
☐	20	pull through	곤란을 극복하다

TEPS Final Vocabulary

DAY 21

□	01	intervene	v. 중재하다
□	02	offense	n. 위반
□	03	priority	a. 이전의
□	04	rash	a. 무분별한
□	05	replete	a. 충만한
□	06	relevant	a. 관련된
□	07	scrutiny	n. 정밀한 조사
□	08	surge	v. 급등하다
□	09	tie	n. 동점
□	10	outspoken	a. 솔직히 말하는
□	11	rampant	a. 유행하는
□	12	permeate	v. 스며들다
□	13	replace	v. 바꾸다
□	14	superior	a. 뛰어난
□	15	stem	v. ~에서 유래하다
□	16	tendency	v. ~하는 경향이 있다
□	17	scrupulous	a. 양심적인
□	18	serious	a. 심각한, 진지한
□	19	sense	v. 감지하다
□	20	transcend	v. 초월하다

DAY 22

□	01	urge	v. 촉구하다
□	02	vessel	n. 배, 그릇
□	03	volatile	a. 변덕스러운
□	04	wane	v. 쇠약해지다
□	05	sanction	n. 인가, 제재
□	06	award	v. 수여하다
□	07	authentic	a. 진짜, 진정한
□	08	celebrity	n. 명사, 유명인
□	09	dire	a. 무서운
□	10	deceive	v. 속이다
□	11	integrity	n. 고결, 청렴
□	12	implicit	a. 맹목적인
□	13	recession	n. 경기 후퇴, 침체
□	14	on strike	파업 중인
□	15	inquiry into	~에 대한 고찰
□	16	take affect	발효되다
□	17	ask a favor	부탁하다
□	18	in response to	~에 부응하여
□	19	emerge from	~에서 나오다
□	20	in terms of	~이란 견지에서

DAY 23

□	01	sustain	v. 지탱하다
□	02	imparity	n. 차이
□	03	ingest	v. 섭취하다
□	04	ignorant	a. 무지한
□	05	implement	v. 실행하다
□	06	impose	v. 지우다
□	07	last	v. 지속되다
□	08	means	n. 방법
□	09	oust	v. 내쫓다
□	10	prophesy	v. 예언하다
□	11	pursue	v. 쫓다, 추구하다
□	12	rescind	v. 무효로 하다
□	13	relieve	v. 경감시키다
□	14	restore	v. 복구시키다
□	15	utility	n. 유용, 쓸모 있는 것
□	16	vocation	n. 직업
□	17	vie	v. 경쟁하다
□	18	wary	a. 조심성 있는
□	19	compliment	v. 칭찬하다
□	20	fabric	n. 직물, 구조

DAY 24

□	01	fatal	a. 치명적인
□	02	identify	v. 식별하다
□	03	rare	a. 드문, 희귀한
□	04	scatter	v. 흩뿌리다
□	05	supreme	a. 최고의
□	06	unique	a. 독특한
□	07	ultimate	a. 최후의
□	08	vote	v. 투표하다
□	09	security	n. 안전, 보호
□	10	transform	v. 변형시키다
□	11	perception	n. 지각, 인식
□	12	fill a cavity	충치를 때우다
□	13	life expectancy	수명
□	14	break in an engine	엔진을 길들이다
□	15	brag about	~에 대해 자랑하다
□	16	come up with	~을 제안하다
□	17	meet specification	기준에 부합하다
□	18	red herring	헷갈리게 하는 정보
□	19	prior notice	사전 통보
□	20	be in a good mood	기분이 좋다

		DAY 25	
☐	01	admit	v. 입장시키다
☐	02	attraction	n. 인기거리
☐	03	complaint	n. 불평
☐	04	disaster	n. 재해
☐	05	custody	n. 보관, 보호
☐	06	confer	v. 수여하다
☐	07	degree	n. 정도
☐	08	defy	v. 도전하다
☐	09	disposal	n. 처분, 정리
☐	10	dialect	n. 방언, 사투리
☐	11	disguise	v. 위장시키다
☐	12	exalt	v. 높이다
☐	13	existing	a. 현행의
☐	14	expose	v. 드러내다
☐	15	excrete	v. 분비하다
☐	16	entail	v. 수반하다
☐	17	flatter	v. 아첨하다
☐	18	extensive	a. 광범위한
☐	19	gossip	n. 잡담
☐	20	handy	a. 곧 쓸 수 있는, 편리한

		DAY 26	
☐	01	hoist	v. 올리다
☐	02	interfere	v. 방해하다
☐	03	location	n. 위치, 장소
☐	04	nursery	n. 탁아소
☐	05	overnight	a. 밤샘의
☐	06	otherwise	adv. 만약 그렇지 않으면
☐	07	pale	a. 창백한, 엷은
☐	08	phase	n. 면, 현상, 단계
☐	09	resemble	v. 닮다
☐	10	reference	n. 참조, 언급
☐	11	submit	v. 제출하다
☐	12	scale	n. 규모, 등급
☐	13	sumptuous	a. 값비싼
☐	14	trial	n. 시도, 시험
☐	15	thesis	n. 논제, 학위논문
☐	16	topography	n. 지세, 지형도
☐	17	urgent	a. 긴급한
☐	18	life span	수명
☐	19	upright	a. 직립의, 똑바로 선
☐	20	fringe benefit	복지혜택

		DAY 27	
☐	01	interruption	n. 중단
☐	02	aspect	n. 국면, 측면
☐	03	inception	n. 시작, 출범
☐	04	gratitude	n. 감사
☐	05	earnings	n. 소득, 수익
☐	06	commute	v. 통근하다
☐	07	compile	v. 편집하다
☐	08	euthanasia	n. 안락사
☐	09	bewail	v. 비탄하다
☐	10	atrocity	n. 극악, 만행
☐	11	archive	n. 공적 기록 보관서
☐	12	ardent	a. 열렬한
☐	13	applaud	v. 박수치다
☐	14	commit	v. 약속하다
☐	15	participate in	~에 참여하다
☐	16	without a hitch	거침없이
☐	17	break promise	약속을 깨다
☐	18	tough it out	어려움을 참고 견디다
☐	19	worn someone out	지치게 하다
☐	20	political asylum	정치적 망명

		DAY 28	
☐	01	diagnosis	n. 진단, 분석
☐	02	output	n. 출력
☐	03	intensive	a. 집중적인
☐	04	asset	n. 귀중한 사람
☐	05	debate	v. 토론하다
☐	06	remit	v. 보내다, 송금하다
☐	07	souvenir	n. 기념품
☐	08	documentation	n. 문서, 증거
☐	09	premium	n. 보험료, 할증금
☐	10	inspire	v. 격려하다
☐	11	abundant	a. 풍부함
☐	12	collaborate	v. 공동으로 일하다
☐	13	layout	n. 배치
☐	14	meantime	adv. 그 동안
☐	15	subsequent	a. 다음의, 그 후의
☐	16	eager	a. 열망하는
☐	17	explore	n. 탐험, 탐구
☐	18	withdraw	v. 인출하다
☐	19	flexible	a. 탄력적인
☐	20	fulfill	v. (의무를) 다하다, 이행하다

TEPS Final Vocabulary

	DAY 29				DAY 30	
□ 01	reluctant	a. 내키지 않는		□ 01	province	n. 지방
□ 02	mandatory	a. 의무적인		□ 02	emerge	v. 등장하다
□ 03	crate	n. 상자		□ 03	hazard	n. 위험
□ 04	obstruct	v. 막다		□ 04	advocate	n. 옹호자
□ 05	profitable	a. 이익이 되는		□ 05	classified	a. 분류된
□ 06	preliminary	a. 예비적인		□ 06	embassy	n. 대사관
□ 07	formula	n. 방법		□ 07	violation	n. 위반, 방해
□ 08	deduct	v. 공제하다		□ 08	proofread	v. 교정하다
□ 09	preserve	v. 보호하다		□ 09	subcontractor	n. 하청업자
□ 10	realistic	a. 현실적인		□ 10	adapt	v. 개조하다
□ 11	comparison	n. 비교		□ 11	venue	n. 장소
□ 12	devote	v. 전념하다		□ 12	protest	v. 제기하다
□ 13	bear	v. 가지다, 참다		□ 13	argument	n. 주장, 논쟁
□ 14	consent	n. 허락, 동의		□ 14	cordial	a. 진심의
□ 15	outage	n. 공급 중단		□ 15	liability	n. 책임
□ 16	deserve	v. 받을 만하다		□ 16	poll	n. 조사, 투표
□ 17	foreman	n. 주임		□ 17	subscribe	v. 구독하다
□ 18	largely	adv. 크게, 대개		□ 18	disposal	n. 처리, 처분
□ 19	managerial	a. 관리의		□ 19	conventional	a. 진부한
□ 20	omission	n. 생략		□ 20	intermission	n. 휴식 시간

앞면(Side1)

TEPS Road Map 2(정답)

수험번호 Registration No.		문 제 지 번 호 Test Booklet No.	감독관확인란
성명 Name	한글 / 한자		

청 해 Listening Comprehension
문 법 Grammar
어 휘 Vocabulary
독 해 Reading Comprehension

주 민 등 록 번 호 National ID No.

고사실란 Room No.

수 험 번 호 Registration No.

비밀번호 Password

좌석번호 Seat No.

서 약	본인은 필기구 및 기재오류와 답안지 훼손으로 인한 책임을 지고, 부정행위 처리규정을 준수할 것을 서약합니다.

답안작성시 유의사항

1. 답안 작성은 반드시 **컴퓨터용 싸인펜**을 사용해야 합니다.

2. 답안을 정정할 경우 수정테이프(수정액 불가)를 사용해야 합니다.

3. 본 답안지는 컴퓨터로 처리되므로 훼손해서는 안되며, 답안지 하단의 타이밍마크(|||)를 찢거나, 낙서 등으로 인한 훼손시 불이익이 발생할 수 있습니다.

4. 답안은 문항당 정답을 1개만 골라 ● 와 같이 정확히 기재해야 하며, 필기구 오류나 본인의 부주의로 잘못 표기한 경우에는 당 관리위원회의 OMR판독기의 판독결과에 따르며, 그 결과는 본인이 책임집니다.

Good ●   Bad | · ◑ ✕ ⋎

5. 감독관의 확인이 없는 답안지는 무효처리됩니다.

TEPS Road Map 2

성	영문	
명	서명	

응시일자 : 20   년   월   일

<부정행위 및 규정위반 처리규정>

1. 모든 부정행위 및 규정위반 적발 및 이에 대한 조치는 TEPS관리위원회의 처리규정에 따라 이루어집니다.

2. 부정행위 및 규정위반 행위는 현장 적발 뿐만 아니라 사후에도 적발될 수 있으며 모두 동일한 조치가 취해집니다.

3. 부정행위 적발 시 당해 성적은 무효화되며 사안에 따라 최대 5년까지 TEPS관리위원회에서 주관하는 모든 시험의 응시자격이 제한됩니다.

4. 문제지 이외에 메모를 하는 행위와 시험 문제의 일부 또는 전부를 유출하거나 공개하는 경우 부정행위로 처리됩니다.

5. 각 파트별 시간을 준수하지 않거나, 시험 종료 후 답안 작성을 계속할 경우 규정위반으로 처리됩니다.

성   명 (성·이름순으로 기재)

EX HONG GIL DONG

A B C D E F G H I J K L M N O P Q R S T U V W X Y Z

단 체 구 분

학생	일반
○	○

질 문 란

1. 귀하의 TEPS 응시목적은?
   - ⓐ 입사지원
   - ⓑ 인사정책
   - ⓒ 개인실력측정
   - ⓓ 입시
   - ⓔ 국가고시 지원
   - ⓕ 기타

2. 귀하의 영어권 체류 경험은?
   - ⓐ 없다
   - ⓑ 6개월 미만
   - ⓒ 6개월 이상 1년 미만
   - ⓓ 1년 이상 3년 미만
   - ⓔ 3년 이상 5년 미만
   - ⓕ 5년 이상

3. 귀하께서 응시하고 계신 고사장에 대한 만족도는?
   - ⓐ 0점
   - ⓑ 1점
   - ⓒ 2점
   - ⓓ 3점
   - ⓔ 4점
   - ⓕ 5점

4. 최근 2년내 TEPS 응시횟수는?
   - ⓐ 없다
   - ⓑ 1회
   - ⓒ 2회
   - ⓓ 3회
   - ⓔ 4회
   - ⓕ 5회 이상

학 력 / 전 공 / 직 업

학 력	재학	졸업	전 공		직 업	
초 등 학 교	○	○	인 문 학	○	공 무 원	○
중 학 교	○	○	사 회 과 학 · 법 학	○	고시준비	○
고 등 학 교	○	○	경제학 · 경영학	○	교 사	○
전 문 대 학	○	○	자 연 과 학	○	군 인	○
대 학 교	○	○	의학·약학·간호학	○	의 료 인	○
대 학 원	○	○	공 학	○	자 영 업	○
			교 육 학	○	학 생	○
			음악 · 미술 · 체육	○	회 사 원	○
			기 타	○	무 직	○
					기 타	○

직 종 / 직 책

직 종			직 책	
고 위 임 직 원	○	무 역	임 원	○
전문직(과학·공학)	○	외 환	부 장	○
전 문 직 (교 육)	○	자 금	차 장	○
전문직(법률·회계·금융)	○	공 무	과 장	○
기 술 직	○	업 무	대 리	○
영 업		품 질 관 리	계 장	○
홍 보		전 산	사 원	○
총 무		행 정 직	인 턴	○
인 사		생 산 관 리	기 타	○
경 리		서 비 스		
기 획		기 타		
구 매				

TEPS Road Map 2

성	영문	
명	서명	

응시일자 : 20   년   월   일

〈부정행위 및 규정위반 처리규정〉

1. 모든 부정행위 및 규정위반 적발 및 이에 대한 조치는 TEPS관리위원회의 처리규정에 따라 이루어집니다.

2. 부정행위 및 규정위반 행위는 현장 적발 뿐만 아니라 사후에도 적발될 수 있으며 모두 동일한 조치가 취해집니다.

3. 부정행위 적발 시 당해 성적은 무효화되며 사안에 따라 최대 5년까지 TEPS관리위원회에서 주관하는 모든 시험의 응시자격이 제한됩니다.

4. 문제지 이외에 메모를 하는 행위와 시험 문제의 일부 또는 전부를 유출하거나 공개하는 경우 부정행위로 처리됩니다.

5. 각 파트별 시간을 준수하지 않거나, 시험 종료 후 답안 작성을 계속할 경우 규정위반으로 처리됩니다.

성   명 (성·이름순으로 기재)

EX HONG GIL DONG

A B C D E F G H I J K L M N O P Q R S T U V W X Y Z

(성명 마킹란: 각 칸마다 A~Z 세로 배열)

단체구분

학생	일반
○	○

질문란

1. 귀하의 TEPS 응시목적은?
   - (a) 입사지원
   - (b) 인사정책
   - (c) 개인실력측정
   - (d) 입시
   - (e) 국가고시 지원
   - (f) 기타

2. 귀하의 영어권 체류 경험은?
   - (a) 없다
   - (b) 6개월 미만
   - (c) 6개월 이상 1년 미만
   - (d) 1년 이상 3년 미만
   - (e) 3년 이상 5년 미만
   - (f) 5년 이상

3. 귀하께서 응시하고 계신 고사장에 대한 만족도는?
   - (a) 0점
   - (b) 1점
   - (c) 2점
   - (d) 3점
   - (e) 4점
   - (f) 5점

4. 최근 2년내 TEPS 응시횟수는?
   - (a) 없다
   - (b) 1회
   - (c) 2회
   - (d) 3회
   - (e) 4회
   - (f) 5회 이상

학력

	재학	졸업
초등학교	○	○
중학교	○	○
고등학교	○	○
전문대학	○	○
대학교	○	○
대학원	○	○

전 공

인 문 학	○
사회과학·법학	○
경제학·경영학	○
자 연 과 학	○
의학·약학·간호학	○
공 학	○
교 육 학	○
음악·미술·체육	○
기 타	○

직 업

공 무 원	○
고시준비	○
교 사	○
군 인	○
의 료 인	○
자 영 업	○
학 생	○
회 사 원	○
무 직	○
기 타	○

직 종

고 위 임 직 원	○	무 역	○
전문직(과학.공학)	○	외 환	○
전문직(교육)	○	자 금	○
전문직(법률.회계.금융)	○	공 무	○
기 술 직	○	영 업 무	○
영 업	○	품 질 관 리	○
홍 보	○	전 산	○
총 무	○	행 정 직	○
인 사	○	생 산 관 리	○
경 리	○	서 비 스	○
기 획	○	기 타	○
구 매	○		

직 책

임 원	○
부 장	○
차 장	○
과 장	○
대 리	○
계 장	○
사 원	○
인 턴	○
기 타	○

듣기 · 문법 · 어휘 · 독해 **4가지 영역을 한번에 끝낸다!**

TEPS
Road MAP

김영욱 · 문진철 · 송병민 공저
Susannah Turner 감수

실전모의고사 1

Actual Test

Korea **Language*PLUS***
www.langpl.com

듣기 · 문법 · 어휘 · 독해 **4가지 영역을 한번에 끝낸다!**

TEPS
Road MAP

실전모의고사 2

Actual Test

김영욱 · 문진철 · 송병민 공저

Listening Comprehension

Part III Questions 31 ~ 45

You will now hear fifteen complete conversations. For each item, you will hear a conversation and its corresponding question, both of which will be read twice. Then you will hear four options which will be read only once. Choose the option that best answers the question.

Part IV Questions 46 ~ 60

You will now hear fifteen spoken monologues. For each item, you will hear a monologue and its corresponding question, both of which will be read twice. Then you will hear four options which will be read only once. Choose the option that best answers the question.

Grammar

Part I **Questions 1 ~ 20**

Choose the best answer for the blank.

1. A: Hey, where are you guys going?
   B: We are going _______________

   (a) hike
   (b) on hiking
   (c) to hiking
   (d) hiking

2. A: Can you help me with this problem?
   B: Sure, I'll be _______________ you in a second.

   (a) for
   (b) by
   (c) with
   (d) on

3. A: Which of the players over there is Manny Ramirez?
   B: He's the one _______________ by the home plate.

   (a) standing
   (b) to stand
   (c) stood
   (d) is stood

4. A: I don't think I have enough time to finish this up on time. Do you think I can still make it?
   B: As long as you avoid _______________, you can.

   (a) spending too much time to type it
   (b) to spend too much time type it
   (c) spend too much time typing it
   (d) spending too much time typing it

5. A: Did you forget _______________ the door when you left the office?
   B: Why? Something happened?

   (a) to have lock
   (b) to lock
   (c) locking
   (d) having locking

6. A: Do you like the decision the committee made to cut our salary this year?
   B: What can I say? I heard that they discussed _______________.

   (a) the matter fiercely as possible
   (b) the matter so fiercely
   (c) about the matter so fiercely
   (d) so fiercely about the matter

7. A: I can't believe you became a college student, John!
   B: _______________

   (a) So can I.
   (b) Neither can't I.
   (c) I can't believe, neither.
   (d) Me neither.

8. A: Don't forget the reason _______________ you can't go out with your friends.
   B: I know. I should've finished my homework earlier.

   (a) as
   (b) that
   (c) which
   (d) for which

9. A: I am so sorry to hear that the school rejected your application.
   B: _______________ an A instead of a B in chemistry, I would have had a better chance.

   (a) If I got
   (b) If I have got
   (c) Were to get
   (d) Had I got

10. A: What time is the faculty meeting?
    B: It's scheduled _______________ at two.

    (a) being held
    (b) holding
    (c) to be held
    (d) to hold

11. A: She works extremely hard and no wonder she
     is one of the best figure skaters in the world.
    B: Hard work is not the only one that made her
       _________________ today.

    (a) what she is
    (b) whom she is
    (c) that she is
    (d) whoever she is

12. A: Obama made a great speech to
       _________________ at his inauguration
     ceremony.
    B: Yes, he did, but I prefer Clinton's.

    (a) the public
    (b) public
    (c) publics
    (d) a public

13. A: I am expecting a lot from the new president.
    B: So am I. I hope _________________ a lot of
       positive progress.

    (a) for him to make
    (b) him to make
    (c) he makes
    (d) him making

14. A: Are you going to Alanis Morissette's concert
       today?
    B: I thought I _________________, but the ticket
       is too expensive.

    (a) do
    (b) did
    (c) am
    (d) was

15. A: Fancy _________________ here, Amy!
    B: What a small world!

    (a) meeting you
    (b) to meet
    (c) to have met here
    (d) for me to meet you

16. A: How's your new roommate?
    B: He seems nice, but I don't think he is an easy
       person _________________.

    (a) to hang out
    (b) to hang out with
    (c) hanging out
    (d) hanging out with

17. A: I _________________ at the barber shop you
       were talking about yesterday.
    B: Did you really? That's why you look different
       today.

    (a) cut
    (b) had cut my hair
    (c) had my hair cut
    (d) had cut my hairs

18. A: Have all the students arrived?
    B: No, about _________________
       not here yet.

    (a) two-third of them is
    (b) two-thirds of them is
    (c) two-third of them are
    (d) two-thirds of them are

19. A: Do you think he is really that rich as he said?
    B: _________________ from what he wears, he is
       definitely not.

    (a) Having judged
    (b) Having been judged
    (c) Judging
    (d) Judged

20. A: James told me today that you lost his pen his
       father had given him for his birthday.
    B: Yeah, I hope there is a way
       _________________.

    (a) to make it up how to him
    (b) to make it up to him
    (c) how to make it up to him
    (d) how to make up her to it

Choose the best answer for the blank.

21. Cable News Network, better known as CNN, accounts for _____________ of the news media industry.

    (a) 12 percents
    (b) a 12 percent
    (c) 12 percent
    (d) the 12 percents

22. Koreans _____________ upon seafood for most of the protein in their diet before the Korean War.

    (a) depend
    (b) depended
    (c) have depended
    (d) had depended

23. _____________ the economic crisis in 1998, he bought some expensive properties at a cheaper price.

    (a) Even though
    (b) According to
    (c) But for
    (d) Thanks to

24. There is _____________ as a wonder drug for weight loss.

    (a) no such thing
    (b) no such a thing
    (c) such no thing
    (d) such any thing

25. Newcastle United's players are not working _____________ to hold their Premiership position.

    (a) enough
    (b) so enough hard
    (c) hard enough
    (d) hard enough so

26. Jenny practiced so hard for the competition _____________ she could barely walk to class.

    (a) as
    (b) than
    (c) but
    (d) that

27. Manchester United won the game against Arsenal, _____________ made it advance the championship game two years in a row.

    (a) which
    (b) what
    (c) as
    (d) that

28. Frederick tolerated religious differences _____________ victims of religious persecution.

    (a) welcomed
    (b) having welcome
    (c) welcoming
    (d) having welcomed

29. To the right of the city hall _____________ the famous monument.

    (a) have stood
    (b) has stood
    (c) stand
    (d) stands

30. Today's school tends to demand too many challenging tasks from students _____________ the old school did not.

    (a) who
    (b) as
    (c) that
    (d) what

31. Your order _________________ by the time you come back from the trip.

    (a) is delivered
    (b) have been delivered
    (c) will be delivered
    (d) will have been delivered

32. In 1950, North Korea plunged into war, which _________________ a tremendous effect on political and economic conditions.

    (a) was to have
    (b) had had
    (c) will have
    (d) would have had

33. _________________ he is, he still needs a lot to learn by doing.

    (a) Despite young and smart
    (b) Although young and smart
    (c) Young and smart as
    (d) Young and smart while

34. American students are not eager to get in the top 50 colleges in the United States, _________________ they must pay tons of money to enter.

    (a) that
    (b) what
    (c) into which
    (d) most of which

35. Although the market has slowed down since the financial crisis in the United States last year, _________________ luxury goods has increased by 20%.

    (a) consuming of
    (b) consumption of
    (c) the consuming
    (d) the consumption of

36. When Chris won his first gold medal in the Olympics, he _________________ for 13 years.

    (a) swam
    (b) was swimming
    (c) had been swimming
    (d) have been swimming

37. She shouldn't have played out, _________________ .

    (a) preparing for taking the test
    (b) not prepared for the test
    (c) preparing not to take the test
    (d) not prepared for taking the test

38. The authors of this paper _________________ of gratitude to the School of Business staff who contributed their remarkable knowledge to this paper.

    (a) owes a debt
    (b) owes debt
    (c) owe a debt
    (d) owe debt

39. The government proposed _________________ to the central bank any possible way to depreciate its own currency against the American dollar.

    (a) for figuring out
    (b) figuring out
    (c) to be figured out
    (d) to have figures

40. Unfortunately, _________________ , but their structure is also rather strict as well.

    (a) not only difficult they are to use
    (b) not only they are difficult to use
    (c) not only are they difficult to use
    (d) not only are difficult to use

41. (a) A: Hi Alice, what time do you have a flight to New York tomorrow?
    (b) B: It's 5:30 unless there is any change, why?
    (c) A: Well, I just want to tell you that your rent is due tomorrow.
    (d) B: Yeah I know. But it is not due by tomorrow as you've just said.

42. (a) A: Can you believe it's already Sunday?
    (b) B: I know. Time goes fastly.
    (c) A: This semester only has two weeks to go.
    (d) B: Yes, and we still have four exams coming!

43. (a) A: Regular or premium?
    (b) B: Regular and fill it up please.
    (c) A: Do you know any store near wherever I can buy some milk?
    (d) B: You just drive all the way down and there is a convenience store on your right.

44. (a) A: What score are you expecting from your chemistry class?
    (b) B: About 50 out of 100, and it will be F for sure.
    (c) A: No way! It will be at least C. Don't you think?
    (d) B: But that's what other classmates said.

45. (a) A: Did you see John's new car?
    (b) B: Yes, I did. Why?
    (c) A: Wasn't it great? I wish I have one like his.
    (d) B: Come on! Did you forget you have one nice too?

46. (a) R.E.M was a group Cobain could have looked to for help. (b) Just prior to his death, he was in regular contact with Michael Stipe, the lead singer of R.E.M. (c) Stipe had enormous respect for Cobain, and Cobain was a huge R.E.M fan. (d) In fact, R.E.M.'s career was the model that Cobain would like for Nirvana.

47. (a) Does Michael Jackson want to build an entertainment empire in Poland? (b) Last May the pop superstar signed a letter of intent with Warsaw to build a multimillion-dollar amusement park, probably at an old military airport. (c) Now Jackson also wants to buy Warsaw's posh Bristol Hotel-where he could provide suites for friends like Elizabeth Taylor-as well as a state-own castle. (d) The castle would serve not only as an occasional home but also as a museum.

48. (a) The more deeply scientists see into the secrets of the universe, you'd expect, the more God would fade away from their hearts and minds. (b) But that's not how it went for Allan Sandage. (c) Now slightly stooped and white-haired at 72, Sandage has spent a professional lifetime to coax secrets out of the stars, peering through telescopes from Chile to California in hope of spying nothing less than the origins and destiny of the universe. (d) His observations of distant stars showed how fast the universe is expanding and how old it is.

49. (a) In the end, Diana's internal injuries were so massive that even if the accident had happened in front of an emergency room, she couldn't have been saved. (b) Diana showed signs of cranial trauma, a broken arm and leg and severe wound to one thigh. (c) Most important, hospital doctors found a severe lesion to her pulmonary vein. (d) In lay terms, her heart had been ripped out of its place in her chest. No one had ever survived this kind of lesion before.

50. (a) Iceland sits astride the Mid-Atlantic Ridge, part of the worldwide rift system. (b) This 300-by-500-kilometers island whose north shore touches the Arctic Circle is entirely volcanic in origin. (c) Eruptions occur about every five years, sometimes from distinct volcanoes like Mount Hekla, which has erupted twenty-two times since A.D. 900, but often from long fissures erupt only once. (d) Iceland is worn away by the storms of the North Atlantic.

Vocabulary

1. A: Do you know why the banana did
        _________________?
    B: I think it is because the banana didn't have any
        suntan lotion on.

    (a) peel
    (b) pare
    (c) trim
    (d) flake

2. A: This unique offer won't last forever so
        _________________ it up right away.
    B: Thanks a lot. I'll not pass up this once in a life
        time chance.

    (a) crack
    (b) hold
    (c) snap
    (d) gobble

3. A: I _________________ an order an hour ago.
        What's the delay?
    B: Sorry, we had too many back orders.
        We'll deliver it soon.

    (a) took
    (b) placed
    (c) made
    (d) kept

4. A: I'm sorry for the _________________.
        We need to be more considerate.
    B: I'm sorry, too, honey. I was so stubborn.

    (a) frugality
    (b) fracas
    (c) spree
    (d) havoc

5. A: There are some technical problems to
        _________________ on your laptop.
    B: How long will it take to fix it?

    (a) turn out
    (b) work out
    (c) figure out
    (d) iron out

6. A: Well, Carina, time to _________________!
        Are you ready for the new semester?
    B: Sure, Mom. I ache to see my friends and miss
        the hot lunch in cafeteria.

    (a) bare your heart
    (b) come clean
    (c) back to the grind
    (d) back to the drawing board

7. A: Mom, I'd like to hear your opinion about my
        marriage with Ju-hyun.
    B: Well, pumpkin, _________________ pros and
        cons first, and if pros outweigh the cons, then
        go ahead.

    (a) weigh
    (b) mediate
    (c) foster
    (d) verify

8. A: Is the blind date you've set up for me still
        _________________?
    B: Chances are slim. I saw her going out with a
        hunk the other day.

    (a) the last straw
    (b) in full swing
    (c) hang by a thread
    (d) up for grabs

9. A: Are you happy being rooming together with
        me?
    B: I'm a little worried if we might
        _________________ each other nuts, but no
        other options as of now.

    (a) drive
    (b) throw
    (c) usher
    (d) chase

10. A: Why don't you _________________ your pride
    and go and ask him for your job back?
    B: I'm reserving judgment until tonight. It's easy
    to say than do.

    (a) swallow
    (b) brag
    (c) soothe
    (d) fake

11. A: You look lost color. What's eating you?
    B: My toes are really _________________ so I'm
    afraid if I have the athlete's foot.

    (a) smarting
    (b) tingling
    (c) itchy
    (d) piquant

12. A: I love you. Can't you accept my love and be my
    main _________________?
    I want to get hitched to you someday.
    B: Come again. I'm quite hard of hearing.

    (a) drag
    (b) steady
    (c) crop
    (d) squeeze

13. A: Nam-il bailed out Korea with an equalizer deep
    into injury time.
    B: Yes, I'm so thrilled at the scene! He's really
    competent and finally _________________.

    (a) made my day
    (b) bite the dust
    (c) let off steam
    (d) pull strings

14. A: Sweetie, I'm really looking forward to our
    honeymoon trip to New Caledonia.
    B: Me too. We won't be traveling on a shoestring
    _________________ so it'll be a lot fun.

    (a) expenditure
    (b) estimate
    (c) fare
    (d) budget

15. A: I'm so worried that David's been
    _________________ one bottle of love potion
    all evening.
    B: Don't be so concerned. He's good at drinking
    all kinds of liquor.

    (a) gulping
    (b) downing
    (c) nursing
    (d) quenching

16. A: I burnt the midnight oil last night for the mid-
    term exam. And I couldn't sleep a wink.
    B: Ah, that's why you came to the class
    _________________. Now you are here, don't
    be so in a cold sweat.

    (a) in the wee hours
    (b) like clockwork
    (c) in the nick of time
    (d) on the ball

17. A: Sam was so engrossed in reading magazine that
    he didn't notice my presence.
    B: Probably he'd read _________________
    articles like private lives of celebrities.

    (a) compulsive
    (b) apprehensive
    (c) repulsive
    (d) lurid

18. A: Do you believe food _________________ are
    good for our long-term health?
    B: Absolutely not. And I think processed foods in
    general are probably bad for us, not to mention
    GM goods.

    (a) coma
    (b) additives
    (c) processor
    (d) card

19. A: I'm sick of being _________________
    challenged and want to get back in good shape.
   B: Get a gym membership and you will lose your
    weight soon.

   (a) vertically
   (b) horizontally
   (c) sprightly
   (d) flatly

20. A: David is _________________ as a DJ at a night
    club these days.
   B: Sounds good. I really envy him. I also need to
    find one on the side.

   (a) exerting
   (b) conducting
   (c) moonlighting
   (d) catering

21. A: My poor Romy is terminally ill. I heard he's
    stricken down with cholera.
   B: He will be ok. He _________________ three
    divorces and severe landslides. He will get his
    health back soon.

   (a) overcame
   (b) survived
   (c) reveled
   (d) inspired

22. A: That garbage smells terribly stink. It's
    _________________ my stomach.
   B: You're right. That stench really makes me feel
    throwing up, too.

   (a) turning
   (b) settling
   (c) lying
   (d) staying

23. A: _________________ up your phone with a
    new mobile phone cover. It's worth it.
   B: Yeah, I want my phone splendid.

   (a) Drape
   (b) Embroider
   (c) Wrap
   (d) Tart

24. A: We can offer you job satisfaction and
    _________________ benefits.
   B: Are you saying I'm already hired?

   (a) generous
   (b) fertile
   (c) bountiful
   (d) marginal

25. A: If I remember correctly, you also bought the
    washer, right? Mine broken down after only
    two month.
   B: Really? Mine is still in _________________
    condition.

   (a) squalid
   (b) delicate
   (c) sanitary
   (d) mint

26. 'Miso' networks were designed
    ________________ to meet the needs of
    frequent travelers.

    (a) squarely
    (b) exclusively
    (c) shortly
    (d) gingerly

27. Walks around the block, push-ups during a coffee
    ________________ or stretches at your desk
    can give you a much-needed little boost.

    (a) intermission
    (b) respite
    (c) break
    (d) rest

28. Defense counsel made motions to set-aside the
    ________________ as excessive and for a new
    trial, but the motions were denied.

    (a) engagement
    (b) misdemeanor
    (c) verdict
    (d) issue

29. It suddenly ________________ on me that I was
    being rewarded for having worked so hard at the
    warehouse, although my motive was simply to
    hold on to my job.

    (a) occurred
    (b) dawned
    (c) struck
    (d) spotted

30. Dr. Hippocrates' death came amid an
    investigation into a bribery scandal that had
    ________________ his reputation.

    (a) polished
    (b) understated
    (c) tarnished
    (d) endangered

31. They were fully aware that having bad luck and
    liabilities can be a blessing in
    ________________ .

    (a) trick
    (b) deception
    (c) pretense
    (d) disguise

32. Cooler temperatures high in the air make water
    vapor ________________ and then water
    droplets collect on dust particles to form clouds.

    (a) dissolve
    (b) vanish
    (c) condense
    (d) dehydrate

33. General Willy's story of his rise from obscurity and
    poverty to a(n) ________________ place in
    history was a fascinating educational experience
    for me.

    (a) esteemed
    (b) shabby
    (c) overt
    (d) reprehensible

34. Successful people look upon the setbacks that
    occur from time to time as possible opportunities
    for the future rather than as permanent
    ________________ .

    (a) eminence
    (b) stages
    (c) reverses
    (d) alternative

35. Controlling your life requires you to
    ________________ negative impulses and
    express those that are positive, even if they relate
    to low-level or menial undertakings.

    (a) poise
    (b) repress
    (c) prompt
    (d) diminish

36. Health facilities will become _______________
with patients and there would be less-than-
adequate staffing, as medical health professionals
fall ill themselves.

(a) squeezed
(b) suffice
(c) depleted
(d) overrun

37. But there is a need to keep _______________
on the movement of short-term floating money
into the real estate market because housing prices
could sharply rise if home-backed loans jump.

(a) stamps
(b) tabs
(c) labels
(d) tags

38. If the guy has 80 percent of what you want and
potential to grow the extra 20 percent, you need
to _______________ that guy up because he is
good to go.

(a) bag
(b) retain
(c) defile
(d) appease

39. The United Nations is demanding full access to
refugee camps that are home to an
_______________ quarter of a million people
fleeing from war in Sri Lanka.

(a) subsequent
(b) temporary
(c) estimated
(d) equivalent

40. While the swine flu raises public-health alarms
globally, the prognosis for the world economy will
not good if the outbreaks mutate into a

_______________.

(a) hygiene
(b) endemic
(c) epidemic
(d) pandemic

41. I contacted a variety of experts and
_______________ ideas from other parents of
children with megalomania where there's quite a
network.

(a) solicited
(b) refuted
(c) rescind
(d) sterilized

42. I've compiled _______________ list of tips for
parents who might be ready to hit the beach and
test the waters during Autism Awareness Month.

(a) trenchant
(b) exhaustive
(c) contentious
(d) compendious

43. The White House isn't blocking a commission to
be formed to look into Wall Street's
_______________ of judgment that led to the
economic collapse, but not empowering it with
real teeth.

(a) maturity
(b) endorsements
(c) lapses
(d) criteria

44. Change and rearrange, that is the key to getting
out of a(n) _______________ and onto the
road that leads to where you want to go.

(a) jam
(b) obesity
(c) bout
(d) rut

45. The country was stripped and
_______________ years ago and they found
nothing in the houses and buildings by the
roadside.

(a) plundered
(b) dwindled
(c) scraped
(d) expired

46. The logical way to avoid feeling like a
_________________ is not to feast on greasy fast
food and instead pack a nutritious lunch and
some snacks that aren't filled with sugar and
preservatives.

(a) briskness
(b) sloth
(c) agility
(d) vigor

47. The news of the four tourists _________________
the disease comes on the heels of suggesting
preventive measures by authorities, including the
use of anti-malarial medication and insect
repellents.

(a) developing
(b) spreading
(c) contracting
(d) transmitting

48. _________________ is used to restrict the
movement of individuals who are believed to be
at risk of carrying a disease even if they are as yet
to show symptoms.

(a) Probe
(b) Inspection
(c) Scrutiny
(d) Quarantine

49. Confiscated Bibles that were printed in the two
most common Afghan languages are burned amid
concern they would be used to try to
_________________ Afghans.

(a) convert
(b) divert
(c) avert
(d) revert

50. Settings that inspire, surroundings that take your
breath away, _________________ combining
French 'savoir faire' with the multi-cultural
heritages of Mauritius, endless excursions are just
a small part of a magical stay.

(a) gourmet
(b) authenticity
(c) felicity
(d) gastronomy

Reading Comprehension

DIRECTIONS

This part of the exam tests your ability to comprehend reading passages. You will have 45 minutes to complete the 40 questions. Be sure to follow the directions given by the proctor.

1. Dear Team,

    March went by without a Lost Time Accident in our factories and factory project sites. This is the first Zero Accident month of 2009 for the Technical Division, Well Done! Let us make this the first of a long series: 9 more to go for this year plus many more for the years to come. I would like to thank you all for taking our ________________________ seriously, and encourage everyone to participate fully in the Behavior Based Safety Program that has now been started in every site. Please extend my thanks to all your team. Once again, well done and please keep going.

    Best regard,

    Campo

    (a) "Educate Workers Program"
    (b) "Globalization Project"
    (c) "Teamwork Enhancement"
    (d) "Safety First Plan"

2. An accident killed a man and his seven-year-old daughter around 6:30 Thursday morning, April 2, 2009 when a wayward truck plowed into five vehicles at the Doma intersection in Daejeon City. Minutes can seem like an eternity to those waiting for help. Every day, police, fire and ambulance vehicles respond to urgent calls. Precious time lost getting there could mean the difference between life and death. Nobody there dared transport the child to the hospital. If somebody could have done it earlier, the child might have been saved. Seconds ________________________.

    (a) can save a life
    (b) do not matter
    (c) may fly like an arrow
    (d) will wait for her

3. A Liger is an offspring of a lion and a tigress. The liger is a zoo-bred hybrid, as is the tigon, the result of mating a tiger with a lioness. It is probable that neither the liger nor the tigon occurs in the wild, as differences in the behavior and habitat of the lion and tiger make interbreeding unlikely. The liger and the tigon possess features of both parents, in variable proportions, but are generally larger and darker than either. It is thought that most, if not all, male ligers and tigons are ________________________; the females, however, on occasion, may be able to produce young.

    (a) reproductive
    (b) sterile
    (c) furious
    (d) gentle

4. Karma consists of a person's acts and their ________________________. Human actions lead to rebirth, wherein good deeds are inevitably rewarded and evil deeds punished. Thus, neither undeserved pleasure nor unwarranted suffering exists in the world, but rather a universal justice. The karmic process operates through a kind of natural moral law rather than through a system of divine judgment. One's karma determines such matters as one's species, beauty, intelligence, longevity, wealth, and social status. According to the Buddha, karma of varying types can lead to rebirth as a human, an animal, a hungry ghost, a denizen of hell, or even one of the Hindu gods.

    (a) mental factors
    (b) various traits
    (c) ethical consequences
    (d) religious influences

5. Dear All,

    We are currently experiencing technical problems at the Staff shop. We will go slow with the processing of each and every transaction and might even stop every now and then to check and recheck that every sale of the product is accounted for. Due to this predicament, may we request that you keep your receipts so that in case a problem arises we will be able to ________________________________. There might be some changes in the normal process of how we do things. We apologize for the inconvenience that it might cause each one of us. Please note that Staff shop will open on Saturday, 04 March 2009 from 8:00 to 3:00 p.m. in lieu of Monday, 6 April 2009. Wherein we will close down to repair and upgrade the staff shop system. Thank you for bearing with us.

    (a) make another receipt for you
    (b) trace the details of your purchases
    (c) apply a major upgrade to the system
    (d) open on the date we promised

6. Toward the end of the 5th century BC, a group of traveling teachers called Sophists became famous throughout Greece. The Sophists played an important role in developing the Greek city-states from agrarian monarchies into commercial democracies. As Greek industry and commerce expanded, a class of newly rich, economically powerful merchants began to wield political power. Lacking the education of the aristocrats, they sought to prepare themselves for politics and commerce by paying the Sophists for instruction in public speaking, legal argument, and general culture. Although the best of the Sophists made valuable contributions to Greek thought, the group as a whole acquired a reputation for deceit, insincerity, and demagoguery. Thus the word sophistry has come to signify ________________________________.

    (a) prominent politicians
    (b) philosophical teachers
    (c) great achievements
    (d) these moral faults

7. In early February 2005 George W. Bush's State of the Union address outlined specific aspects of
_________________________________. Bush said it was necessary to restructure the tax system and the social
security system, which he said was headed 'to bankruptcy.' Bush's recommendations for overhauling social
security system included the possible creation of so-called 'personal accounts' in which workers would be
permitted to invest their payroll taxes in the stock market. That plan proved to be one of the most
controversial, and ultimately unsuccessful, domestic initiatives in either of his two terms as president. It was
almost immediately attacked by many of his Democratic foes and by some Republicans normally prone to
supporting the president. As Bush traveled around the country to drum up support for the plan, polls showed
a largely negative public reaction.

    (a) his tax reformation will
    (b) his aggressive personality
    (c) his domestic policy
    (d) his favor for Republicans

8. Millions of people across Asia have trouble _________________________________. With recent research linking
lack of sleep to health problems from hypertension to weight gain, there's more reason than ever to make over
your sleep habits. Stay away from saboteurs like caffeine, nicotine, and alcohol and trying to stick to a regular
sleep-wake schedule are tips that people normally hear and say. On the other hand, experts say that one of the
most important things to do to have a good night sleep is to let go of your worries. Anxieties often seem
magnified in the still of the night and dealing with them is a big help to sleep. Writing down all your worries
and anxieties, schedules of deadlines, do's and don't's of the day and the next day before putting your head on
the pillow can make you feel more manageable and relaxed.

    (a) controlling health weight
    (b) treating drug abuse
    (c) getting enough shuteye
    (d) managing job-related stress

9. _____________________________ is not the bridge to build a lasting friendship; neither is it the adequate basis for a healthy, happy, and rewarding marriage. In the relations among nations, it is merely the beginning of the ideal relationships we want to establish among the nations on earth. Ultimately, with individuals as with nations, we want to build a world in which respect is mutual, and based on a real understanding of differences as well as similarities, and on this ground, where men and nations will complement each other for the good of all mankind.

(a) Indulgence
(b) Justice
(c) Greed
(d) Tolerance

10. One type of surface mining is called placer mining. Sometimes heavy metals such as gold are found in soil deposited by streams and rivers. The soil is picked up by a power shovel and transferred to a long trough. Water is run through the soil in the trough. This carries soil practices away with it. The metal particles are heavier than the soil and sink to the bottom, where they can be recovered. The finishing-off process of mining is called mineral concentration. In this process the desired substances are removed from the waste in various ways. One technique is to bubble air through a liquid in which ore particles are suspended. Chemicals are added that make the minerals cling to the air bubbles. The bubbles rise to the surface with the mineral particles attached, and they can _____________________________.

(a) contain more minerals
(b) start a chemical transformation
(c) be skimmed off and saved
(d) hold heavy metals such as gold

11. Dear Mr. Jellicoe,

The Board has now met and discussed your application for a rise in pay. I regret to inform you that on this occasion it has ________________________________ . As you will know, work in the transport business has been slack recently, and our finances are, unfortunately, not able to stretch to pay increases before the annual review in August. The Board has asked me to pass on the message that in better conditions your application might have been looked upon favorably. We are all aware of your efforts on behalf of the company, and emphatically do not want you to feel that you are not appreciated. I hope you will be able to accept this disappointment for the time being. Let us hope that August will bring you better news.

Yours sincerely,
Bob Driver
Haulage Manager

    (a) been approved
    (b) not yet been submitted to the Board
    (c) been sent for further review
    (d) been turned down

12. The word renaissance means "rebirth." The preceding era, which began with the collapse of the Roman Empire around the 5th century, became known as the Middle Ages to indicate its position between the classical and modern world. Scholars now recognize that there was considerable cultural activity during the Middle Ages, as well as some interest in classical literature. A number of characteristics of Renaissance art and society had their origins in the Middle Ages. Many scholars claim that much of the cultural dynamism of the Renaissance also had its roots in medieval times and that changes were progressive rather than abrupt. Nevertheless, the Renaissance represents ________________________________ the Middle Ages, with enough unique qualities to justify considering it as a separate period of history.

    (a) change from
    (b) a crisis to
    (c) a reproduction of
    (d) a step towards

13. If you've ever thought that there is nothing you can do as an individual to reduce your carbon footprint, a recent UK study has news for you. The study found that over 40% of CO_2 emissions in the UK are due to individual actions-that is, 2/5th of the UK's greenhouse gas emission results from UK residents conducting their day to day activities. It is clear that choices we make as individuals — driving our cars, traveling by airplane, heating our homes — can have a big impact upon the environment. And to help you understand the impact of these choices, CO-SH&E in conjunction with Climate Neutral consultants, brings you the personal climate change calculator which can help you determine ________________________________.

   (a) what to do to increase your carbon footprint
   (b) where to look for to find greenhouse gas
   (c) how big your carbon footprint actually is
   (d) why carbon footprint can harm our world

14. In recent years widespread harvest failure, uncontrollable inflation and runaway oil and wheat prices have hit rich and poor countries alike with devastating force. At the same time, the Third World was undergoing a profound change, especially with the staggering rises in the cost of fuel and food. The developing countries have split into two categories: those that can generate wealth by exporting natural resources and those desperately poor countries that still have to import oil and food grains. But then, there were the utterly impoverished international indigents whose plight only worsened — countries like India, Pakistan, Bangladesh, Ethiopia, Haiti, and others. These constitute what is now being called the "Fourth World" — countries with burgeoning populations, few natural resources, and an undeveloped industrial base. ________________________________

   (a) The governments of these countries are optimistic about their future.
   (b) Apocalyptic famine is an imminent possibility in any of them.
   (c) Those countries are trying hard to get better by exporting natural resources.
   (d) Therefore people in those countries have opportunities for higher education.

15. The chromosomes in the nucleus contain instructions for all cell activities. It wasn't until the electron
microscope was developed in the 1930s that scientist could study chromosomes in living cells and watch them
divide. They found that before cells divide, the chromosomes are copied so that each new cell receives all the
chromosomes it needs to function. Chromosomes are made up of DNA and proteins. DNA provides detailed
instructions to the cell about every function of life. _______________________, it directs the cell to
divide to make more cells and to perform various other activities. DNA contains the codes that determine
physical characteristics such as flower color in plants and hair color in humans.

    (a) For example
    (b) Moreover
    (c) In fact
    (d) Thereby

16. Dan Brown's bestselling novel "The Da Vinci Code" rocked not just the literature community, but the entire
world that up to this day, his bestselling book has been the topic of much criticism and debate. What made his
book one of the most controversial books of the twenty-first century was that, in his book, Brown introduced
the claim that is contrary to the teachings of the Roman Catholic Church, Jesus Christ had married Mary
Magdalene and through her, fathered a royal bloodline that extends to the modern day by introducing in his
novel the Priory of Sion, a secret society whose main purpose was to protect not just this secret that the Roman
Catholic Church has exhaustively aimed to purge throughout time, but also the descendants of Christ and Mary
Magdalene. _______________________, officials from the Roman Catholic Church opposed the
information presented in his novel.

    (a) Thus
    (b) Indeed
    (c) In addition
    (d) However

17. Underestimating the Americans, Hitler launched his last reserves west into the Ardennes country of Belgium and Luxembourg in the Battle of the Bulge (December 1944-January 1945). He felt that despite massive Allied gains, a hard blow would cause popular support for the war in America to collapse, and would lead to the disintegration of the coalition arrayed against him. All he accomplished, however, was to draw away troops needed in the east, allowing the Soviet army's winter offensive to roll all the way to the gates of Berlin. Hitler decided to remain in the city, hoping to inspire its defenders and anticipating a breakup of the Allies' alliance. When neither of these hopes was realized, he appointed Karl Dönitz, the head of the navy and a devoted Nazi, as his successor. He then married his mistress Eva Braun and committed suicide in Berlin on April 30, 1945.

Q. What is the best title of the passage?

(a) The End of Hitler
(b) Karl Dönitz: Hitler's Successor
(c) Defeat of the Allies
(d) Hitler and His Mistress

18. A new study shows that eating purple corn is a powerful weapon in the fight against colon cancer cells. Experts say that the vegetable's pigment not only completely stops cancer cells growing, but also kills some 20 percent of them without affecting healthy cells. The secret? The colorful pigment of a purple corn—the anthocyanin gives vegetables and fruits their rich red, purple and blue colors. Only very little anthocyanin is absorbed into the bloodstream but a large proportion travels through the gastrointestinal tract where those tissues absorb the compound. Anthocyanin can also be found in blueberries, raspberries, red apples, eggplant, rhubarb, red cabbage, and blackcurrants.

Q. What is the passage mainly about?

(a) The secret of the different colors of the corn
(b) The beneficial effect of eating foods rich in anthocyanin
(c) Methods to treat colon cancer cells effectively
(d) A new study that leads to the discovery of anthocyanin

19. Dear Miss Pearse,

Following our interesting discussion last Wednesday, I am pleased to offer you the post of Sales Manager in our EFL division, starting Monday, November 5, 2008.

I enclosed two copies of our statement of Terms and Conditions of Employment for the post. Kindly sign the bottom copy and return it to us as soon as possible to confirm acceptance of this offer. Please do not hesitate to contact me if you have any questions. I also enclosed a check of $12.50 for your travel expenses for the interview.

I look forward to welcoming you to the company, and hope that your career in our EFL division will be long, pleasant, and rewarding.

Yours Sincerely,

Norbert Frampton

Q. What is the purpose of the letter?

   (a) To offer a job
   (b) To apply for a job
   (c) To pay for services
   (d) To request for a loan

20. Messiah, in theology, means the Anointed One, the Christ. It was the Hebrew name for the promised deliverer of humankind, assumed by Jesus and given to him by Christians. The English word is derived from the Hebrew māshīāh , meaning "anointed." In the Greek version of the Hebrew Bible, the Septuagint, this word is translated by the word Christos, from which "Christ" is derived. Hence the name Jesus Christ identifies Jesus as the Messiah, although Jewish religion asserts that the Messiah is yet to come. The concept of the Messiah combines the Hebrew ideal of a Davidic king with the priestly tradition exemplified by Moses.

Q. What is the purpose of the passage?

(a) To discuss the religious controversy over the term, Messiah
(b) To highlight the conflicts between Christians and Jews
(c) To assert that Jesus Christ is the Messiah
(d) To foretell the coming of the messiah, Jesus Christ

21. The physical build of the Filipino, notwithstanding the strong racial crossing with westerners, remains decidedly Oriental. The mestizo even retains some characteristics of the white ancestor, but his build, his nervous system, his bodily movements deflects very sensibly towards the Oriental. Even the children of pure Western parents soften into a mild complexion. The phenomenon, that to a certain extent experienced by all the residents in this part of the world some time after their arrival, and which was called "aplatanamiento" by the old Spaniards, is a natural consequence of the nutrition and of the physical milieu.

Q. Which of the following is correct according to the passage?

(a) The mestizos have milder complexion than the people who migrated to the Philippines.
(b) Spanish children in the Philippines are suffering from disorders related with nervous system.
(c) Filipinos are endowed with Western ideas and education but remain strongly Oriental.
(d) Food and environment played an important role in deciding the physical traits of some people in the Philippines.

22. Ibsen's title for the play described the predicament of Nora as a plaything who was pleasing to the eye and whose role was to add charm in the home, just like the role of a doll. In the last scene, she confronts her husband regarding this and that, like a doll in a doll house. Nora's role was to entertain and please her husband by following every single order that he gives, performing every trick to entertain him while at the same time remaining helpless and unable to survive on her own. In the case of Wilson's "The Piano Lesson," the play focused on the discrimination being experienced by African-Americans as a result of slavery and other acts of degradation as a form of legacy that African-Americans continued to live with during the twentieth century.

Q. What is the best title for this passage?

(a) Last Scenes in the Play
(b) An Analysis of Two Plays
(c) Wilson's "The Piano Lesson"
(d) Predicaments of Two People

23. Are you aiming for the top? It's hard to get there in any business—in a career in hospitality management, it's really tough. No other profession requires so many skills. At the world's first hotel school in Lausanne, Switzerland, we only accept students with the drive to succeed. You'll spend four years combining theory with practice in all areas of hotel management. You'll study not only finance, marketing law and human resources, but also kitchen, service and housekeeping. And you'll do two six-month paid internships. No one will be better trained. No one will have a better chance to go all the way.

ECOLE HOTELIERE DE LAUSANNE

Q. Which of the following is correct according to the ad?

    (a) The school owns the first hotel in the world.
    (b) A student of this school can have chances to make money while studying.
    (c) The school focuses only on practice.
    (d) Building a career in hospitality management is not so demanding.

24. From the start, Hollywood has been fascinated by wild beasts—elephants, tigers, lions, apes, rhinos, and any other species that could be worked into a film. Few Hollywood adventures with wildlife have had much connection with the real thing. Film makers generally swing to the extreme or to another: either hey make wild animals seem tamer than they are, or they make them seem wilder than they are. Two species that have gotten distorted reputations are the gorilla and the wolf. Until recently, the movies have pictured both as villains. It is part of movie folklore that gorillas are vicious animals, dangerous when they are encountered, always ready to attack humans out of sheer blood lust. It is only in relatively recent years that ethnologists — scientists who study animals in their native environments—have made a concerted effort to change the old images.

Q. Which of the following is correct according to the passage?

    (a) Wild animals in most Hollywood movies were far from the real thing.
    (b) Ethnologists are creating distorted reputations for wildlife.
    (c) Tigers, rhinos, wolves, and gorillas are tamed animals in reality.
    (d) Hollywood films were reluctant to star wild animals.

25. The Great Barrier Reef is one of the most popular natural wonders of the world. It has now become a natural park in Australia and is considered the largest of its kind in the world. The Great Barrier Reef was first discovered by Captain James Cook in the 1700s when he came across its southern tip at Lady Elliot Island. He referred to it as a huge wall of Coral Rock. Its labyrinth whose formation was ascribed to animals inhabiting the sea was unbelievably complicated. Initially, the Great Barrier Reef was viewed by explorers as a navigation hazard that should be feared and avoided. But it is now regarded as a geological wonder which scientists have considered a seemingly never ending realm of underwater flora and fauna.

Q. What is true of the Great Barrier Reef?

   (a) It is the largest island in the world.
   (b) Captain James Cook is credited for conquering it.
   (c) It has various types of underwater organisms.
   (d) It was discovered in the 17th Century.

26. Antimatter is a substance composed of subatomic particles that have the mass, electric charge, and magnetic moment of the electrons, protons, and neutrons of ordinary matter but for which the electric charge and magnetic moment are opposite in sign. The antimatter particles corresponding to electrons, protons, and neutrons are called positrons(e+), antiprotons (p), and antineutrons(n); collectively they are referred to as antiparticles. The positron has a positive charge; the antiproton a negative charge and the antineutron, though electrically neutral, has a magnetic moment opposite in sign to that of the neutron. Matter and antimatter cannot coexist at close range for more than a small fraction of a second because they collide with and annihilate each other, releasing large quantities of energy in the form of gamma rays or elementary particles.

Q. Which of the following is correct according to the passage?

   (a) Subatomic particles hardly have electrical charges.
   (b) Antimatter releases huge energy when extremely heated.
   (c) Molecules are made up mainly of positrons and antiprotons.
   (d) Antimatter tends to destroy matter when encountered with it.

27. Annie,

Yes, of course Annie, go for it and you have a good Christmas. I leave it up to you to contact them. I just finished today and all my men will fly out tomorrow along with me. I am flying to Brisbane for a few days to see my kids and make a story or two with them. I haven't seen them for a year since mom died last year on August 1, days before her 100th birthday. So I guess it will be good to make a trip, although 6 or 7 days in the city won't do me any good, as I hate the city. Hope you are well and doing what you went there for. Best Christmas wishes for you and give my best regards to your mom.

Love and good tidings for Christmas,

David

Q. Which of the following is correct according to the letter?

    (a) Annie is too busy to enjoy the coming holiday.

    (b) David is afraid that he may not be able to see his children.

    (c) Annie's mom passed away last year on August 1.

    (d) David is going to make a trip tomorrow.

28. Because for many years the frog leg had been the most sensitive detector of differences in electrical potential, final acceptance of the view that currents can be generated by living tissues had to await the construction of galvanometers sensitive enough to measure the minute currents generated in muscles and the small potential differences across nerve membranes. Galvanometers were built by the great German 19th-century electrophysiologist Du Bois-Raymond, professor of physiology in Berlin. His investigations of muscular current and electrical potential of nerves depended upon a galvanometer of his own devising that required 3.17 miles (5.10 kilometers) of wire wound in 24,000 turns. Research in this subject, called neurophysiology, grew in stature with increased understanding of both electrical phenomena and cellular physiology; it served as one point of origin for biophysics.

Q. Which of the following is true according to the article?

    (a) We can detect electricity using a frog leg.

    (b) A galvanometer is made from frog legs.

    (c) Galvanometers are not as sensitive as frog legs.

    (d) Neurophysiology originated from biophysics.

29. Attention!

   There will be a Behavioral-Based Safety Training on 16-17 February 2010 at the training center. This will be facilitated by Mr. James Galang of MaintPro consultancy. We encourage all management staff to participate in this training in addition to the list of participants that we have right now. Behavioral-based safety is our program for 2010 to address all the unsafe behavior in our workplace. The training would include topics on the use of behavioral psychology to promote safety. Data from observations would be used for problem solving and continuous improvement. An effective safety management system requires management support as well as people involvement.

   Q. What is the main purpose of the Behavioral-Based Safety Training?

   (a) To boost morale of the personnel.
   (b) To explain what behavioral psychology is.
   (c) To attract more clients to the company.
   (d) To help make the workplace free from danger.

30. Biologists are now engaged in a debate about the rate at which evolution proceeds. Following Darwin's lead, most biologists have assumed that species formation is a slow, gradual process that goes on all the time. Their hypothesis that evolution occurs at a slow, constant rate is known as gradualism. Recently, some biologists have challenged gradualism, arguing that species formation occurs rapidly after major environmental upheavals. (Keep in mind that a rapid occurrence in geological time lasts may thousands of years.) Short periods of rapid species formation have been followed by long periods during which little evolution occurred. The hypothesis that evolution occurs at such irregular rates is known as punctuated equilibria.

   Q. Which of the following is correct according to the passage?

   (a) Biologists have recently agreed on the rate at which evolution takes place.
   (b) Gradualism refers to a hypothesis that species formation occurs rapidly.
   (c) Punctuated equilibria is more widely accepted by biologists than gradualism.
   (d) There is no solid evidence yet to prove either of hypotheses above.

31. BPI Asset Management prides itself for being the only one in the investment fund category that has been bestowed the Gold Award for two consecutive years in the Reader's Digest Trusted Brands Awards in 2009. The company's professional team of fund management experts and seasoned practitioners is truly committed to blazing a trail in the financial investment category. The unparalleled experience of 155 years has made the company the leader in trust and fund management. So whatever your investment goals are, it pays to put your money in a name you can trust BPI. To know more about BPI Asset Management's products and services, please call 888-5555. BPI Asset Management: Put Your Trust in Our Name!

Q. Which of following is correct according to the advertisement?

   (a) BPI Asset Management has been awarded the Gold Award for the first time.
   (b) BPI has been the leader in investment category for 155 years.
   (c) BPI seeks to open up new fields in financial investment category.
   (d) BPI requires its clients to give a call to open an account.

32. While many have applauded the efforts of the U. S. Government in regulating the proliferation of illegal immigrants to the United States, these efforts have also been the center of much criticism. One such criticism is that despite the setting up of fences by the United States Border Patrol around key crossing points for illegal immigrants such as the one located in El Paso, Texas, many illegal immigrants were able to pass through these borders and enter the United States. It has been viewed to be ineffective due to the lack of sufficient funding and staff. The efforts of the Border Patrol have also been criticized to be a move to discriminate against the needs of the needy while protecting those who have already been considered one of the most privileged in the world.

Q. Which of the following is NOT true according to the passage?

   (a) The efforts of the U. S. Government have caused a decline of illegal immigrants.
   (b) Insufficient funding and staff may have made it possible for illegal immigrants to cross the borders.
   (c) Some people have viewed the United States Border Patrol to be discriminatory.
   (d) Regulations regarding illegal immigrants have been subjected to criticism.

33. Robotized homes, ones not requiring constant attention by their owners, are a distinct possibility in the next century. Glass-dome solar houses are already on the design of imaginative architects. In such a house, the round living quarters could be engineered to rotate under the dome to take advantage of the sun's energy, which can be converted to heat and electricity. Electronic robot sun trackers would keep the house facing directly into or away from the sun, as desired by the owners. Inside this future home, other robotic devices would perform such chores as raising and lowering curtains, locking doors automatically at night, sliding doors open and shut, and switching TV channels at the command of the owner's voice. A number of robotics engineers predict that time will come when rented or purchased radio controlled robots will take care of household tasks like cooking, sweeping, lawn mowing, bed-making and even baby-sitting.

Q. What can be inferred from the passage?

(a) Many people are living in robotized homes, enjoying the convenience of technology.
(b) People may be able to rent some robots to do house chores in the future.
(c) Robots will be able to do whatever human beings want.
(d) Glass-dome solar houses provide the sunlight 24 hours a day.

34. Fear and anxiety are emotions experienced by an individual that bring about discomfort. These two forms of emotions inhibit an individual from learning new things in life that can possibly lead him or her to a more enjoyable and gratifying life. Individuals who experience fear and anxiety exhibit a number of physical symptoms which include increase in heart rate, shortness of breath, diarrhea, inability to eat and sleep, profuse sweating, frequent urination and tremors. Individuals who are fearful are able to recognize the event or object that causes them to feel uncomfortable. On the other hand, individuals suffering from anxiety are unable to identify the reason or reasons for their feelings of discomfort. Anxious people also exhibit certain psychological traits that are not exemplified by a fearful person.

Q. Which of the following is correct according to the passage?

(a) People who are fearful do not feel any disturbance.
(b) Anxious people know the reason for the feelings of discomfort.
(c) People with fear or anxiety show similar physical symptoms.
(d) Fear and anxiety are the same emotions that cause discomfort.

35. The role of anabolic steroids found in the human body is to retain nitrogen gas in the body. This allows the body to develop muscles. It also aids in the production of red blood cells in the body. Since synthetic anabolic steroids are based on the chemical make-up of the male testosterone, however, these steroids may have masculinizing effects that may become permanent on the part of the individual. For women, the consumption of synthetic anabolic steroids would bring about an increase in the growth of body hair, deepening in voice, and a decrease in breast size. On the other hand, male consumers of synthetic anabolic steroids may suffer from a decrease in sperm production, a decrease in the size of the testes and the development of breast tissue.

Q. What can be inferred from the passage?

   (a) Men can increase their manliness by consuming anabolic steroids.
   (b) Anabolic steroids are detrimental to both men and women.
   (c) Anabolic steroids give off nitrogen gas into the bloodstream.
   (d) Side-effects of synthetic anabolic steroids can last for good.

36. Among Asians, funerals are considered as a major passage in life which surpasses weddings in terms of priority, expense and significance. This is because majority of Asian cultures consider ancestor worship as a cornerstone of their cultural belief, social structure and religious practices. They believe that through the phenomenon of death, the deceased is considered a beneficent ancestor and the ritual of the funeral would complete the transition from being a member of the family to becoming an ancestor who will be worshipped. Many tribes believe that their ancestors are able to influence the lives of their descendants. As such, it is the goal of the descendants to find ways through the practice of various rituals in mourning and burial so that their ancestors may look kindly on them and protect them. This protection does not end with the immediate family of the deceased. Rather, it extends down through generations. Furthermore, mourning ritual exemplified in funerals gives the family of the deceased the opportunity to display their duty, devotion and respect to the deceased.

Q. What can be inferred from the passage?

   (a) Asians celebrate the death of a family member because of their belief in reincarnation.
   (b) In Asia, funerals have more meaning than just saying good-bye to the deceased.
   (c) Because of the importance of funerals in Asia, some families hold funerals many times.
   (d) Asians do not think a wedding is an important rite of passage in their life.

37. Omega-3 is vital for fetal brain development and now its deficiency in the womb can lead to blood pressure problems in adulthood. Doctors also believe that if kids don't get enough omega-3, they may engender learning psychiatric and behavioral problems later on. A study done at the University of South Australia found that fish oil supplements reduced hyperactivity, inattention and impulsiveness in half the children taking it. It also helped children who suffered from ADHD (Attention Deficit Hyperactivity Disorder) symptoms. Get more omega-3 to kids by giving them fish in foods they enjoy, such as a seafood pizza. Through this, children will be able to get the nutrients that they need and enjoy at the same time.

Q. What can be inferred about the Omega-3 according to the passage?

    (a) Omega-3 is occurring chiefly in fish oils and other marine plants and animals.
    (b) Omega-3 abundance could lead to insanity of a child.
    (c) Omega-3 is the only and the most important nutrient for a child.
    (d) Omega-3 deficiency and abundance could lead problems to the growth of a child.

38. Like the South African leader Nelson Mandela, Aung San Suu Kyi has become an international symbol of heroic and peaceful resistance in the face of oppression. For the Burmese people, Ms. Suu Kyi, 63, represents their best and perhaps sole hope that one day there will be an end to the country's military repression. (a) As a pro-democracy campaigner and leader of the opposition National League for Democracy party (NLD), she has spent more than 11 of the past 19 years in some form of detention under Burma's military regime. (b) In 1991 she was awarded the Nobel Peace Prize for her efforts to bring democracy to Burma. (c) She was charged with breaching terms of her house arrest. (d) At the presentation, the Chairman of the Nobel Peace Prize Committee, Francis Sejested, called her "an outstanding example of the power of the powerless".

39. The peculiar element in public administration is that everything a government does is the business of the public. (a) Every citizen has the right to know how tax money is spent and to criticize public officials whose decisions he or she does not agree with. (b) Because the legislature and the general public are directly concerned, no public organization can ever be exactly the same as a private one. (c) As has often been said, public officials live in a "goldfish bowl." (d) This means that public officials are subject to constant outside scrutiny.

40. Few institutions seem as foreign to the modern age as that of concubines. (a) The concubine was a part of the household. (b) Possessing a large number of concubines became a status symbol. (c) She co-habited with the man of the house, or with his son, but her status was that of a secondary wife, a captive or a slave. (d) She was subservient to the wife, who was her mistress; nevertheless, it was dishonorable to sell a concubine, especially if she had borne the man of the household any children.

TEPS
고득점을 위한
확실한 길잡이!

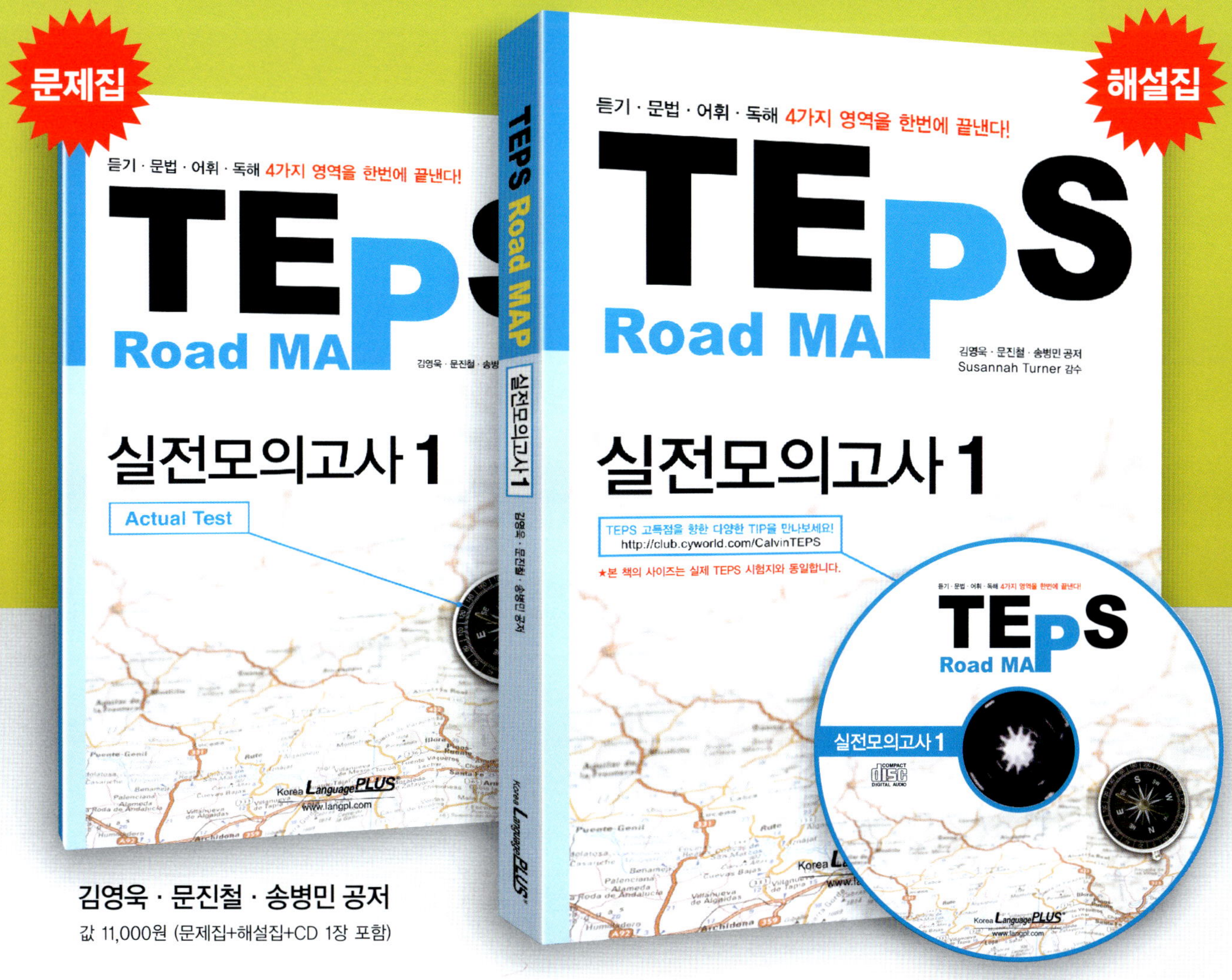

TEPS 고득점을 향한 다양한 TIP을 만나보세요!
http://club.cyworld.com/CalvinTEPS

문제집

해설집

듣기 · 문법 · 어휘 · 독해 **4가지** 영역을 한번에 끝낸다!

TEPS
Road MAP
김영욱 · 문진철 · 송병민 공저
Susannah Turner 감수

실전모의고사 1

Actual Test

TEPS 고득점을 향한 다양한 TIP을 만나보세요!
http://club.cyworld.com/CalvinTEPS

★ 본 책의 사이즈는 실제 TEPS 시험지와 동일합니다.

김영욱 · 문진철 · 송병민 공저
값 11,000원 (문제집+해설집+CD 1장 포함)

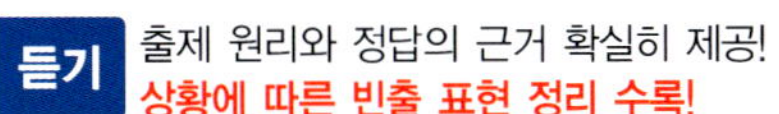

TEPS, 각 영역별 만점해설로 고득점에 도전하세요!

듣기 출제 원리와 정답의 근거 확실히 제공!
상황에 따른 빈출 표현 정리 수록!

어휘 어렵고 다양한 어휘들을 알기 쉽게 한번에 정리한다!
Final Vocabulary Day 30 수록!

문법 시험 직전에 이것만 확인해라!
ESSENTIAL GRAMMAR TIP!

독해 더 이상 오답의 함정에 빠지지 마라!
정답으로 가는 오답피하기 수록!

※ 3~12권은 곧 출간 될 예정입니다.